21世纪高职高专会计专业"十二五"规划教材

商品流通核算实务与实训

主　编◎李贵芬
副主编◎毛　婧　常钦潼
陈春干
参　编◎裴俊红

天津大学出版社
TIANJIN UNIVERSITY PRESS

内容提要

本书以常见批发业和零售业两种商业形态的商品流通业务核算与管理为典型工作任务，基于商品流通工作岗位，结合新会计准则，深入浅出地阐述了自营批发业商品流通业务、自营零售业商品流通业务、联合经营商品流通业务、连锁经营商品流通业务、网上经营商品流通业务、商品流通其他经营业务的会计处理。重点进行核算等技能的训练，培养学生从事商品流通岗位会计应具备的岗位技能和职业素质。此外，本书对新兴的网上经营商品流通业务的核算特色进行了初步说明。

本书从高职高专教学实际和培养目标出发，在内容、结构的安排上，由浅入深、循序渐进，既注重知识体系的完整性和系统性，又体现了理论“必需、够用”的原则，尽量缩短理论与实践的距离，将复杂的专业问题变得通俗易懂，易于接受，使之更具有实用性和可操作性。

本书可作为高职高专院校会计专业教材，也可作为商业会计工作人员继续教育的指导用书。

图书在版编目(CIP)数据

商品流通核算实务与实训 / 李贵芬主编. —天津：天津大学出版社，2010.8

21世纪高职高专会计专业“十二五”规划教材

ISBN 978-7-5618-3690-3

Ⅰ. ①商… Ⅱ. ①李… Ⅲ. ①商业会计 Ⅳ. ①715.51

中国版本图书馆 CIP 数据核字（2010）第 168826 号

出版发行　天津大学出版社
出 版 人　杨欢
地　　址　天津市卫津路92号天津大学内(邮编：300072)
电　　话　发行部：022-27403647　　邮购部：022-27402742
网　　址　www.tjup.com
印　　刷　北京市通州京华印刷制版厂
经　　销　全国各地新华书店
开　　本　185mm×260mm
印　　张　13.5
字　　数　295千
版　　次　2010年8月第1版
印　　次　2010年8月第1次
定　　价　25.00元

21世纪高职高专会计专业“十二五”规划教材

『编审委员会』

出版说明

我国的高等职业教育按照“以服务为宗旨，以就业为导向，以能力培养为主线”的高职教育理念，已经走出一条产学结合、有中国特色的高职教育发展之路。高等职业教育已成为我国培养高技能型人才的主要形式。高等职业教育的全面深化改革，急需高质量、彰显高职特色、真正实现高职人才培养目标的新型系列优秀教材。

天津大学出版社为适应社会对高技能型经济管理类人才的迫切需求，贯彻落实《教育规划纲要》（2010—2020年）的精神，按照教育部要求，组织一批知名专家学者编写了21世纪高职高专经济管理类“十二五”规划教材，覆盖财务会计、市场营销、电子商务、物流管理、连锁经营、财政金融、经济贸易、旅游管理、餐饮管理与服务等专业。

为确保高质量教材进课堂，天津大学出版社积极践行先进的高职教育理念，努力提升教材开发的科学性、针对性和实效性，重在学生专业技能及职业素质的培养，提升学生的职场竞争力。本套教材有以下特点：

1. 定位准确，理念先进

根据高职教育培养目标准确进行教材定位，以学生为中心，体现“够用为度、注重实践”的原则，秉承围绕工作过程、以就业为导向、以能力本位为核心、注重校企合作的高职教材开发理念，以“突出实用性”作为本套教材的编写宗旨。

2. 内容实用，课证融合

以职业能力需求主导教材内容的选择，最大限度地创设职场环境，实现教学和专业工作的近距离对接；与时俱进，吸收专业领域的最新知识、技术和方法，注重学生的可持续发展；紧密结合国家职业资格考试和职业技能等级认定对知识、技能的要求，与学生顺利获得相应的专业等级技能证书有效衔接。

3. 体例新颖，形式活泼

以目标、任务、问题为驱动，以流程图、实际案例、实训及活动设计相结合的方式组织教材的编写，图文并茂、版式灵活，集实用性、科学性、易学性为一体。

4. 校企合作，打造精品

院校专业带头人及骨干教师基于对实际工作岗位的调研分析，与企业一线专家共同研编教材。重点支持品牌专业、特色专业以及国家示范院校教材的建设，争创精品教材。

本套教材适用于高职高专院校经济管理类相关专业。我们竭诚希望广大读者给予支持和指导，以使其日臻完善，共同为繁荣我国的高职教育事业尽绵薄之力。

天津大学出版社

前言

PREFACE

高职高专会计专业学生的就业方向有很大部分是各类商业企业，为实现与实际会计工作的零距离对接，使学生具备从事商品流通会计岗位所需的基本理论知识，提高岗位技能和职业素质，特组织编写本教材。

本教材具有以下特色：

1. 在整体结构编排上突破原有财务会计教材按会计要素介绍会计核算的编写模式，而改用按不同经营方式介绍商品流通业务会计核算的编写模式。这样不仅能使学生清楚地了解不同经营方式下商品流通业务的发生过程，还能熟练地掌握不同经营方式下商品流通业务的会计核算。

2. 吸收高职会计专业改革的最新成果，以就业为导向，以岗位技能的培养为本位进行教材的编写。

3. 结合新会计准则的内容，及时进行会计知识的更新，删除与选修课程重复的内容，重点阐明商品流通业务的核算。

4. 考虑涉外会计专业双语教学的需要，书中采用专业词汇英汉互译的编写形式。

5. 主要章节引入大量仿真原始凭证，注重技能训练，强调实践操作能力的培养。

6. 对新兴的网络经营商品流通业务的核算特色进行初步阐述。

本教材既可作为高职高专会计专业教材，也可作为商业会计工作人员继续教育的指导用书，还可以作为自学者的参考书，同时对于从事商品流通企业会计的理论研究者和实务工作者也有一定的参考价值。

本教材由石家庄铁路职业技术学院李贵芬担任主编，石家庄铁路职业技术学院毛婧、河北银行学校常钦潼、苏州高博软件技术职业学院陈春干担任副主编，石家庄铁路职业技术学院裴俊红担任参编。具体分工如下：第 1 章、第 2 章、第 4 章、第 5 章、第 8 章由李贵芬编写；第 3 章由毛婧编写；第 6 章由裴俊红编写；第 7 章由常钦潼编写。李贵芬、陈春干负责拟定编写大纲及对全书进行总纂定稿，石家庄铁路职业技术学院李晓红教授担任主审，并提出了宝贵的修改意见。

本教材在编写过程中，得到了石家庄铁路职业技术学院经济管理系主任段世明的精心指导和大力支持，在此一并表示感谢。

由于时间仓促，编者水平有限，书中不当之处在所难免，竭诚欢迎各位读者批评指正。

编　者

目录

CONTENTS

CONTENTS

第1章　商品流通企业会计概论

学习目标

知识目标

掌握商品流通企业会计的概念、特征；

了解商品流通企业会计的任务、内部核算组织形式；

熟悉我国商品流通企业会计制度的演变历程及商品流通企业会计的特色；

熟悉商品流通企业常见的会计科目。

技能目标

会设置商品流通企业会计科目；

能对商品流通企业进行期初建账。

案例导入

会计小张从TCL电器制造公司财务处调往新成立的TCL电器销售公司新疆分公司任会计。因为TCL电器销售公司新疆分公司刚刚成立，所以需要进行期初建账。小张参考了工业企业的期初建账方法为之进行期初建账，外购账簿和自制了很多期末计算用表格，如已销商品进销差价计算表、商品盘存汇总表、毛利率计算表等，最终出色完成了工作任务。小张总结说，商品流通企业的期初建账与工业企业的期初建账有相同之处，也有不同之处，具体表现在以下几方面：

(1) 商品流通企业的现金日记账及银行存款日记账的建立方式与工业企业相同。

(2) 总分类账簿的设置。商品流通企业的总分类账除了要设置工业企业日常总分类账簿之外，还要设置商品采购、库存商品、商品进销差价三个商品流通企业必须使用的总账账簿。如果经常委托他人代销商品或为他人代销商品，还需设置委托代销商品、代销商品款、受托代销商品账簿。另外还可根据企业业务量大小和业务需要灵活增删需设置的总账账簿。

(3) 明细分类账的设置。根据设置的总账账簿，还应增设相关的明细账簿，例如商品采购明细账，反映购进商品的进价成本及入库商品的实际成本。商品采购明细账可按客户名称设置；库存商品明细账，反映商品的收发结存情况，可按商品的种类、名称、规格和存放地点设置。在按实际成本计算已销商品成本时，库存商品的发出可按个别计价法（分批实际成本计价)、加权平均法、移动加权平均法、先进先出法、后进先出法、进销差价法和毛利法进行核算。如果是商品零售企业，还需设置“商品进销差价”明细账，该账户因是“库存商品”的调整账户，所以其明细账的设置口径应与“库存商品”明细账一致。此外，“销售费用”作为反映商品流转整个经营环节所发生的各种费用，应按费用的种类，如运输费、装卸费、整理费、广告费等分多栏反映。“主营业务收入”、“主营业务成本”明细账可以按商品的种类、名称、规格或不同的销售部门、营业柜组设置。

商品流通企业明细账的设置，除了上述明细账的设置与工业企业不同外，其余与工业企业相同。

案例简析：

任何企业在成立初始，都面临建账问题。无论何类企业，在建账时都要考虑以下几个问题：

(1) 与企业规模相适应。企业规模与业务量是成正比的，规模大的企业，业务量大，分工复杂，会计账簿需要的册数也多。规模小的企业，业务量小，手工会计账簿需要的册数也少。

(2) 依据企业管理需要。在建账时以满足管理需要为前提，避免重复设账、记账，为管理者提供有用的会计信息。

(3) 根据账务处理程序的需要。企业业务量大小不同，所采用的账务处理程序也不同。企业一旦选择了账务处理程序，也就选择了账簿的设置，如果企业采用的是记账凭证账务处理程序，企业的总账就要根据记账凭证序时登记，建一本序时登记的总账。

不同的企业在建账时所需要购置的账簿是不相同的。总体来讲，要依企业规模、经济业务的繁简程度、会计人员的多少、采用的核算形式及其电算化程度来确定。首先，任何企业都必须设置现金日记账和银行存款日记账。其次，需设置相关的总账和明细账。应先根据实际需要选择账页的格式和数量，如借、贷、余三栏式、多栏式、数量金额式等，然后根据明细账的多少选择企业所需要的封面和装订明细账用的账钉或线。再次，建账初始，必须购置的还有记账凭证（如果该企业现金收付业务较多，可以选择收款凭证、付款凭证、转账凭证；如果企业现金收付业务量较少，可以选择记账凭证（通用））、记账凭证封面、记账凭证汇总表、记账凭证装订线、装订工具以及空白资产负债表、利润表（损益表）、现金流量表、所有者权益变动表等相关财务报表。

总之，根据企业具体行业要求和将来可能发生的会计业务情况，购置所需要的账簿及相关会计资料进行期初建账，然后根据企业日常发生的业务情况和会计处理程序登记账簿和编制报表。

1.1　商品流通企业会计的概念和特征

1.1.1　商品流通企业会计的概念

商品流通企业会计（Accounting of Commercial Enterprises）是企业财务会计（Financial Accounting）的重要分支，是以商品流通企业为会计主体的行业会计。即商品流通会计以商品流通企业为会计主体（Accounting Entity），通过货币计量、复式记账和连续、系统、全面、综合的核算和监督，综合反映商品流通企业的财务状况（Financial Condition）、经营成果（Operation Result）和现金流量（Cash Flows），为企业内外部利益关系人提供会计信息。商品流通企业会计与其他行业会计之间的关系如图 1-1 所示。

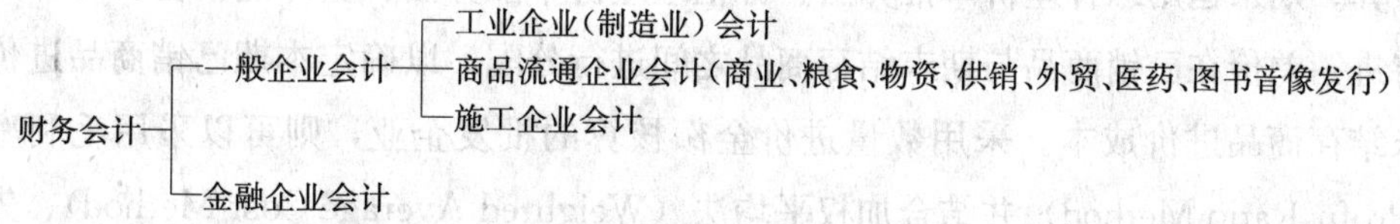

图 1-1　商品流通企业会计与其他行业会计之间的关系

1.1.2　商品流通企业会计的特征

商品流通企业的主要经济活动是组织商品流通，即商品的购进、销售、调拨和储存，将社会产品从生产领域转移到消费领域，以促进工农业生产的发展和满足人民生活的需要，从而实现商品的价值并获得盈利。它通过复杂的结算工作和优质服务，一方面为生产者服务；另一方面又为消费者服务，促进生产，满足消费，加速资金周转。与工业企业等其他行业企业的经营活动相比较，商品流通企业主要有三个特点：一是经营活动的主要内容是商品购销，其经营过程主要包括供应过程与销售过程，几乎没有生产过程；二是商品资产在企业全部资产中占有较大的比例，是企业资产管理的重点；三是企业营运中资金运动的轨迹是“货币—商品—货币”。

商品流通企业会计作为企业财务会计的一个分支，与其他企业会计一样具有核算和监督的两大基本职能，但从商品流通运行规律与会计的结合来看，商品流通通过商品、货币关系形成“货币—商品—货币”的资金循环运动形式，通过商品购进，支付货款及费用，使货币资金转化为商品资金；通过商品销售，取得收入和盈余，使商品资金又转化为货币资金，并获得增值。商品流通企业会计以商品流通业务为中心，对商品资金的筹集、运用和资金的回收进行核算和管理，其核算重点和管理方法显然与其他行业不同。虽然同样适用《企业会计准则》(2006)，但是，工业企业（Industrial Enterprises）的存货类别较多，包括原材料存货、在产品存货和产成品存货等，而商品流通企业的存货主要是商品存货，存货类别比较单一，品种规格繁多、数量巨大，决定了其会计核算与其他行业相比有一定的特别之处。

1. 存货日常核算方法独特

日常核算工作中，工业企业发出的存货，可以按实际成本法核算，也可以按计划成本法核算。如采用计划成本法核算，会计期末应通过“材料成本差异”账户调整为实际成本。而在商品流通企业中，经营鲜活商品的零售企业一般采用进价金额核算（Buying Cost Method），批发零售企业一般采用数量进价金额核算（Amount Buying Cost Method），综合性的零售企业一般采用售价金额核算（Selling Cost Method），专业性的零售企业一般采用数量售价金额核算（Amount Selling Cost Method）。当然，也可以将上述四种核算方法结合起来运用。采用售价核算的零售企业，应将售价与进价的差额在“商品进销差价”账户进行核算。期末运用综合差价率推算法、分柜组差价率推算法、实际进销差价计算法等方法，将进销差价在已销商品与期末结存商品之间进行分配，以确定本期已销商品进价成本和期末结存商品进价成本。采用数量进价金额核算的批发企业，则可以采用毛利率法（Gross Profit Ratio Method）并结合加权平均法（Weighted Average Cost Method）、先进先出法（First-In First-Out Method）等方法计算结转已销商品成本和期末结存商品成本。采用进价金额核算的经营鲜活商品的零售企业应实行实地盘存制进行商品进价成本的核算。

2. 进货费用处理方法特殊

工业企业计入库存商品成本的成本项目包括直接材料、直接人工和制造费用等，必须运用品种法、分批法、分步法等成本计算方法和约当产量法、定额比例法、定额成本法等在产品和完工产品成本分配法计算出完工产品总成本和单位成本，对于发生的管理费用、财务费用、销售费用则作为期间费用计入当期损益。由于商品流通企业几乎没有生产加工的过程，不存在为生产加工商品而发生的人力、物力消耗，仅有购进商品时垫支的进价以及企业在组织商品购进、销售、储存各环节中消耗的人力、物力、财力等进货费用，并且商品流通企业对进货费用的处理具有较大的灵活性。商品流通企业在采购商品过程中发生的运输费、装卸费、保险费以及其他可归属于存货采购成本的费用等进货费用，既可以直接计入购进商品的进价成本中，也可以设置“进货费用”科目进行归集，期末根据所购商品的存销情况进行分摊。对于已售商品的进货费用，计入当期损益；对于未售商品的进货费用，计入期末存货成本；对于金额较小的进货费用，由于商品品种、规格繁多，流转频率快，没必要将其精确地对象化到每件商品中去，而可以在发生时直接计入销售费用。

3. 库存商品账管理严密

以采用数量进价金额核算的批发企业为例，对库存商品账的管理非常严密。对库存商品明细账的设置，一般业务部门设商品调拨账，只记数量，不记金额；仓储部门设商品保管账，也只记数量，不记金额；财会部门设一套完整的库存商品账，即除设置库存商品总账和明细账外，还按库存商品类别设置类目账，形成库存商品总账以金额控制库存商品类目账，库存商品类目账以数量、金额控制库存商品明细账的格局。在实际操作时，可以“三账分设”，即业务部门、仓储部门、财会部门各设一套账，以相互牵制和严密管理；也可以“两账合一”，即仓库设保管账，财会部门和业务部门的商品账合并设置；还可以“三账合一”，即只设置库存商品明细账。

4. 不计算产品生产成本

产品生产成本的计算是工业企业会计核算的一项重要内容，商品流通企业由于几乎不生产产品，因而不存在产品生产成本的计算问题。

5. 可以不设置“管理费用”科目

“新会计准则的应用指南——会计科目”中特别规定，零售企业管理费用不多的，可以不设置“管理费用”科目，其核算内容可并入“销售费用”科目核算。

此外，在我国零售业企业中不乏规模小、核算不规范的企业，例如，一些食杂店、便利店、折扣店在进行会计核算时可以采用简化的核算方法，如平时只管理好现金的收付和收集整理好经济业务发生时的原始凭证，并聘请代理会计定期进行会计核算等简化的核算形式。

总之，商品流通企业以商品流通业务（即商品的购销存业务）为核心业务，在会计核算方面，商品流通企业与工业企业在会计核算方面最大的区别在于，在商品流通企业核算中不涉及生产环节的核算，而主要涉及入库、出库、期末进销差价的核算问题。简言之，即商品流通企业重点对商品的流通环节进行核算。

1.2 商品流通企业会计的任务及内部核算组织形式

1.2.1 商品流通企业会计的任务

商品流通企业会计的任务是由会计的职能和作用决定的，它取决于会计对象的特点和经济管理的要求。商品流通企业主要在流通领域中从事商品购销活动，其会计核算的任务主要是对经营资金及其运动进行核算和管理，并促使企业改善经营管理，提高经济效益。为实现商品流通市场化、社会化、现代化和国际化，商品流通企业会计的任务将更为艰巨和复杂。

1. 根据会计核算要求，及时正确地反映企业经济情况，提供会计信息

会计信息是经济信息的重要组成部分，会计部门必须按照《会计法》的规定，正确贯彻企业会计基本通则和38项企业会计具体准则，正确、及时、完整地反映企业的经济活动和经营成果，为企业经营决策者和企业利益相关者提供可靠的会计信息。

2. 严格执行国家的方针政策和财务制度，做好财会监督，保护国家利益、社会公众利益和投资者的权益

保护国家利益、社会公众利益和投资者利益是企业会计的重要任务，商品流通企业会计也不例外，必须遵守国家的财税政策和商业政策，严格执行财务和会计制度，维护国家、社会公众和投资者的合法权益。具体包括以下内容。

(1) 企业的一切经济活动必须严格按照国家的政策法规和财务制度办事，并监督其执行。

(2) 保障投资者的权益，不得任意增减资本金，不得任意转移资金和盈余，并保证国有资产不受损害。

(3) 全面记录企业财物的增减变动情况，定期进行财产清查和核对，保证企业资产在数量上和质量上的安全和完整。

(4) 加强会计稽核和检查，进行事前、事中和事后的控制，促使企业合理有效地运行，并制止乱挤成本、乱摊费用和铺张浪费、违法乱纪行为的发生。

3. 加强经济核算，合理和节约使用资金，提高企业经济效益

商品流通企业财会部门应当在加强经济核算的同时，在企业内部实行人、财、物的综合利用，节约人力、财力和物力，并对企业货源和销售实行有效的控制，对商品物资实行严格的管理，以达到合理和节约使用资金的目的。加强经济核算，合理和节约使用资金是商品流通企业提高经济效益的一种有效途径，它要求财会部门在日常核算和监督过程中加强财务管理，促进企业按计划目标和市场要求，不断提高经济效益。

1.2.2　商品流通企业会计的内部核算组织形式

商品流通企业会计的内部核算组织形式是由企业的规模和任务决定的，商品流通企业会计内部核算单位一般分为独立核算单位、半独立核算单位和简易核算单位。

1. 独立核算单位

实行独立核算的单位必须具备一定的条件：在财力上有一定的自有资金，单独在银行开设账户，对自有资金有独立的支配权和使用权；在会计上能全面地记账和结算，单独计算盈亏，并定期编制财务报表；在经营上有独立的自主经营权。独立核算单位按其与下属单位之间的会计核算关系可以分为集中核算和分散核算两种形式。集中核算是指账务工作全部在独立核算单位的会计部门进行，包括制证、记账和编制会计报表。会计部门以外的业务、储运、总务或分支机构只对其发生的经济业务填制原始凭证，定期送会计部门审核制证或结算记账。其优点是减少核算环节，简化核算手续，有利于及时掌握全面经营情况和精简人员，一般适用于中小型企业。分散核算是指独立核算企业的其他部门或分支机构，在会计部门指导下，实行半独立核算或简易核算，其优点是便于发挥基层单位的作用。

2. 半独立核算单位

半独立核算单位是指独立核算企业所属的业务单位，其规模比较大，在业务经营和成本费用的管理上有一定的独立性，但不具备完全独立核算的某些必要条件，如没有独立的资金，不能在银行开户等。这些单位的会计人员可以单独编制会计凭证，单独记账和编制会计报表，然后报会计部门汇总，对外结算则通过独立核算企业的会计部门办理。企业内部的二级经营单位，如大中型批发企业的业务部、大中型零售企业的门市部、分销店等通常采用这种核算形式。其优点是部门责任人能及时掌握部门的经营情况和经营成果。

3. 简易核算单位

简易核算单位是指不具备独立核算条件的企业部门或柜组，由兼职或专职核算员对与本部门或本柜组有直接关系的经济指标进行简易核算，对全部交易单证和结算凭证报送主管财会部门进行会计核算。如零售企业的柜组，一般在定额的基础上核算销货额、销货毛利、商品库存以及直接与柜组有关的费用支出等指标，以考核本柜组的经营成果。

1.3　我国商品流通企业会计核算制度的变迁

我国商品流通企业会计制度是随着商业经济的发展而演变的。在新中国成立初期，各地商品流通企业都是根据原有的会计核算办法进行核算的，无统一制度。后来为了适应全国统一的国营贸易工作的需要，贸易部于1950年5月制定了《全国贸易系统暂行会计制度》。1952年又根据国家贸易机构的设置，分别制定了《对外贸易会计制度》和《商业会计制度》。全国供销合作总社也草拟了《各级供销合作社统一会计制度》。这几种会计制度都是在财政部和国家主管部门领导下吸取了前苏联计划经济的模式而制定的，后来随着经济体制的变革和经营管理的要求，各种制度也经过了多次变化，并按照不同领导机构具体划分为外贸企业会计、物资企业会计、国营商品流通企业会计、粮食企业会计、供销合作社会计及石化、烟草、医药等企业会计，其中原商业部系统有国营商品流通企业、粮食企业和供销合作社企业会计，而各种集体企业会计制度又分别由各地财政、商业和合作企业等主管部门负责制定，形成了分部门、分行业、分所有制的会计制度体系。

随着我国改革开放的深入和市场经济的发展，我国商品流通企业出现了跨部门、跨所有制和跨行业的多元化经济实体，并出现了股份制企业、集团公司和外商投资企业，原来的单一所有制、单一经营条件下的会计制度已不适应客观形势的变化，与国际会计惯例不衔接，不能满足现实的需要。因此，财政部于1988年成立了会计准则课题组，于1992年11月公布了《企业财务通则》和《企业会计准则》，并公布了包括《商品流通企业会计制度》在内的十几个行业会计制度，于1993年7月1日起在全国统一实施。凡是从事商品流通的企业都要执行《商品流通企业会计制度》，这是我国财会制度的一次重大改革。1993年7月1日开始实施“两则两制”，即全面实施了《企业财务通则》、《企业会计准则》和13个行业的《企业财务制度》、《企业会计制度》，从根本上改革了我国财务会计制度的核算模式。

“两则两制”实行了数年以后，存在的主要问题是，由于行业会计制度的会计标准不够统一，出现了会计信息的不可比性。因此为了适应我国社会主义市场经济深入发展的需要，加强股份有限公司会计核算，维护投资者和债权人的合法权益，财政部及时出台了《股份有限公司会计制度——会计科目和会计报表》，并要求从1998年1月1日起实施，从而初步解决了实行“两则两制”过程中出现的问题。

我国2000年1月1日起实行的统一的《企业会计制度》与1998年实施的《股份有限公司会计制度》比较，实现了多方面的创新：

(1) 会计制度体系的创新，它由企业统一会计制度（包括企业会计制度和专门业务核算办法）、小企业会计制度和金融企业会计制度组成。这种体系框架体现了共性统一、兼顾个性的原则，具有较强的实用性、适应性和可操作性。

(2) 企业自主权的创新，表现在制度中扩大了企业计提固定资产折旧和提取坏账准备的权限，企业可以根据固定资产的性质和消耗方式合理确定固定资产的预计使用年限和预计净残值，根据科技发展、环境和其他因素，选择合理的固定资产折旧方法，企业还可以自行确定计提坏账准备的方法和提取比例。

(3) 谨慎性原则的创新，表现为增加了计提资产减值准备的范围和项目，企业必须提取短期投资跌价准备、应收账款坏账准备、存货跌价准备、长期投资减值准备、固定资产减值准备、无形资产减值准备、委托贷款减值准备以及在建工程减值准备等八项，同时剔除了虚拟资产对会计报表的影响，要求企业对待摊费用在受益期限一年内摊销完毕，对待处理财产损溢期末不论是否经过批准，都应计入当年损益。

（4）增设了“实质重于形式”的会计原则。

（5）会计信息披露形式与内容的创新，一方面将会计报表附注纳入了报表，另一方面增加了资产减值明细表等。

2006 年，在总结多年来我国会计改革成果的基础上，我国财政部对以前发布的 16 项会计准则进行了全面改革和梳理，进行必要的修改和完善，发布了 20 多项具体会计准则，基本形成既符合我国国情又与国际会计惯例相协调的企业会计准则体系。新的会计准则体系将由 1 项基本准则和 38 项具体会计准则构成，分为两个层次：第一层次为基本准则；第二层次为具体会计准则。基本准则在整个准则体系中起统驭作用，主要规范会计目标、会计基本假设、会计信息的质量要求、会计要素的确认、计量等。具体会计准则分为一般业务准则、特殊行业的特定业务准则和报告准则三类。中国新会计准则体系的正式发布，标志着我国会计准则与国际会计准则进一步全面接轨。这套新会计准则体系立足国情，实现了与国际准则的实质性趋同，适应了我国改革开放的需要，是我国完善社会主义市场经济体制、顺应中国经济融入世界经济潮流、促进企业和会计行业实施“走出去”战略的重要举措。

1.4　商品流通企业的会计对象和会计科目

由于不同会计主体在社会再生产过程中所起的作用不同，经济活动的具体内容不同，因而其价值运动的具体形式和内容也不相同，即会计具体对象不同。工业企业的会计对象是工业企业再生产过程中的资金运动，商品流通企业的会计对象是商品流通企业在商品流通过程中的资金运动。商品流通企业资金循环运动的形式是“货币—商品—货币”，即在购进过程中，通过商品购买，支付货款及费用，使货币资金转化为商品资金；在销售过程中，通过商品出售，取得收入和盈余，使商品资金又转化为货币资金，并获取增值。因此，商品流通企业会计对象（Accounting Object）是商品流通的资金运动，商品流通企业会计对商品资金的筹集、运用和资金的收回进行核算和管理。

1.4.1　商品流通企业的会计对象

商品流通企业会计对象具体表现为各种会计要素（Accounting Elements），或者说会计要素是会计对象的具体化，是会计对象的基本组成，同时又是财务报表（Financial Statement）内容的主要框架。因此，这里所说的会计要素主要是构成资产负债表（Balance Sheet）和利润表（Income Statement）的会计要素。构成资产负债表的会计要素有资产（Assets）、负债（Liabilities）和所有者权益（Owners Equity）三项；构成利润表的会计要素有收入（Revenues）、费用（Expenses）和利润（Profits）三项。会计要素的界定和分类可以使财务会计系统更加科学严密，为财务报告使用者提供更加有用的信息。

1. 商品流通企业的资产

商品流通企业的资产是指商品流通企业过去的交易或者事项形成的、由商品流通企业拥有或者控制的、预期会给商品流通企业带来经济利益的资源。根据资产的定义，资产具有以下特征：

（1）资产应为商品流通企业拥有或者控制的资源。资产作为一项资源，应当由商品流通企业拥有或者控制，具体是指商品流通企业享有某项资源的所有权，或者虽然不享有某项资源的所有权，但该资源能被商品流通企业所控制。

商品流通企业享有资产的所有权，通常表明商品流通企业能够排他性地从资产中获取经济利益。一般而言，在判断资产是否存在时，所有权是考虑的首要因素。有些情况下，资产虽然不为商品流通企业所拥有，即商品流通企业并不享有其所有权，但商品流通企业控制了这些资产，同样表明商品流通企业能够从资产中获取经济利益，符合会计上对资产的定义。例如，某商品流通企业以融资租赁方式租入一项固定资产，尽管商品流通企业并不拥有其所有权，但是如果租赁合同规定的租赁期相当长，接近于该资产的使用寿命，表明商品流通企业控制了该资产的使用及其所能带来的经济利益，应当将其作为商品流通企业资产予以确认、计量和报告。

（2）资产预期会给商品流通企业带来经济利益。资产预期会给商品流通企业带来经济利益，是指资产直接或者间接导致现金和现金等价物流入商品流通企业的潜力。这种潜力可以来自商品流通企业日常的生产经营活动，也可以是非日常活动；带来经济利益的形式可以是现金或者现金等价物形式，也可以是能转化为现金或者现金等价物的形式，或者是可以减少现金或者现金等价物流出的形式。

资产预期能否为商品流通企业带来经济利益是资产的重要特征。例如，商品流通企业购置的商品资产等可以用于对外出售，出售后收回货款，货款即为商品流通企业所获得的经济利益。如果某一项目预期不能给商品流通企业带来经济利益，那么就不能将其确认为商品流通企业的资产。前期已经确认为资产的项目，如果不能再为商品流通企业带来经济利益，也不能再确认为商品流通企业的资产。例如，待处理财产损溢等，由于不符合资产定义，均不应当确认为资产。

（3）资产是由商品流通企业过去的交易或者事项形成的。资产应当由商品流通企业过去的交易或者事项所形成，主要包括购买、生产、建造行为或者其他交易或事项。换句话说，只有过去的交易或者事项才能产生资产，商品流通企业预期在未来发生的交易或者事项不形成资产。例如，商品流通企业有购买某商品的意愿或者计划，但是购买行为尚未发生，就不符合资产的定义，不能因此而确认为存货资产。

2. 商品流通企业的负债

商品流通企业的负债是指商品流通企业过去的交易或者事项形成的，预期会导致经济利益流出商品流通企业的现时义务。根据负债的定义，负债具有以下特征：

（1）负债是商品流通企业承担的现时义务。负债必须是商品流通企业承担的现时义务，这是负债的一个基本特征。其中，现时义务是指商品流通企业在现行条件下已承担的义务。未来发生的交易或者事项形成的义务，不属于现时义务，不应当确认为负债。这里所指的义务可以是法定义务，也可以是推定义务。其中法定义务是指具有约束力的合同或者法律法规规定的义务，通常必须依法执行。例如，商品流通企业购买商品形成应付账款，商品流通企业向银行借入款项形成借款，商品流通企业按照税法规定应当交纳的税款等，均属于商品流通企业承担的法定义务，需要依法予以偿还。推定义务是指根据商品流通企业多年来的习惯做法、公开的承诺或者公开宣布的政策而导致商品流通企业将承担的责任，这些责任也使有关各方形成了商品流通企业将履行现时义务解脱责任的合理预期。

（2）负债预期会导致经济利益流出商品流通企业。预期会导致经济利益流出商品流通企业也是负债的一个本质特征，只有商品流通企业在履行现时义务时会导致经济利益流出商品流通企业的，才符合负债的定义。如果不会导致商品流通企业经济利益流出，就不符合负债的定义。在履行现时义务清偿负债时，导致经济利益流出商品流通企业的形式多种多样，例如用现金偿还或以实物资产形式偿还，以部分转移资产、部分提供劳务形式偿还，将负债转为资本等。

（3）负债是由商品流通企业过去的交易或者事项形成的。负债应当由商品流通企业过去的交易或者事项所形成。换句话说，只有过去的交易或者事项才形成负债，商品流通企业将在未来发生的承诺、签订的合同等交易或者事项，不形成负债。

3. 商品流通企业的所有者权益

商品流通企业的所有者权益是指商品流通企业资产扣除其负债后由所有者享有的剩余权益。公司的所有者权益又称为股东权益，是所有者对商品流通企业资产的剩余索取权，它是商品流通企业资产中扣除债权人权益后应由所有者享有的部分，既可以反映所有者投入资本的保值增值情况，又体现了保护债权人权益的理念。

所有者权益的来源主要包括所有者投入的资本、直接计入所有者权益的利得和损失、留存收益等，通常由实收资本（或股本）、资本公积（含资本溢价或股本溢价、其他资本公积）、盈余公积和未分配利润构成。

（1）所有者投入的资本是指所有者投入商品流通企业的资本部分，它既包括构成商品流通企业注册资本或者股本部分的金额，也包括投入资本超过注册资本或者股本部分的金额，即资本溢价或者股本溢价，这部分投入资本在我国商品流通企业会计准则体系中被计入了资本公积，并在资产负债表中的资本公积项目下反映。

（2）直接计入所有者权益的利得和损失，是指不应计入当期损益、会导致所有者权益发生增减变动的、与所有者投入资本或者向所有者分配利润无关的利得或者损失。其中，利得是指由商品流通企业非日常活动所形成的、会导致所有者权益增加的、与所有者投入资本无关的经济利益的流入，包括直接计入所有者权益的利得和直接计入当期利润的利得。损失是指由商品流通企业非日常活动所发生的、会导致所有者权益减少的、与向所有者分配利润无关的经济利益的流出，包括直接计入所有者权益的损失和直接计入当期利润的损失。

（3）留存收益是商品流通企业历年实现的净利润留存于商品流通企业的部分，主要包括累计计提的盈余公积和未分配利润。

4. 商品流通企业的收入

商品流通企业的收入是指商品流通企业在日常活动中形成的、会导致所有者权益增加的、与所有者投入资本无关的经济利益的总流入。根据收入的定义，收入具有以下特征：

（1）收入是商品流通企业在日常活动中形成的。日常活动是指商品流通企业为完成其经营目标所从事的经常性活动以及与之相关的活动。例如，商品流通企业销售商品就属于商品流通企业的日常活动。明确界定日常活动是为了将收入与利得相区分，日常活动是确认收入的重要判断标准，凡是日常活动所形成的经济利益的流入应当确认为收入；反之，非日常活动所形成的经济利益的流入不能确认为收入，而应当计入利得。例如，处置固定资产属于非日常活动，所形成的净利益就不应当确认为收入，而应当确认为利得。再如，无形资产出租所取得的租金收入属于日常活动所形成的，应当确认为收入，但是处置无形资产属于非日常活动，所形成的净利益不应当确认为收入，而应当确认为利得。

（2）收入会导致所有者权益的增加。与收入相关的经济利益的流入应当会导致所有者权益的增加，不会导致所有者权益增加的经济利益的流入不符合收入的定义，不应当确认为收入。例如，商品流通企业向银行借入款项，尽管也导致了商品流通企业经济利益的流入，但该流入并不导致所有者权益的增加，而是商品流通企业承担了一项现时义务。不应当将其确认为收入，而应当确认为一项负债。

（3）收入是与所有者投入资本无关的经济利益的总流入。收入应当会导致经济利益的流入，从而导致资产的增加。例如，企业销售商品，应当收到现金或者在未来有权收到现金，才表明该项交易符合收入的定义。但是，经济利益的流入有时是所有者投入资本的增加所致，所有者投入资本的增加不应当确认为收入，而应当将其直接确认为所有者权益。

5. 商品流通企业的费用

商品流通企业的费用是指商品流通企业在日常活动中发生的、会导致所有者权益减少的、与向所有者分配利润无关的经济利益的总流出。根据费用的定义，费用具有以下特征：

（1）费用是商品流通企业在日常活动中形成的。费用必须是商品流通企业在其日常活动中所形成的，这些日常活动的界定与收入定义中涉及的日常活动的界定相一致。因日常活动所产生的费用通常包括销售成本（营业成本）、销售费用等。将费用界定为日常活动所形成的，目的是为了将其与损失相区分，商品流通企业非日常活动所形成的经济利益的流出不能确认为费用，而应当计入损失。

(2) 费用会导致所有者权益的减少。与费用相关的经济利益的流出应当会导致所有者权益的减少，不会导致所有者权益减少的经济利益的流出不符合费用的定义，不应当确认为费用。

(3) 费用是与向所有者分配利润无关的经济利益的总流出。费用的发生应当会导致经济利益的流出，从而导致资产的减少或者负债的增加（最终也会导致资产的减少）。其表现形式包括现金或者现金等价物的流出，存货、固定资产和无形资产等的流出或者消耗等。商品流通企业向所有者分配利润也会导致经济利益的流出，而该经济利益的流出属于投资者投资回报的分配，是所有者权益的直接抵减项目，不应当确认为费用，而应当将其排除在费用的定义之外。

6. 商品流通企业的利润

商品流通企业的利润是指商品流通企业在一定会计期间的经营成果。通常情况下，如果商品流通企业实现了利润，表明商品流通企业的所有者权益将增加，业绩会得到提升；反之，如果商品流通企业发生了亏损（即利润为负数），表明商品流通企业的所有者权益将减少，业绩下降。

利润包括收入减去费用后的净额、直接计入当期利润的利得和损失等。其中收入减去费用后的净额反映商品流通企业日常活动的经营业绩，直接计入当期利润的利得和损失反映商品流通企业非日常活动的业绩。直接计入当期利润的利得和损失，是指应当计入当期损益、最终会引起所有者权益发生增减变动的、与所有者投入资本或者向所有者分配利润无关的利得或者损失。商品流通企业应当严格区分收入和利得、费用和损失之间的区别，以便更加全面地反映商品流通企业的经营业绩。

1.4.2 商品流通企业的会计科目

商品流通企业的会计科目（Accounting Item）是为记录商品流通企业各项经济业务而对六大会计要素按其经济内容所进行分类的项目。商品流通企业会计科目按照其反映的经济内容，可以划分为资产类科目、负债类科目、所有者权益类科目和损益类科目四大类。其中损益类科目又可分为费用类科目和收入类科目两个小类。根据最新会计准则规定，所列会计科目，如商品流通企业没有相应会计事项的，可以不设或合并；也可以根据实际需要，增设会计科目；还可以根据具体情况设置一些表外科目。但是，设置和使用会计科目，应该不影响会计核算的要求和会计报表指标的汇总，以及对外提供统一的会计报表的格式。现行会计准则体系下，商品流通企业常用的会计科目如表 1-1 所示。

表 1-1 常见英汉互译的会计科目（一级科目）汇总表

序号	会计科目中文名称	会计科目英文名称
一、资产类		Assets
1	库存现金	Cash on hand
2	银行存款	Cash in bank
3	其他货币资金	Other monetary funds
4	交易性金融资产	Trading financial assets
5	应收票据	Notes receivable
6	应收股利	Dividends receivable
7	应收利息	Interests receivable
8	应收账款	Accounts receivable
9	其他应收款	Other receivables
10	坏账准备	Provision for bad debts
11	预付账款	Prepayment
12	商品采购	Merchandise purchased
13	在途物资	Material on way
14	发出商品	Merchandise delivered
15	库存商品	Merchandise on hand
16	加工商品	Merchandise held for processing
17	出租商品	Merchandise held for rental
18	商品进销差价	Margin between selling and purchasing prices
19	委托加工物资	Material on consignment for further processing
20	委托代销商品	Merchandise on consignment
21	受托代销商品	Fiduciary merchandise for sale
22	存货跌价准备	Provision for inventory write-down
23	持有至到期投资	Held-to-maturity investments
24	持有至到期投资减值准备	Provision for impairment of held-to-maturity investments
25	可供出售金融资产	Available-for-sale financial assets
26	长期股权投资	Long-term equity investments
27	长期投资减值准备	Provision for impairment of long-term investments
28	投资性房地产	Investment real estate
29	未确认融资收益	Unrecognized financing revenues
30	长期应收款	Long-term receivable
31	固定资产	Fixed assets
32	累计折旧	Accumulated depreciation
33	固定资产减值准备	Provision for impairment of fixed assets

续表

序号	会计科目中文名称	会计科目英文名称
34	工程物资	Project material
35	在建工程	Construction in progress
36	在建工程减值准备	Provision for impairment of construction in progress
37	固定资产清理	Disposal of fixed assets
38	无形资产	Intangible assets
39	累计摊销	Accumulated amortizations
40	无形资产减值准备	Provision for impairment of intangible assets
41	未确认融资费用	Unrecognized financing expenses
42	长期待摊费用	Long-term prepay expenses
43	递延所得税资产	Deferred income tax assets
44	待处理财产损溢	Asset gain and loss in suspense
二、负债类		Liabilities
45	短期借款	Short-term borrowing
46	应付票据	Notes payable
47	应付账款	Accounts payable
48	预收账款	Advance received
49	代销商品款	consignment-in payables
50	应付职工薪酬	Employee compensation payable
51	应付利息	Interests payable
52	应付股利	Dividends payable
53	应交税费	Taxes payable
54	其他应付款	Other payables
55	预计负债	Estimated liabilities
56	长期借款	Long-term loans
57	应付债券	Bonds payable
58	长期应付款	Long-term accounts payable
59	专项应付款	Special payable
60	未实现融资费用	Unrealized financing expenses
61	递延所得税负债	Deferred income tax liabilities
三、所有者权益类		Owners' equity
62	实收资本（或股本）	Paid-in capital (or common stoc)
63	资本公积	Capital surplus (or capital reserve)
64	盈余公积	Earnings reserve (or surplus reserve)
65	本年利润	Earnings of the year
66	利润分配	Earnings distribution
67	库存股	Treasury stock

续表

序号	会计科目中文名称	会计科目英文名称
	四、损益类	Income and losses
68	主营业务收入	Revenues from main operations
69	其他业务收入	Revenues from other operations
70	投资收益	Investment income
71	公允价值变动损益	Income and losses from fair value changes
72	营业外收入	Non-operating revenue
73	主营业务成本	Cost of main operations
74	营业税金及附加	Taxes and surcharge for main operations
75	其他业务成本	Cost of other operations
76	销售费用	Sales expenses
77	管理费用	Administrative expenses
78	财务费用	Financial expenses
79	营业外支出	Non-operating expenses
80	所得税费用	Income tax expenses
81	资产减值损失	Asset impairment losses
82	以前年度损益调整	Adjustment to prior year's income and losses

1.5 商品流通企业期初建账实训

1.5.1 实训内容

商品流通企业期初建账技能训练。

1.5.2 实训资料

张一博打算在北戴河海滨浴场租赁一个店面，开设一家零售夏季用品的小型商贸公司，拟取名“海滩小屋”，主营太阳镜、泳装、救生圈以及冷饮。经过充分的市场调查，估计夏季每月会有10 000元的销售额，商品购进成本大约为6 000元，店面租金1 000元，雇员薪酬1 200元，杂费300元。2010年6月1日，张一博正式启动了自己的首次创业计划，注册成立了海滩小屋。作为夏季用品零售商，首先面临的问题是期初建账。

1.5.3 实训要求

假设你作为海滩小屋的会计，请完成海滩小屋的期初建账工作。

本章小结

商品流通企业会计概论
- 商品流通企业会计的概念和特征
- 商品流通企业会计的任务及内部核算组织形式
- 我国商品流通企业会计核算制度的变迁
- 商品流通企业的会计对象和会计科目

第2章 商品流通核算概论

学习目标

知识目标

熟悉商品流通的类型、环节；

了解商品购销的交接方式、入账时间；

熟悉商品流通企业类型及其商品流通业务的主要核算方法；

掌握商品流通企业进货费用和商品质量保证金的会计处理。

技能目标

能区分商品流通业务的具体经营方式；

能正确选择商品流通业务的核算方法；

能对商品流通企业进货费用和商品质量保证金进行账务处理。

案例导入

2010年4月16日，登天电梯销售公司销售给新星企业一部电梯并负责电梯安装，安装期为15天，电梯销售和安装总收入为100万元。2010年5月1日登天电梯销售公司按期安装完毕并交付新星企业验收合格，但由于新星企业经营状况恶化，资金周转困难，无法支付货款，6月30日登天电梯销售公司对未来是否能够收到天星企业的货款无法做出合理判断。登天电梯销售公司对上述业务的收入能否确认，并说明理由。

案例简析：

登天电梯销售公司对新星企业的商品销售业务不应当确认销售收入。根据收入准则的规定，商品流通企业的商品销售收入同时满足规定的五个条件的，才能予以确认入账。因为2010年6月30日，登天电梯销售公司对未来是否能够收到新星企业的货款无法做出合理判断，与该产品安装劳务相关的经济利益的流入存在不确定性，不能满足收入确认的五个条件中的第四个条件（相关的经济利益很可能流入商品流通企业）。因此，登天电梯销售公司不能确认商品销售收入。

2.1 商品流通概述

商品流通是指商品流通部门通过购销活动，将工农业生产者生产的商品从生产领域转移到消费领域的过程，也是商品价值实现的过程。商品流通是社会再生产过程的重要环节，它连接生产和消费领域，以商品的生产和消费为基础，又是保证生产和消费正常进行的必要条件。

2.1.1 商品流通的分类

商品流通业务是商品流通企业会计的核心业务，商品流通主要包括商品购进、商品销售和商品储存三个环节。商品流通按照商品流通企业的经营方式可以分为自营商品流通(Self-Supporting Commodity Circulation）和联营商品流通（Affiliated Commodity Circulation)。自营商品流通是指商品流通企业先购后销的业务流程，先自己垫付资金购进商品，后通过销售商品并结算收回货款，一般包括购、销、存三个环节，是一种完全“独立”的状态。联营商品流通是指商品流通企业先销后购的业务流程，商品先由生产者运到商品流通企业的营业场所并配备销售人员进行商品销售，商品流通企业负责销售收款，后与生产者作商品购进处理并结算进货款，一般包括购、销两个环节，是一种商品流通企业与生产者融合的状态。

1. 自营商品的流通

(1) 商品购进。商品购进（Commodity Purchasing）是指商品流通企业为了销售或加工后销售，通过货币结算而取得商品所有权的交易行为，它是商品流通的起点。商品购进的过程，也就是货币资金转变为商品资金的过程。商品流通企业商品购进的渠道主要有向工农业生产者和个体生产者购进商品、向商品流通部门内部其他独立核算单位购进商品和在国际贸易中进口商品等。凡不是通过货币结算而购入的商品，或者不是为销售而购进的商品，都不属于商品购进的范围，主要有：收回加工的商品；溢余的商品；收回退关甩货的商品、收回销货退回的商品和购货单位拒收的商品；因企业并购而接收的商品和其赠送的样品；为收取手续费替其他单位代购的商品以及购进专供本单位自用的商品等。

(2) 商品销售。商品销售（Commodity Selling）是指商品流通企业通过货币结算而售出商品的交易行为，它是商品流通的终点。商品销售的过程，也就是商品资金转变为货币资金的过程。在这一过程中资金得到了增值。商品流通企业商品销售的对象主要有：销售给工农业生产部门和个体经营者的商品；销售给机关、团体、事业单位和个人消费者的商品；销售给商品流通部门内部其他独立核算单位的商品以及在国际贸易中出口的商品等。凡是不通过货币结算而发出的商品，则不属于商品销售的范围，主要有：发出加工的商品；损耗和短缺的商品；进货退出的商品和退出拒收的商品；赠送给其他单位的样品；为收取手续费替其他单位代销的商品；虽已发出但仍属于本单位所有的委托代销商品和分期收款发出商品等。

(3) 商品储存。商品储存（Commodity Warehousing）是指商品流通企业购进的商品销售以前在企业的停留状态，它以商品资金的形态存在于企业之中。商品储存是商品购进和商品销售的中间环节，是商品流通的重要环节。保持合理的商品储存是商品流通企业开展经营活动必不可少的条件。商品储存包括库存商品、委托代销商品、受托代销商品、发出商品和购货方拒收的代管商品等。

2. 联营商品的流通

我国商业由完全“独立”状态逐步变化为与生产者融合的状态。农工商企业一条龙，以及商业联营形式中工商联营、农商联营等形式，都是这种与生产者融合状态的表现形式。在联营商业经营形式下，联营商品的流通主要有先销后购两个过程。

(1) 商品销售。在联营商品流通中，商品是由生产企业或批发商直接送至商品流通企业指定的仓库或经营场所。商品的销售过程由商品供应商配备的人员完成，而销售货款则由商品流通企业收取，同时作商品销售业务处理。

(2) 商品购进。不同的商品分别由各自的提供者自行保管和核对，商品流通企业对联营商品不负责管理库存。商品流通企业定期与商品提供者核对已销售商品的品名、数量、金额等资料，并按照双方事先签订的合同办理款项结算工作，同时作商品购进业务处理。

近年来随着商品经济和信息技术的高速发展，涌现出了很多新兴的商品流通经营方式。连锁经营商品流通方式已经达到了妇孺皆知的地步，网络经营商品流通方式也得到了突飞猛进的发展。各种形式的连锁商店（城）、网上商店（城）如雨后春笋般涌现在大街小巷和网络店铺街上，令人眼花缭乱。可见商品流通的空间、时间正在日益扩大，已经从受地点和时间限制的实体商店扩大到不受地点和时间限制的网络商店（城）；商品流通的组织日益复杂化，从单一的商店发展到跨国商业集团或者连锁集团形式；商品流通的形式日益多样化，自营、联营、连锁经营、网络经营、代购代销等经营形式层出不穷；商品流通过程中科技含量日益增加，如电子结算方式的发展与完善、网络技术的应用与流行等。

2.1.2 商品购销的交接方式

在商品购销业务活动中，商品的交接方式一般有送货制（Delivery System）、提货制（Picking up System）和发货制（Sending out System）三种。

1. 送货制

送货制是指商品流通企业将商品送到购货单位指定的仓库或其他地点，由购货单位验收入库的一种方式。

2. 提货制

提货制又称取货制，是指购货单位指派专人到商品流通企业指定的仓库、门市部或其他地点提取并验收商品的一种方式。

3. 发货制

发货制是指商品流通企业根据购销合同规定的发货日期、品种、规格和数量等条件，将商品委托运输单位由铁路或公路、水路、航空运送到购货单位所在地或其他指定地点，如车站或码头、机场等，由购货单位领取并验收入库的一种方式。

2.1.3 商品购销的入账时间

商品购进和商品销售是商品流通业务重要的构成要素，为了使商品流通企业统一核算口径，以保证会计信息的可比性，需要明确商品购销的入账时间。在市场经济条件下，商品购销的过程，也就是商品所有权的转移过程。一般来说，商品购销的入账时间应以商品所有权转移的时间为依据。购货方以取得商品所有权的时间作为商品购进的入账时间，销货方以失去商品所有权的时间作为商品销售的入账时间。

1. 商品购进的入账时间

商品购进以支付货款或收到商品的时间为入账时间。在实际工作中，应根据商品购进的货款结算方式和商品的交接方式的不同来灵活确定商品购进的入账时间。一般而言，在商品先到、货款尚未支付的情况下，以收到商品的时间作为购进的入账时间。因为商品到达，并经验收入库，购货方即有权安排商品，同时销货方也取得了向购货方索取货款的权利。在货款先付、商品后到的情况下，以支付货款的时间作为商品购进的入账时间，因为购货方收到销货方发货凭证后，支付了货款，说明购货方已取得了商品的所有权。

2. 商品销售的入账时间

根据收入准则的规定，商品流通企业的商品销售收入同时满足表 2-1 所列的五个条件的，才能予以确认入账。

表 2-1 商品销售收入的确认条件

项　目	确认条件
商品销售收入	1. 商品流通企业已将商品所有权上的主要风险和报酬转移给购货方
	2. 商品流通企业既没有保留通常与所有权相联系的继续管理权，也没有对已售出的商品实施有效控制
	3. 收入的金额能够可靠地计量
	4. 相关的经济利益很可能流入商品流通企业
	5. 相关的已发生或将发生的成本能够可靠地计量

（1）商品流通企业已将商品所有权上的主要风险和报酬转移给购货方。商品流通企业已将商品所有权上的主要风险和报酬转移给购货方，是指与商品所有权有关的主要风险和报酬同时转移给了购货方。其中，与商品所有权有关的风险，是指商品发生减值或毁损等原因所形成的可能损失；与商品所有权有关的报酬，是指预期可以从商品中获得的未来经济利益。

判断商品流通企业是否已将商品所有权上的主要风险和报酬转移给购货方，应当关注商品交易的实质内容而不是形式，同时考虑所有权凭证的转移和实物的交付。如果与商品所有权有关的任何损失均不需要销货方承担，由商品产生的任何经济利益也不归销货方所有，就表明商品所有权上的主要风险和报酬转移给了购货方。

一般情况下，转移商品所有权凭证或交付实物后，商品所有权上的所有风险和报酬将随之转移，如大多数零售商品、预收款销售商品、订货销售商品、托收承付方式销售商品、分期收款发出商品等。但是，下列情况下应特殊对待：

1）转移商品所有权凭证或交付实物后，商品所有权上的主要风险和报酬随之转移，商品流通企业只保留商品所有权上的次要风险和报酬，如交款提货方式销售商品、视同买断方式委托代销商品等。在这种情形下，应当视同商品所有权上的所有风险和报酬已经转移给购货方。

2）转移商品所有权凭证或交付实物后，商品所有权上的主要风险和报酬并未随之转移。

①商品流通企业销售的商品在质量、品种、规格等方面不符合合同或协议要求，又未根据正常的保证条款予以弥补，因而仍负有责任。

②商品流通企业销售商品的收入是否能够取得，取决于购买方是否已将商品销售出去。如采用支付手续费方式委托代销商品、售后回购等。

③商品流通企业尚未完成售出商品的安装或检验工作，且安装或检验工作是销售合同或协议的重要组成部分。

④销售合同或协议中规定了买方由于特定原因有权退货的条款，且商品流通企业又不能确定退货的可能性。

（2）商品流通企业既没有保留通常与所有权相联系的继续管理权，也没有对已售出的商品实施有效控制。通常情况下，商品流通企业售出商品后不再保留与商品所有权相联系的继续管理权，也不再对售出商品实施有效控制，表明商品所有权上的主要风险和报酬已经转移给购货方，应在发出商品时确认收入。在特殊情况下，商品流通企业在商品售出后，由于各种原因仍保留与商品所有权相联系的继续管理权，或仍对商品可以实施有效控制，如售后回购、售后租回等，则说明此项销售交易没有完成，销售不能成立，不应确认销售商品收入。

(3) 收入的金额能够可靠地计量。收入的金额能够可靠地计量，是指收入的金额能够合理地估计。如果收入的金额不能够合理估计，则无法确认收入。通常情况下，商品流通企业在销售商品时，商品销售价格已经确定，商品流通企业应当按照从购货方已收或应收的合同或协议价款确定收入金额。如果销售商品涉及商业折扣、销售折让等因素，还应当扣除折扣后确定销售商品收入金额。如果商品流通企业从购货方应收的合同或协议价款延期收取具有融资性质，商品流通企业应按合同或协议规定的应收价款的公允价值来确定销售商品收入金额。

如果由于销售商品过程中某些不确定因素的影响，导致商品流通企业不能合理估计退货的可能性，则无法确定销售商品的价格，也就不能够合理地估计收入的金额，不应在发出商品时确定收入，而应当在能够可靠计量时确定收入。如附有销售退回条件的商品销售，应当在售出商品退货期满商品销售价格能够可靠计量时确定收入。

此外，商品流通企业应按公允的交易价格确定收入金额，不公允的价款不应当确定为收入金额。

(4) 相关的经济利益很可能流入商品流通企业。相关的经济利益很可能流入商品流通企业，是指销售商品价款收回的可能性大于50%。一般情况下，商品流通企业销售的商品符合合同或协议要求，已将发票账单交付买方，买方承诺付款，通常表明满足本确认条件(相关的经济利益很可能流入商品流通企业)。但是如果商品流通企业根据以前与买方交往的直接经验判断买方信誉较差，或销售时得知买方资金周转十分困难等，就可能会出现与销售商品相关的经济利益不能流入商品流通企业的情况，这时不应当确认收入。

(5) 与销售商品相关的已发生或将发生的成本能够可靠地计量。通常情况下，与销售商品相关的已发生或将发生的成本能够合理地估计。商品流通企业几乎都是外购的，购买成本一般能够可靠计量。但是，如果与销售商品相关的已发生或将发生的成本不能够合理地估计，商品流通企业就不应当确认收入，对已收到的价款应当确认为负债。

以上五个条件中任何一个条件没有满足，即使商品流通企业收到了货款，也不能确认商品销售收入。

2.2 商品流通核算概述

商品流通核算是反映和控制商品购、销、调、存的业务活动及其成果的核算方法。它必须适应不同商品购销活动的需要，因为商品购销活动是通过"货币—商品—货币"的形式循环周转进行的，从价值运动角度看，商品流通过程同时也是资金运动过程，它们是同一商品流通过程的两个方面，商品流通决定商品核算，同时，商品核算对商品流通起促进作用，两者紧密结合。

市场经济环境下，由于商品供应的极大丰富，商品流通企业之间也存在激烈的竞争，许多企业为了新的利润增长点开始寻求新的经营模式。很多创新的商品流通经营模式应运而生。除了传统的自营商品流通，近几年又涌现出了联营、连锁经营、网络经营、代购代销等新模式。与此对应，这些新商品流通经营模式也催生了新的核算特征。

2.2.1　商品流通企业的类型

商品从生产领域到消费领域的流通中，一般要经过批发和零售环节。在各种类型的商业企业中，按照它们在商品流通中所处的不同地位和经营活动的不同特点，可以将其划分为批发（Wholesale）商业企业和零售（Retail）商业企业两种形式。它们位于商品流通的不同阶段，分别承担着不同的任务，具有不同的功能，因此在会计核算上也具有各自的特点和具体要求。

1. 批发商业企业

批发商业企业是指从生产企业或商业企业成批地购进商品，再把商品批量地转售给其他商业企业（多为零售企业）供其进一步销售，或供应给生产企业作进一步加工的商业企业。批发商业企业处于商品流通的起点或中间阶段，是商品流通的枢纽。首先，批发商业企业的销售对象大都不是最终用户和直接消费者，其经营的商品主要是出售给其他商业企业进行转卖或出售给生产企业供其生产加工使用。因此，批发商业企业的交易活动主要是在企业之间进行的。其次，批发商业企业每次商品交易的数量和金额都比较大。最后，批发商业企业是将已进入流通领域的商品不断地转售给其他商业企业或生产加工企业，批发交易结束后，商品仍继续处在流通领域或重新回到生产领域。

2. 零售商业企业

零售商业企业是指向批发商业企业或生产企业购进商品，再将商品直接出售给最终消费者的商业企业。首先，零售商业企业的销售对象是直接消费者，而不是那些进行转卖或生产加工的企业。其次，零售商业企业的交易次数频繁，平均每次交易额较少。最后，零售商业企业是商品流通的最终环节。零售商业企业的交易活动成功后，商品就脱离了流通领域而进入消费领域，商品价值和使用价值得以实现。

2.2.2　商品流通核算的主要方法

商品具有使用价值和价值两种属性，因此商品核算既要反映商品的使用价值，又要反映商品的价值。反映商品的使用价值，要对商品分类进行实物数量核算，反映各种商品数量进、销、存增减变化情况；反映商品的价值，要以货币为计量单位，反映商品进、销、存金额的增减变化情况。在会计核算中，金额核算特别重要，但数量核算也不容忽视，商品的数量核算和金额核算必须紧密结合。

商品流通企业类型较多，它们的规模大小不同，经营方式、经营商品的品种不同，购销对象也不同。在实际工作中，商品流通企业根据各自经营的特点和管理的需要，对商品流通业务的核算，采用各种不同的方法，主要分为数量金额核算和金额核算两种类型，按库存商品的入账价格具体又分为数量进价金额核算法、数量售价金额核算法、售价金额核算法及进价金额核算法四种核算方法。

1. 数量金额核算法

（1）数量进价金额核算法。数量进价金额核算是指库存商品的总分类账和类目账按进价金额登记，明细分类账除按进价金额登记外，同时还必须登记商品实物数量，以实物数量和进价金额两种计量单位，反映商品进、销、存情况的一种核算方法。数量进价金额核算法的优点是能够按品名、规格来全面反映和监督各种商品进、销、存数量和进价金额，便于从数量和金额两个方面加强对库存商品的核算与控制。但由于每笔进、销货业务都要填制记账凭证，按商品品种、规格逐笔登记明细分类账，记账工作量较大，手续较烦琐。因此，此方法一般适用于规模较大、每次交易金额较大、批量较大而交易笔数不多的大中型批发企业，例如国内贸易批发企业和国际贸易企业。有些专业零售企业也可以采用这种方法。

（2）数量售价金额核算法。数量售价金额核算是指库存商品的总分类账按售价金额登记，明细分类账除按售价金额登记外，同时还必须登记商品实物数量，以实物数量和售价金额两种计量单位，反映商品进、销、存情况的一种核算方法。采用这种核算方法，除了以下所述两点与数量进价金额核算法不同外，其余基本相同，即都是按商品品种设明细账，实行数量和金额双重控制。

①“库存商品”总分类账、类目账和明细账均按售价记账。

②设置“商品进销差价”账户，记载售价金额和进价金额之间的差额，定期分摊已销商品进销差价，计算已销商品进价成本和结存商品的进价金额。

数量售价核算法的优点是能够按品名、规格来全面反映和监督各种商品进、销、存数量和售价金额，便于从数量和金额两个方面加强对库存商品的核算与控制，有利于严密控制商品销售收入。缺点是在进货时既要复核商品的进价，又要计算商品的售价和进销差价，每笔销售业务都要填制销售凭证，做好销售记录，并按商品的品名、规格登记商品明细账，只要商品售价变动，就要盘点库存商品，调整商品金额和差价，记账的工作量非常大。因此，数量售价金额核算法一般适用于经营金额较小、批量较少的小型经营批发企业，以及经营贵重商品的零售企业的核算。

2. 金额核算法

（1）售价金额核算法。售价金额核算是指在实物负责制基础上，库存商品总分类账和明细分类账都只反映商品的售价，不反映实物数量，以售价控制库存商品进、销、存情况的一种核算方法。采用这种核算方法，库存商品的结存数只能通过实地盘点来掌握，其商品明细分类账则按经营商品的营业柜组或门市部设置。财会部门通过商品的售价来控制各营业柜组或门市部的商品。

采用售价金额核算方法，一般不必为每笔销售业务填制凭证，也不必登记大量的实物数量明细账，可以简化核算手续，减少工作量，是零售企业商品核算的主要方法。缺点是由于明细分类账只记金额，不记数量，不能随时提供数量指标以控制商品进、销、存情况，一般要通过定期盘点才能发现溢缺商品的品种与数量，也难以分析溢缺的原因和责任。这种核算方法主要适用于大型综合性零售企业，如大型综合性超市。另外，有些专业性零售企业也采用这种方法。

(2) 进价金额核算法。进价金额核算是指库存商品总分类账和明细分类账都只反映商品的进价，不反映实物数量，以进价控制库存商品进、销、存情况的一种核算方法。采用这种核算方法，库存商品的结存数只能通过实地盘点来掌握，其商品明细分类账则按商品大类设置。财会部门通过商品的进价来控制各类商品。采用进价金额核算方法，记账手续最为简便，工作量最小。缺点是平时不能反映商品进、销、存的数量，且对商品损耗或差错事故不能控制，由于期末采用盘存计销的办法，将商品销售成本、商品损耗差错事故混在一起，不易发现企业经营管理中存在的问题。这种核算方法只适用于经营鲜活商品的零售企业。

实际工作中，以上四种核算方法中数量进价金额核算法和售价金额核算法得到了广泛的应用。

2.3 进货费用的核算

在 1949 年中华人民共和国成立之后至 1993 年 6 月 30 日第一次会计制度改革之前的 44 年间，我国的商品流通企业对于存货成本的计量仅仅包括商品的进价，至于商品购进环节的运杂费、包装费等进货费用一律计入经营费用。

1993 年 7 月 1 日在全国范围内执行“两则两制”(即《企业财务通则》、《企业会计准则》和 13 个大行业的《企业财务制度》和《企业会计制度》) 第 3 章第 21 条中规定：“购入的商品，按取得时的实际成本即商品进价成本计价。”在《商品流通企业会计制度》会计科目使用说明第 131 号“商品采购”科目中说明了商品的采购成本确定如下：“国内购进用于国内销售和用于出口的商品，以进货原价为其采购成本。购进商品所发生的进货费用，包括购进出口商品到达交货地车站、码头以及支付的各项费用和手续，均作为当期损益列入经营费用。”

在于 2001 年 1 月 1 日起在股份有限公司范围内执行且随后又在全国范围内执行的

《企业会计制度》第 2 章第 20 条规定："商品流通企业购入的商品，按照进价和按规定应计入商品成本的税金，作为实际成本，采购过程中发生的运杂费、装卸费、保险费、包装费、仓储费等费用，运输途中的合理损耗、入库前的挑选整理费用等，直接计入当期损益。"

2007 年 1 月 1 日起执行的新《企业会计准则第 1 号——存货》第 3 章第 5 条规定："存货应当按照成本进行初始计量。存货成本包括采购成本、加工成本和其他成本。"在第 6 条中又规定："存货的采购成本，包括购买价款、相关税费、运输费、装卸费、保险费以及其他可归属于存货采购成本的费用。"《企业会计准则第 1 号——存货》（2006）应用指南中指出，商品流通企业在采购商品过程中发生的运输费、装卸费、保险费以及其他可归属于存货采购成本的费用，应当计入存货采购成本，也可以先进行归集，期末根据所购商品的存销情况进行分摊：对于已售商品的进货费用，计入当期损益；对于未售商品的进货费用，计入期末存货成本。企业采购商品的进货费用金额较少的，可以在发生时直接计入当期损益。

由此可见，目前商品流通企业在采购商品过程中发生的运输费、装卸费、保险费以及其他可归属于商品采购成本的进货费用（Purchase Expenses）有三种不同的处理方法。

2.3.1　进货费用直接计入商品采购成本

将商品进货费用连同商品的买价（即货款）一并计入商品采购成本。

【例 2-1】　清爽洗涤用品批发公司采用数量进价金额核算，购进洗发水 100 箱，每箱 200 元，计货款 20 000 元，增值税 3 470 元，运费 1 000 元，采用托收承付结算方式。财会部门收到开户银行转来的托收凭证、专用发票、运费凭证，审核无误后，当即承付货款。仓储部门已将商品验收入库。账务处理如下：

借：库存商品——日用百货类　　20 930

　　应交税费——应交增值税（进项税额）　　3 470

　　贷：银行存款　　24 400

在这种账务处理方法下，商品购进的入账价格与其他行业存货成本核算口径一致，便于比较分析，但是由于商品流通企业采购的商品一般品种较多，如果将进货费用在不同的商品品种之间进行分配，会增加会计核算的工作量和会计核算成本。这种方法核算工作量最大，因此通常适用于商品进货费用数额较大，商品品种规格不太多的国际贸易企业和批发企业。

2.3.2　进货费用先在"进货费用"账户中归集

将商品进货费用先在"进货费用"账户中进行归集，期末将归集的进货费用按商品的存销比例分摊，将已销商品的进货费用转入"主营业务成本"；将未销商品的费用，计入期末库存商品的成本。

【例 2-2】 承例 2-1，账务处理如下：

借：库存商品——日用百货类 20 000

应交税费——应交增值税（进项税额） 3 470

进货费用——日用百货类 930

贷：银行存款 24 400

会计期末，假定“库存商品——日用百货类”账户期初余额为 500 000 元，本月增加 6 00 000 元，期末余额为 450 000 元，“进货费用——日用百货类”账户期初余额为 8 000 元，本月增加 14 000 元，按商品存销比例分摊进货费用：

进货费用分摊率＝（该类商品期初结存进货费用＋该类商品本期增加进货费用）÷（该类商品期初余额＋该类商品本期增加额）＝（8 000＋14 000）÷（500 000＋600 000）×100％＝2％

该类结存商品应分摊的进货费用＝该类商品期末余额×分摊率＝450 000×2％＝9 000（元）

该类已销商品应分摊的进货费用＝该类商品进货费用合计－该类结存商品应分摊进货费用＝8 000＋14 000－9 000＝13 000（元）

根据计算结果作出账务处理如下：

借：主营业务成本——日用百货类 13 000

库存商品——日用百货类（进货费用） 9 000

贷：进货费用——日用百货类 22 000

下月初，将库存商品中包含的进货费用用红字冲回。与直接计入采购成本的方法相比，通过进货费用分摊后，大大简化了逐一计算商品采购成本的工作量；与直接计入当期损益的方法相比，计算的结果更为准确，企业财务状况和经营成果的反映也更为真实，当然也增加了期末的会计工作量。这种方法的核算工作量较大，因此通常适用商品进货费用数额较大、商品品种规格较多的批发企业和零售企业。

2.3.3 进货费用直接计入当期损益

将商品进货费用直接计入当期损益，列入“销售费用”账户。

【例 2-3】 承例 2-1，账务处理如下：

借：库存商品——日用百货类 20 000

应交税费——应交增值税（进项税额） 3 470

销售费用——日用百货类 930

贷：银行存款 24 400

这种账务处理方式的优点是便于操作，不必逐一计算采购成本，减少了核算的工作量。这种方法最为简便，但商品进货费用全部由已销商品负担，不太合理，因此通常适用于进货费用数额较小，商品品种规格繁多的零售企业。

2.4　商品质量保证相关费用的核算

2.4.1　商品质量保证相关费用的核算

根据《或有事项准则》的规定，或有事项是指过去的交易或者事项形成的，其结果须由某些未来事项的发生或不发生才能决定的不确定事项。商品流通企业最常见和突出的或有事项是商品质量保证（含商品安全保证）。在商品质量保证中，提出商品保修要求的可能有许多客户。相应地，商品流通企业对这些客户负有保修义务。

【例 2-4】　2009 年，新安商场销售产品 3 万件，销售额 1.2 亿元。该商场的商品质量保证条款规定：商品售出后一年内，如发生正常质量问题，该商场将免费负责修理。

根据以往的经验，如果出现较小的质量问题，则须发生的修理费为销售额的 1%；而如果出现较大的质量问题，则须发生的修理费为销售额的 2%。据预测，本年度已售产品中，有 80% 不会发生质量问题，有 15% 将发生较小质量问题，有 5% 将发生较大质量问题。

本例中，2009 年年末新安商场应确认的预计负债金额（最佳估计数）＝（1.2×1%）×15%＋（1.2×2%）×5%＝0.003（亿元）。有关账务处理如下：

借：销售费用——商品质量保证金　　300 000

　　贷：预计负债——商品质量保证　　300 000

2.4.2　预期可获得的补偿的核算

根据《或有事项准则》的规定，企业清偿预计负债所需支出全部或部分预期由第三方补偿的，补偿金额只有在基本确定能够收到时才能作为资产单独确认。首先，确认的补偿金额不应当超过预计负债的账面价值。其次，根据资产和负债不能随意抵销的原则，预期可获得的补偿在基本确定能够收到时应当确认为一项资产，而不能作为预计负债金额的扣减。

补偿金额的确认涉及两个问题：一是确认时间，补偿只有在“基本确定”能够收到时予以确认；二是确认金额，确认的金额是基本确定能够收到的金额，而且不能超过相关预计负债的账面价值。

【例 2-5】　承例 2-4，2009 年，新安商场按照与各供应商（商品生产厂家）的协议规定，新安商场销售的商品如出现质量问题所发生的一切费用 80% 由供应商承担，商场承担

20%，2009 年，新安商场基本确定预期从各供应商那里可获得补偿，基本确定能够收到的补偿金额为 300 000×80%＝240 000 元。有关账务处理如下：

借：银行存款或其他应收款——商品质量保证金　　240 000

　　贷：营业外收入　　240 000

【例 2-6】 承例 2-5，2009 年，新安商场实际发生产品质量保证费用（维修费）200 000 元，有关账务处理如下：

借：预计负债——商品质量保证　　200 000

　　贷：银行存款或原材料等　　200 000

在对商品质量保证确认预计负债时，需要注意的是：

（1）如果发现商品质量费用的实际发生额与预计数相差较大，应及时对预计比例进行调整。

（2）如果企业针对特定批次商品确认预计负债，则在保修期结束时，应将“预计负债——商品质量保证”余额冲销，同时冲减“销售费用”科目。

本章小结

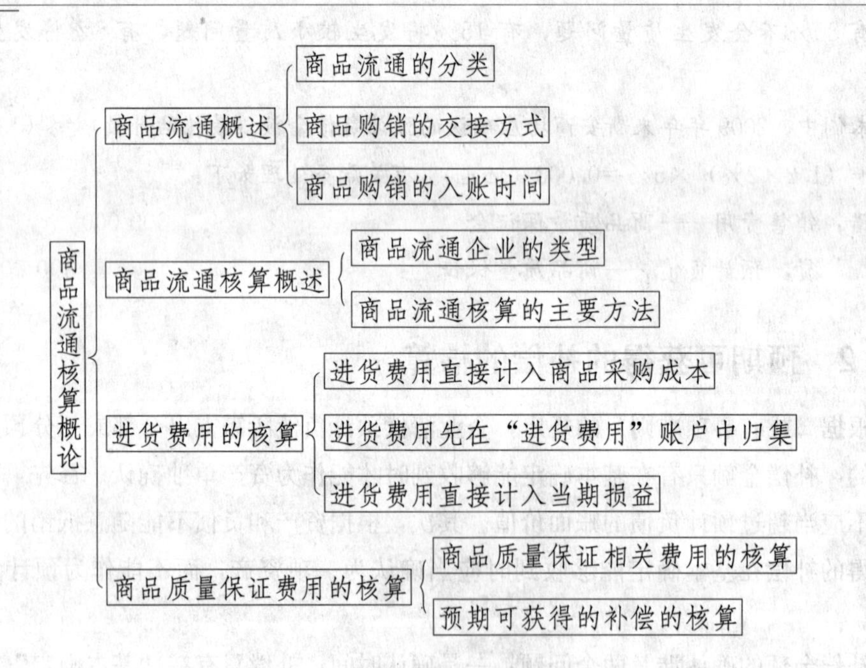

第3章 批发商品流通业务核算

学习目标

知识目标

熟悉数量进价金额法的概念、特点；

熟悉库存商品明细账的设置和登记方法；

熟悉批发商品购进和销售的业务程序；

熟悉商品销售成本的结转方法；

掌握批发商品购进业务的核算；

掌握批发商品销售业务的核算；

掌握批发商品盘点业务的核算；

掌握批发商品销售成本的计算方法。

技能目标

能根据企业具体情况设置库存商品的明细账；

会计算商品的采购成本；

能正确进行各种批发购进业务的会计处理；

能正确进行各种批发销售业务的会计处理；

能正确进行商品盘点的会计处理；

能正确进行商品销售成本的计算与结转。

案例导入

汉正街小商品批发市场兴起于明朝成化年间的古汉口之“正街”——“汉正街”，至今已有500多年历史，它是“汉派”商业文化的发祥地。改革开放使汉正街成为中国个体经济的发源地，并赢得了“天下第一街”的美誉。汉正街经营的商户大部分是中小型的私营批发商业，经营范围涵盖服装、饰品、玩具、小五金、拉链及其他服装配件、室内用品、家电、鞋类、工艺品、化妆品等28大类商品的批发。

汉正街批发市场的发展大体经历了三个阶段：①1979—1985年为小商品商场的恢复和个体私营经济的兴起阶段，特别是《人民日报》发表了“汉正街小商品商场的经验值得重视”的社论，推动了汉正街批发市场的发展；②1988—1991年为汉正街私营经济蓬勃发展和综合性大市场的形成阶段；③1992年至今，为汉正街市场调整改造和专业化商贸区的形成与发展阶段。目前汉正街小商品批发市场已由30多年前一条400米的主街，发展成为占地1.67平方千米的商贸区域；个体工商户由当初的103户发展到13000多户；市场就业人员由200余人发展到6万余人；经营品种由仅经营针头线脑等百余种小商品，发展到副食、小百货、服装、鞋类、家电等12大类近10万多个品种。市场日均人员流动量在20万人次左右，商气、人气两旺，成为华中地区最大的小商品批发中心，名列中国十大批发市场。连续数年销售额超过百亿元。

21世纪以来，汉正街批发市场再次成为投资开发的“热土”。汉正街南临汉水，东接长江，水资源丰富，是武汉两江四岸滨江开发改造的重要区域。而且汉正街商贸繁荣，周边旅游景观特色鲜明，丰富的自然资源和人文资源吸引着机敏的投资商，例如，上海万科、浙江龙腾、武汉春江、甘肃大陆桥、武汉徐东等开发商前来投资。汉正街正逐渐成为集商贸商务、购物旅游、综合服务、文化休闲、滨水观光为一体的现代化的商贸旅游区，充分体现出经济和文化的结合，历史与现代的融合，展现出汉正街会馆文化、商埠文化、码头文化相交融的历史风貌，并使汉正街批发市场成为展示武汉城市发展历史和现代商业文明的标志性景观。

案例简析：

汉正街小商品批发市场是中国经济体制改革的产物，是开放、搞活经济的窗口和风向标。它的成功不仅受到全社会的瞩目，而且也引起了国际舆论和外国友人的广泛关注。20世纪八九十年代，英、美、法、苏、日、德、荷、古巴、加拿大、罗马尼亚、乌拉圭等十几个国家的外宾相继来到汉正街批发市场参观、访问，对汉正街小商品批发市场的繁荣和发展以及在中国经济体制改革中的地位和作用给予了较高的评价。汉正街小商品批发商业的复兴与繁荣推动了中国经济的发展，应运而生批发商品流通业务的会计核算与管理问题，显得尤为重要。

3.1　数量进价金额核算法概述

批发企业从生产企业或其他企业购进商品，供应给零售企业或其他批发企业用以转售，或供应给其他企业用以进一步加工。它处于商品流通的起点或中间环节，是组织城乡之间、地区之间商品流通的桥梁。批发企业大批地向工农业生产部门采购商品，又成批地供应出去，将社会产品从生产领域转入流通领域和再生产领域。由此可见，批发企业是经营大宗的商品购销活动，交易次数较少，而每次的成交量和成交额却较大，且每次交易都必须填制各种有关凭证，以反映和控制商品的交易活动。因此，批发企业商品流通业务需要从数量和进价金额两方面进行核算，所以适合采用数量进价金额核算法。

3.1.1　数量进价金额核算法的内容和特点

批发商品流通业务的明细分类核算，一般采用数量进价金额核算法。数量进价金额核算法是以实物数量和进价金额两种计量单位，反映商品进、销、存情况的一种方法。主要内容包括：

(1)“库存商品”的总分类账（General Ledger）和明细分类账（Subsidiary Ledger）统一按进价记账。总分类账反映库存商品进价总额；明细分类账反映各种商品的实物数量和进价金额。

(2)“库存商品”明细账按商品的编号、品名、规格、等级分户，按商品收、付、存分栏记载数量和金额，数量要求永续盘存。

(3) 根据企业经营管理需要，在“库存商品”总分类账和明细分类账之间，可设置“库存商品”类目账，按商品大类分户，记载商品进、销、存金额。

(4) 在业务部门和仓库设置商品账，分户方法与“库存商品”明细账相同，记载商品收、付、存数量，不记金额。

(5) 根据商品的不同特点，采用先进先出法、加权平均法、毛利率法等不同的存货计价方法定期计算和结转已销商品的进价成本。

数量进价金额核算法的优点是能全面反映各种商品进、销、存的数量和金额，便于从数量和金额两个方面进行控制。但由于每笔进、销货业务都要填制凭证，按商品品种逐笔登记明细分类账，核算工作量较大，手续较烦琐，一般适用于规模较大、经营金额较大、批量较大而交易笔数不多的大中型批发企业。

3.1.2　库存商品类目帐和明细账的设置与登记方法

批发企业财会部门为了加强对库存商品的管理和控制，正确计算库存商品的期末库存额与主营业务成本，采取数量进价金额核算，对库存商品实行总账、类目账、明细账三级控制。

1. 库存商品类目账的设置与登记方法

库存商品类目账又称大类账，是指按商品类别分户设置，登记其收入、发出与结存情况的账簿。商品品种较多的大型批发企业，为加强大类商品控制，便于商品明细账的核对工作，可设置商品类目账。商品类目账是处于总账与明细账之间的二级账户，一般根据进、销货凭证按商品大类进行汇总登记，采用三栏式账页，只登记金额，不登记数量。如果商品类别计量单位相同，也可增设数量栏，同时登记数量。通过类目账可以加强对商品明细账的数量和金额的双重控制；有利于账账之间的核对，如有不符时，可缩小查找的范围；通过类目账集中计算主营业务成本，可以简化计算工作，减轻工作量；还有利于掌握各类商品进、销、存的动态和毛利，为企业经营决策提供依据。

库存商品类目账的登记方法，因企业计算和结转主营业务成本的时间不同而有所区别。逐日结转主营业务成本的企业，应根据每日收入与发出商品的数量和金额登记库存商品类目账；定期结转主营业务成本的企业，应根据每日收入与非销售发出商品的数量和金额登记库存商品类目账，对于每日销售的商品平时只登记数量，待月末计算出主营业务成本后，再将金额一次性记入库存商品类目账。

2. 库存商品明细账的设置与登记方法

（1）库存商品明细账的设置。库存商品明细账是指按商品的品名、规格、等级分户设置，登记其收入、发出和结存情况的账簿。一般采用数量金额三栏式账页，以反映和控制每一种商品的数量和金额。按照既要满足业务部门、财会部门和仓库部门核算与管理的需要，又要保护商品安全和简化核算手续的要求，批发企业的业务、财会和储运三个部门都需要对库存商品进行明细分类核算。批发企业用来核算库存商品的明细账共有以下三种设置方法：

①三账分设，即业务部门、会计部门和仓库部门各设一套库存商品明细账。业务部门设商品调拨账，登记商品数量，掌握库存商品的“可调库存”，凭以办理商品的购进、销售、调拨的开单工作；会计部门设商品明细账，登记进价金额和数量，核算“会计库存”，凭以掌握考核商品资金运用和周转情况，计算主营业务成本，控制业务和仓库部门的商品账；仓库部门设商品保管账，登记商品数量，掌握商品“保管库存”，凭以保管商品，办理发货，安排仓位。另外，在堆放商品处，设置商品堆垛挂卡，以随时掌握各堆商品的存量。“三账分设”体系比较完整，但商品明细账的登记工作重复，而且因商品增减变动的凭证在企业内部流转时间不一致，口径各异，因此核对账目较为困难。

②两账合一，即业务部门、会计部门合设一套库存商品明细账。有些企业的业务部门和会计部门在同一场所办公，可将业务部门的商品调拨账与会计部门的商品明细账合并为一套账，放在业务部门。仓库部门则单独设置商品保管账，商品堆放处仍设数量卡。

③三账合一，即业务部门、会计部门、仓库部门合设一套账。这种设置商品明细账的方法适用于“前店后仓”的企业，业务、财务、仓库三个部门同在一个场所合并办公，共同使用一本账。

（2）库存商品明细账的分户与登记方法。库存商品明细账一般有三种分户方法：

1）按商品的编号、品名、规格和等级分户。这种分户方法，能使每一种商品的进、销、存情况集中、全面地反映在一个账户中。但不便于按批次计算和结转商品进价成本。其简化格式如表 3-1 所示。

表 3-1　库存商品明细账简化格式

年		凭证		摘要	收入						发出						结存		
月	日	种类	号数		购进数量	单价	金额	其他数量	单价	金额	销售数量	单价	金额	其他数量	单价	金额	结存数量	单价	金额

其登记方法如下：

①“收入”栏。“购进数量”栏登记购进验收入库的商品数量，购进商品的单价和金额分别记入“单价”和“金额”栏。进货退出根据进货退出凭证，用红字记入“库存商品”账户收入方的购进数量和金额栏，表示购进的减少，并用蓝字登记单价。购进商品退补价将退补价款的差额记入收入方的单价和金额栏，退价用红字反映，补价用蓝字反映。

“其他数量”栏登记非购进而收入的商品数量，如加工成品收回、商品溢余等。商品加工收回根据商品加工成品收回单记入“库存商品”账户收入方的其他数量、单价和金额栏。商品溢余根据商品溢余报告单记入“库存商品”账户收入方的其他数量、单价和金额栏。

②“发出”栏。“销售数量”栏登记销售商品的数量，商品销售根据商品销售的发货凭证，记入“库存商品”账户的发出方。若逐日结转成本的，应登记销售数量栏，不登记单价和金额栏；若定期结转成本的，则平时只登记销售数量栏，不登记单价和金额栏，销售成本金额在月末一次登记。

销货退回根据销货退回凭证记入“库存商品”账户的发出方。若逐日结转成本的，用红字登记销售数量栏和金额栏，用蓝字登记单价栏；若定期结转成本的，平时只用红字登记销售数量栏，不登记单价和金额栏，红字表示销售的减少。

分期收款发出商品根据分期收款商品发出凭证记入“库存商品”账户发出方的销售数量、单价和金额栏。

“其他数量”栏登记非销售而减少的商品数量，如商品短缺、加工商品发出等。商品发出加工根据商品加工发料单记入“库存商品”账户发出方的其他数量、单价和金额栏。商品短缺根据商品短缺报告单记入“库存商品”账户发出方的其他数量、单价和金额栏。

③“结存”栏。根据“收入”栏和“发出”栏登记的数量，随时计算出结存数量，记入“结存数量”栏。

2）按商品的编号、品名、规格、等级结合进货单价分户。这种分户方法便于计算和结转主营业务成本，但账页使用的数量较多。

3）按商品的编号、品名、规格、等级结合进货批次分户。这种分户方法适用于整批进、整批出的商品。

库存商品明细账反映的是会计库存。会计库存以商品验收入库作为商品收入，以商品销售的入账时间作为商品发出。财会部门通过会计库存全面掌握商品资金的运用情况，据以了解库存商品动态，加强商品资金管理。

（3）商品保管账。商品保管账是储运部门按不同货号、品名、规格和等级分户，记载保管商品收、发、存数量的明细账。商品保管账反映的是保管库存，只登记数量，不登记金额。保管库存以商品验收入库作为商品收入，不论货款是否结算，以商品出库作为商品发出。储运部门通过保管库存，掌握仓库中商品收、发、存的数量，明确物资保管责任。

（4）商品调拨账。商品调拨账是业务部门按不同货号、品名、规格和等级分户，登记可供调拨销售商品收、发、存数量的明细账，也只登记数量，不登记金额。商品调拨账反映的是可调库存。可调库存又称业务库存，以商品验收入库作为商品收入，不论商品是否出库，货款是否结算，以开出销售发票作为商品发出。业务部门通过可调库存，掌握随时可以调拨销售的库存商品数量。

异地商品销售业务在采用发货制的情况下，从业务部门开单到提货发运办理托收手续，一般不可能在当天完成。可调库存以开出增值税专用发票作为商品发出，而会计库存以办妥托收手续商品销售成立时才作为商品发出。由于双方入账时间不一致，因此将处在开出增值税专用发票到办妥托收手续前的商品称为待运商品。可调库存加上待运商品，应等于会计库存。

3.2 批发商品购进业务的核算

3.2.1 批发商品购进的业务程序

1. 本地商品购进的业务程序

本地商品购进（The Local Goods Purchase）是指商业企业向当地的生产企业或批发企业进货。一般采用“送货制”和“提货制”的交接货方式接收商品。货款大多采用支票结算和委托收款结算方式。

本地购进商品时，由业务部门根据供货单位的“增值税专用发票”核对所列商品的品名、规格、数量、单价、金额是否与合同规定相符。经核对后商品验收入库，可填制一式多联“收货单”，存根联由业务部门留存，收货联由仓库凭以验收商品和登记商品保管账，结算联由财会部门凭以结算货款，记账联经仓库收货加盖“收货”章后转财会部门凭以记账。

2. 异地商品购进的业务程序

异地商品购进（The Nonlocal Goods Purchase）是指商业企业向外地生产企业或批发企业进货，一般采用“发货制”交接货方式接收商品，货款结算大多采用“托收承付”、“委托收款”、“商业汇票”、“银行汇票”、“汇兑”等结算方式。

以采用托收承付结算方式为例，异地购进商品的一般程序是：财会部门接到开户银行转来供货单位托收凭证、增值税专用发票和代垫运费单据后，送至业务部门与合同核对，经核对无误后退还财会部门凭以办理承付货款手续，同时由业务部门填制“收货单”，除留存一联外，其余交储运部门提货。商品到达后，仓库根据“收货单”及供货单位的发货单（随货同行联）办理商品验收入库手续后，留一联据以登记商品保管账，其余连同增值税专用发票送财会部门，据以编制记账凭证入账。

3.2.2 批发商品购进的核算

1. 账户设置

（1）“商品采购”账户，属资产类账户。用来核算商品购入、在途、验收入库和货款结算以及计算商品采购成本。企业从国内采购或国外进口的各种商品，不论是否进入本企业仓库，凡是通过本企业结算货款的，都在木账户进行核算。它的借方登记购入商品付款数；贷方登记转入“库存商品”账户的商品采购成本，期末借方余额表示企业在途商品的实际采购成本。如果企业不需要计算商品采购成本，也可以将该账户改为“在途商品”账户，用以核算商品在途和待点验情况。该账户应按供货单位、商品类别等设置明细账。企业经营进、出口商品的，可根据需要分别按进口商品采购和出口商品采购进行明细核算。

(2)“库存商品”账户，属资产类账户。用来核算全部自有的库存商品，包括存放在仓库、门市部和寄存在外库的商品、陈列展览的商品等。借方登记由“商品采购”账户转来购入商品的采购成本及盘盈的数额；贷方登记商品销售及盘亏的数额，期末余额表示库存商品的实存数额。该账户可按商品类别、品名、规格、等级、存放地点等设置明细账。

2. 商品采购成本的确定

(1) 国内购进用于国内销售和用于出口的商品，以进货时所支付的价税款扣除按规定计算的增值税进项税额后的数额作为采购成本。

(2) 企业自营进口的商品，其采购成本包括进口商品的国外进价、关税和消费税等。以离岸价格成交的，其离岸后应由企业负担的运费、保险费等，也应当计入采购成本。

(3) 企业委托其他单位代理进口的商品，其采购成本为实际支付给代理单位的全部价税款，扣除按规定计算的进项税额后的数额。

(4) 企业购进免税农业产品，其采购成本为支付的收购价款扣除按规定计算的进项税款后的数额。

(5) 采购过程中发生的运输费、装卸费、保险费以及其他可归属于存货采购成本的费用等进货费用，也应当计入存货采购成本。也可以采用先进行归集，期末再根据所购商品的存销情况进行分摊。进货费用金额较小的，可以在发生时直接计入当期损益。

3. 本地商品购进的核算

本地商品购进，由于企业与供货单位在同一城市，商品验收与货款结算一般在同一天办理。

【例 3-1】 母婴坊婴幼儿用品批发公司向本市童泰儿童服装厂购进童泰婴幼儿服装礼盒 1 000 件，每件单价 86 元，计 86 000 元；增值税税率 17%，计 14 620 元。价税合计 100 620 元，商品全部到达，并验收入库。货款以转账支票支付。财会部门根据仓库交来的“收货单”和供货单位的“增值税专用发票”以及转账支票存根作会计分录如下：

借：商品采购——童泰儿童服装厂　　86 000
　　应交税费——应交增值税（进项税额）　　14 620
　　贷：银行存款　　100 620

同时，作如下会计分录：

借：库存商品——童泰礼盒　　86 000
　　贷：商品采购——童泰儿童服装厂　　86 000

当商品验收入库和支付货款不在同时进行时，有以下两种情况：

①货款已经支付，但商品未到。此时先编制会计分录：

借：商品采购——童泰儿童服装厂　　86 000
　　应交税费——应交增值税（进项税额）　　14 620
　　贷：银行存款　　100 620

待商品到达后，经验收入库，再编制会计分录：

借：库存商品——童泰礼盒　　86 000
　　贷：商品采购——童泰儿童服装厂　　86 000

②商品已经验收入库，货款尚未支付。假设采用商业汇票结算方式，则其会计分录如下：

借：商品采购——童泰儿童服装厂　　86 000
　　应交税费——应交增值税（进项税额）　　14 620
　　贷：应付票据——商业汇票　　100 620

同时，作会计分录如下：

借：库存商品——童泰礼盒　　86 000
　　贷：商品采购——童泰儿童服装厂　　86 000

待商业汇票到期付款时，再编制会计分录：

借：应付票据　　100 620
　　贷：银行存款　　100 620

4. 异地商品购进的核算

企业进行异地商品购进时，由于企业与供货单位不在同一城市，商品由供货单位委托运输部门发运，而托收凭证由银行通过邮寄传递，经常会出现商品与托收结算凭证到达企业的时间不一致的情况，因此，其账务处理方法也不一样。

(1) 托收凭证先到，商品后到。即托收承付结算凭证已到，而商品尚在运输途中。财会部门应根据银行转来的托收凭证和增值税专用发票，经业务部门与合同核对无误后承付货款。

【例 3-2】 郑州腾跃商贸公司 2010 年 5 月 27 日向北京百货批发公司购入水星家纺空调被 10 箱（每箱 100 条），单价 120 元，增值税税率 17%，价税共计 140 400 元，供货单位代垫运费 2 000 元，货款结算采用“异地托收承付”结算方式。

①5 月 28 日，接到银行转来北京百货批发公司的托收凭证、“发货单”结算联和代垫运费结算单据，经审核无误，作会计分录如下：

借：商品采购——北京百货　　120 000
　　应交税费——应交增值税（进项税额）　　20 540
　　销售费用——进货运费　　1 860
　　贷：银行存款　　142 400

按照有关规定，对商品流通企业外购商品等货物（固定资产除外）所支付的运输费用，以运费结算单据（普通发票）所列运费金额7%的扣除率计算进项税额，准予扣除，但随同运费支付的装卸费、保险费等其他杂费不得计算扣除进项税额。

本例进货运费2 000元，应扣进项税款7%，计140元，因此列支销售费用1 860元（运费金额较小，故简化处理，计入销售费用），应交税费为20 540元（120 000×17%+2 000×7%）。

②5月30日，商品运到，经仓库点验入库，根据仓库送来的"收货单"和供货单位的"增值税专用发票"，审核无误后，作会计分录如下：

借：库存商品——空调被	120 000	
贷：商品采购——北京百货		120 000

（2）商品先到，托收凭证后到。即商品已运到但托收凭证未到，尚不能承付货款。为了简化核算手续，在月份内发生此类业务时，可暂不进行处理，待有关托收凭证等发票账单到达支付货款后，再按正常程序进行账务处理。如果月末发票账单还未到达，为了账实相符，应按商品的暂估价入账，下月初再用红字编制同样的会计分录，予以冲回，以便下月收到发票账单付款时，按正常程序进行账务处理。

【例3-3】 沿用例3-2，假设商品先于5月30日到达，5月31日，腾跃商贸公司仍未收到银行转来的托收凭证、发货单结算联和代垫运费结算单据，则腾跃公司应在5月31日暂估入账，根据以往购买记录，将空调被的价款暂估为110 000元。编制会计分录如下：

借：库存商品——空调被	110 000	
贷：应付账款——暂估应付账款		110 000

6月1日对月末尚未付款的商品暂估价用红字冲回：

借：库存商品——空调被	[110 000]	
贷：应付账款——暂估应付账款		[110 000]

6月2日接到银行转来托收凭证、增值税专用发票和代垫运费清单，经审核无误，承付货款。作会计分录如下：

借：商品采购——北京百货	120 000	
应交税费——应交增值税（进项税额）	20 540	
销售费用——进货运费	1 860	
贷：银行存款		142 400

同时，根据仓库"收货单"和供货单位的"增值税专用发票"，审核无误后，作会计分录如下：

借：库存商品——空调被	120 000	
贷：商品采购——北京百货		120 000

(3) 托收凭证与商品同日到达。即承付货款和商品点验入库手续可以在同一天内办完，不存在商品在途和不能承付货款的情况。这种情况可以按本地商品购进核算方法处理。

例 3-2 中，财会部门在接到银行转来的托收凭证、增值税专用发票、代垫运费清单和仓库送来的“收货单”，经审核无误承付货款，作会计分录如下：

借：商品采购——北京百货	120 000	
应交税费——应交增值税（进项税额）	20 540	
销售费用——进货运费	1 860	
贷：银行存款		142 400

同时：

借：库存商品——空调被	120 000	
贷：商品采购——北京百货		120 000

5. 农业产品收购的核算

农业产品收购是指商业企业向农村集体经济组织和个人收购农业产品的一种商品交易。农业产品品种繁多，主要包括油、粮、棉、麻、烟、糖、果、药材、禽、蛋、畜等。

(1) 农业产品收购一般程序。收购农业产品时，在做好验质、定级、计价、点数、过秤和入库验收等一系列工作后，由收购人员根据收购的大宗农业产品和零星农业产品分别填制一式多联“农业产品收购凭证”和“农业产品收购计数单”，每日或定期按品名汇总编制“农业产品收购汇总表”办理付款，并报送财会部门。

(2) 收购农业产品的核算。

①直接收购农产品的核算。直接收购农产品是指商业企业通过设置收购网点，以自筹资金直接向生产者收购农业产品的经济业务。按照税法规定，从事农业生产的单位和个人自产自销的初级农业产品免征增值税。这里的农业是指种植业、养殖业、林业、牧业、水产品；从事农业生产是直接从事农业的种植、收割、饲养、捕捞等；自产自销是自己生产，并且用于自己销售的一种行为，而对于通过收购、生产并加工出售的农业产品，则不在免税的行列。同时，需要特别注意的是，免税的农业产品必须是初级农业产品，即只通过简单的晒干、腌制、切片等粗略的方式制成的农业产品。

按照规定，增值税一般纳税人向农产品生产者购买免税农产品，准予按收购凭证上注明的收购价和 13%的扣除率计算进项税额，从当期销项税额中扣除。由于支付给农业生产者的收购价中包含购入后计算抵扣的进项税额，因而采购成本按收购价扣除 13%的增值税确定（即收购价×87%）。

【例 3-4】 大力农产品收购有限公司从农民手中直接收购树苗，计价 80 000 元，以银行存款支付。

按照规定，买价的 13%（即 80 000×13%=10 400 元）可以作为进项税额予以抵扣。

编制会计分录如下：

借：商品采购——树苗　　69 600

　　应交税费——应交增值税（进项税额）　　10 400

　　贷：银行存款　　80 000

商品验收入库：

借：库存商品——树苗　　69 600

　　贷：商品采购——树苗　　69 600

值得注意的是，当商业企业（增值税一般纳税人）采购农产品时，则要根据供货企业开具的“增值税专用发票”来计算增值税进项税款，即在计算农产品采购成本的同时，按照13%的增值税税率计算应抵扣的增值税进项税款。

【例3-5】 千喜鹤蔬菜批发市场从外地一大型水果收购企业（增值税一般纳税人）收购桃子50 000千克，单价1.00元/千克，共支付收购款5 000元。从收购地运回企业所在地支付运费500元，已收到开具的运费发票，款项已支付。其会计分录如下：

支付价款及运费时：

借：库存商品　　5 000

　　应交税费——应交增值税（进项税额）　　685

　　销售费用　　465

　　贷：银行存款　　6 150

验收入库时：

借：库存商品——桃子　　5 000

　　贷：商品采购——桃子　　5 000

②预购农产品的核算。农产品收购企业除直接收购农业产品外，还可以对某些农产品进行预购，通过预付定金的办法，与农业生产者签订合同，规定预购的品种、数量、质量和交售时间，待收获后进行结算，多退少补。

反映预购定金的账户是“预付账款”账户，属资产类账户，用来核算企业按购货合同规定预付给供应单位的货款。借方登记支付预付款数；贷方登记收购商品时应付的价款，借方余额表示尚未结算的预付款项。

【例3-6】 由由海鲜批发市场与李家海鲜养殖场签订黄花鱼预购合同，预付定金5 000元，待交货时扣回。其会计分录如下：

支付预购定金时：

借：预付账款——李家海鲜养殖场　　5 000

　　贷：银行存款　　5 000

实际收到交售黄花鱼计价10 000元，按合同规定扣回预购定金5 000元，补付价款5 000元：

借：商品采购——黄花鱼　　8 700

应交税费——应交增值税（进项税额）　　1 300

贷：预付账款　　10 000

借：预付账款　　5 000

贷：银行存款　　5 000

如果交售价款为4 500元，则多付的货款应予退回。

借：商品采购——黄花鱼　　3 915

应交税费——应交增值税（进项税额）　　585

贷：预付账款　　4 500

借：银行存款　　500

贷：预付账款　　500

6. 国外购进商品的核算

商业企业为满足市场需要，如增加花色、品种等，通过编制计划，签订进口合同，从国外购进适销对路的商品。企业从国外购进商品时，在接到对方发运通知后，做好接运准备及办理投保手续，收到银行转来国外寄来（或直接寄来）的全套单据后，应与进口合同进行核对，经审核无误后办理货款结算手续。

【例3-7】　福瑞德公司自营进口商品一批，到岸价为100 000美元，关税税率为20%，海关完税凭证注明增值税税率为17%。当日即期汇率为6.80元。

①按照国外发票原币金额支付折合为人民币计算为680 000元，另以人民币计算应交关税为136 000元，增值税为138 720元［680 000×（1+20%）×17%］，支付价款时，作会计分录如下：

借：商品采购——进口商品采购　　816 000

应交税费——应交增值税（进项税额）　　138 720

贷：银行存款　　954 720

如果进口商品是按离岸价成交，则用外汇支付的运费、保险费应折合为人民币，按实际支出计入进口商品采购成本。

②如果该批进口商品属于应缴纳消费税的商品，则应将消费税计入该项商品的成本。假设本例中，该进口商品为应税消费品，且采用从价定率的计算方法，消费税税率为10%，则应交的消费税为81 600元［（680 000+136 000）×10%］，编制会计分录如下：

借：商品采购——进口商品采购　　81 600

贷：银行存款　　81 600

③以银行存款支付检验费500元，银行手续费200元。其会计分录如下：

借：销售费用——检验费　　500

财务费用——银行手续费　　200

贷：银行存款　　700

④结转进口商品采购成本（含消费税），作会计分录如下：

借：库存商品——进口商品　　897 600

　　贷：商品采购——进口商品采购　　897 600

7. 购进商品溢余和短缺（Over and Short）的核算

商品购进后，企业应严格核查数量和质量。在验收时如发现实收数多于或少于应收数量，即为购进商品溢余和短缺。购进商品发生溢余和短缺的原因很多，有的是由于商品本身性能和自然条件的变化而造成的商品升溢或损耗；有的是由于供货单位的工作差错，多发或少发；有的是由于运输单位的失职而造成的丢失、破坏等事故。购进商品发生溢余和短缺情况，应由验收部门会同运输单位作出详细记录和鉴定证明，并填制“商品溢余（短缺）报告单”，报有关部门作为清查和处理的依据。

（1）购进商品发生溢余的核算。凡属于运输途中的合理溢余，如由于商品自身条件等原因发生的自然升溢，应当冲减验收入库材料的采购成本，相应降低入库材料的实际单位成本，不再另作账务处理。

尚待查明原因的溢余，一般只作为代管商品在备查簿中登记，不作为进货业务入账核算。查明原因后，如果属于供货方多发商品，经双方协商，同意补作购进，则作进货业务处理；如果不同意补作购进，则将商品退回，同时从备查簿中注销。

【例 3-8】　祥福副食批发公司 6 月 3 日从外地百汇公司购进白砂糖 2 000 千克，每千克 3 元，共计价款 6 000 元，增值税税率 17%，计 1 020 元，另供货方垫付运费 100 元，采用托收承付结算方式结算货款。

①6 月 4 日收到银行转来托收凭证及代垫运费清单，经审核无误，承付货款及运费。作会计分录如下：

借：商品采购——百汇公司　　6 000

　　应交税费——应交增值税（进项税额）　　1 027

　　销售费用——进货运费　　93

　　贷：银行存款　　7 120

②6 月 20 日商品运到，经点验，实收数量为 2 050 千克，溢余 50 千克，计 150 元，其中 20 千克属于自然升溢，另外 30 千克原因待查。作会计分录如下：

借：库存商品——白砂糖　　6 000

　　贷：商品采购——百汇公司　　6 000

验收入库商品的实际成本＝2 000×3＝6 000（元）

验收入库商品的数量＝2 020（千克）

验收入库商品的实际单位成本＝6 000÷2 020＝2.97（元）

另外溢余的 30 千克原因不明，故应作为代管商品在备查簿中登记。

③经查明原因，溢余 30 千克属供货单位多发，经与对方联系，同意补作购进，货款

已汇出。编制如下会计分录：

借：库存商品——白砂糖　　90

　　应交税费——应交增值税（进项税额）　　15.30

　　贷：银行存款　　105.30

(2) 购进商品发生短缺的核算。凡属于运输途中的合理损耗，如由于商品自身条件等原因发生的自然损耗，应当计入验收入库材料的采购成本，相应提高入库材料的实际单位成本，不再另作账务处理。

尚待查明原因和需要报经批准才能处理的短缺，应先转入“待处理财产损溢”账户核算，待查明原因后再分别处理：如果是供货单位少发商品，经与对方联系，要求补发商品或退还货款；如果是事故损失，属于运输部门责任，应由运输单位赔偿，若属于责任人事故，应由责任人负责赔偿，应赔偿款均记入“其他应收款”账户；属于本企业责任，应由企业作“管理费用”处理；属于自然灾害损失，应记入“营业外支出”账户。

“待处理财产损溢”属资产类账户，用来核算企业已经发生而未查明原因等待处理的各项资产的盘盈、盘亏、溢余和短缺，其下设“待处理固定资产损溢”和“待处理流动资产损溢”两个明细账户。进行购进商品溢余或短缺核算时，“待处理财产损溢——待处理流动资产损溢”账户的借方登记商品短缺发生数和商品溢余转销数；贷方登记商品溢余发生数和商品短缺转销数；借方余额表示尚未处理的商品短缺数额；贷方余额表示尚未处理的商品溢余数额。

【例 3-9】 沿用例 3-8，假设商品发生短缺：

①6 月 4 日收到银行转来托收凭证，经审核无误，承付货款及装卸费：

借：商品采购——百汇公司　　6 000

　　应交税费——应交增值税（进项税额）　　1 027

　　销售费用——进货运费　　93

　　贷：银行存款　　7 120

②6 月 20 日商品运到，经点验，实收数量为 1 950 千克，短缺 50 千克，计价 150 元，其中 20 千克系运输途中自然损耗，另外 30 千克原因待查。作会计分录如下：

借：库存商品——白砂糖　　5 910

　　待处理财产损溢——待处理流动资产损溢　　90

　　贷：商品采购——百汇公司　　6 000

验收入库商品的数量＝2 000－50＝1 950（千克）

验收入库商品的实际成本＝（2 000－30）×3＝5 910（元）

验收入库商品的实际单位成本＝5 910÷1 950＝3.03（元）

尚未查明原因的 30 千克价款（30×3＝90 元）记入“待处理财产损溢”账户。

③经查明原因，15 千克为供货方少发。经与对方联系，同意补发商品（商品已运到）；另 15 千克属运输单位责任事故，经联系，同意赔偿损失。

按照税法规定，企业购进商品的合理损耗，进项税额可以抵扣；购进商品发生非常损失，其进项税额应通过“应交税费——应交增值税（进项税额转出）”账户转入有关账户。

按照短缺原因，编制如下会计分录：

借：库存商品——白砂糖　　45

其他应收款——运输单位　　52.65

贷：待处理财产损溢——待处理流动资产损溢　　90

应交税费——应交增值税（进项税额转出）　　7.65

8. 拒付货款和拒收商品的核算

商业企业从异地购进商品，一般采用发货制和托收承付结算方式。在承付货款和商品验收过程中，如果发现发票或商品与合同规定的品种、规格、数量、质量不符，按合同规定，有权拒付全部或部分货款，拒收全部或部分商品。拒付货款和拒收商品一般有以下两种情况，应分别进行处理。

(1) 货款未付的处理。如果托收凭证先到，商品未到。企业在接到银行转来的托收凭证和发票联、结算联等单据后，经与合同核对，发现商品的品种、规格、数量、质量不符，可向银行出具“拒绝承付理由书”，拒付全部或部分货款，在会计核算上不作处理。当拒付货款的商品到达时，作为拒收商品，并视为代供货单位暂行保管。在会计核算上，未付货款的拒收商品，也不作处理。

如果托收凭证未到，商品先到。验收商品时发现商品的品种、规格、数量、质量与合同不符，予以拒收。待收到银行转来托收凭证时，再填制“拒绝付款理由书”，通过银行予以拒付。在会计核算上，也不作处理。

【例 3-10】 新世纪商场从润馨家纺购进床上用品四件套 1 000 件，单价 230 元，计货款 230 000 元，增值税税率 17%，计 39 100 元，价税合计 269 100 元，另供货单位代垫运费 1 000 元。

①商品先到，验货时发现其中有三件套 100 条，单价 160 元，与合同规格不符，拒绝收货，暂作代管，其余 900 条，均已验收入库，待收到银行转来托收凭证，办理部分拒付手续，作会计分录如下：

借：商品采购——润馨家纺　　207 000

应交税费——应交增值税（进项税额）　　35 260

销售费用——进货运费　　930

贷：银行存款　　243 190

（注：“销售费用”已扣进项税额 70 元。）

同时：

借：库存商品——四件套　　207 000

贷：商品采购——润馨家纺　　207 000

②接到供货单位函告100条三件套系错发，要求企业购进。企业同意寄去扣税证明单办理更正手续。今接供货单位寄来红字增值税专用发票及三件套发票联据以记账。每件160元，增值税税率17%，共计价税18 720元，代管100件三件套点验入库，并汇出货款。编制会计分录如下：

借：商品采购——润馨家纺　　16 000
　　应交税费——应交增值税（进项税额）　　2 720
　　贷：银行存款　　18 720

同时：

借：库存商品——三件套　　16 000
　　贷：商品采购——润馨家纺　　16 000

同时，注销代管商品记录。

（2）货款已付的处理。这种情况是，企业接到银行转来托收凭证和发票联、结算联等单据，经与合同核对无误，已全数承付货款，并已入账。待商品到达后，在验收时发现商品与合同规定的品种、规格、数量、质量不符，向供货单位提出拒收全部或部分商品。在会计核算上，应将拒收商品的金额和运杂费，从“商品采购”账户和“销售费用”账户转入“应收账款”账户，同时将拒收商品作代管处理。

【例3-11】 红星超市向宏志商贸公司购入高档镜面竹席200条，每条进价230元，增值税税率17%，共计价税53 820元。

①接银行转来托收凭证及发票联、结算联等单据，经与合同核对无误，承付全部货款，其会计分录如下：

借：商品采购——宏志公司　　46 000
　　应交税费——应交增值税（进项税额）　　7 820
　　贷：银行存款　　53 820

②商品运到后，验收时发现其中50条质量不符合合同规定要求，作拒收商品处理，同时作增加代管商品备查簿记录，并相应扣减增值税1 955元，经与供货单位联系，同意退回拒收商品，其余150条验收入库。

根据供货单位红字发票，编制会计分录：

借：库存商品——镜面竹席　　34 500
　　应收账款——宏志公司　　13 455
　　应交税费——应交增值税（进项税额）　　[1 955]
　　贷：商品采购——宏志公司　　46 000

③商品已发运，货款也已收到，作减少代管商品备查簿记录，同时作会计分录如下：

借：银行存款　　13 455
　　贷：应收账款——宏志公司　　13 455

9. 进货退出的核算

企业购进的商品，在已承付货款并验收入库以后，发现商品的规格、品种、质量与合同不符，在征得供货单位的同意后，可以作为进货退出处理。

办理退货时，应取得当地税务部门开具的进货退出证明单，送交销货方凭以开具红字增值税专用发票作为扣减进项税额的凭证，并由业务部门填制“进货退出发货单”或红字“收货单”作附件通知储运部门将商品发运给供货单位。财会部门应根据上述凭证转销“库存商品”账户借方金额。

【例 3-12】 红星超市从宏志商贸公司购入 1.8 米规格支架蚊帐 500 件，单价为 130 元，计货款 65 000 元，增值税税率 17%，计 11 050 元，价税合计 76 050 元。货款已承付，商品已按整箱验收入库。销售时拆箱取货发现该批商品中有 1.5 米规格蚊帐 100 件，与合同规定不符，经与供货单位联系，同意作为退货处理。

①业务部门转来红字增值税专用发票及“进货退出发货单”，作增加代管商品备查簿记录，同时编制会计分录如下：

借：应收账款——宏志公司　　15 210

　　应交税费——应交增值税（进项税额）　　[2 210]

　　贷：库存商品——蚊帐　　13 000

②收到供货单位退回货款时，作减少代管商品备查簿记录，同时作会计分录如下：

借：银行存款　　15 210

　　贷：应收账款——宏志公司　　15 210

10. 进货退、补价的核算

企业购进商品时，由于供货单位的计价错误或按暂估价计算等原因，导致商品的进价与实际进价发生差异，这时就会发生进货退价和补价的情况。退价或补价时，应由供货单位填制增值税专用发票及附件“销货更正单”据以办理退、补价手续。

(1) 进货退价。进货退价是指应计的进价低于已结算的进价，应由供货单位退还给进货单位的差价款。在会计核算上，当收到退价款时，应区别以下两种情况：

①商品尚未售出或虽已售出但尚未结转主营业务成本。

【例 3-13】 家乐福超市本月购进一批便携式床上多用桌，共 200 件，单价 100 元，已入账处理，随后供货单位发现，计价错误，单价应为 59 元，并将多收货款退回。则根据银行收款通知、供货单位的红字增值税专用发票及“销货更正单”，编制会计分录如下：

借：银行存款　　9 594

　　应交税费——应交增值税（进项税额）　　[1 394]

　　贷：库存商品——多用桌　　8 200

②商品已售出，并已结转主营业务成本。

【例 3-14】 假设例 3-13 中，超市在将该批便携式床上多用桌售出后，才接到供货单位通知，则根据供货单位的红字增值税专用发票及“销货更正单”作会计分录如下：

借：银行存款　　9 594

　应交税费——应交增值税（进项税额）　　1 394

　贷：主营业务成本　　8 200

进货折扣与折让的会计处理与进货退价同。

(2) 进货补价。进货补价是指应计的进价高于已结算的进价，应由进货企业补付货款差额。在会计核算上，也有两种不同的账务处理：

①商品尚未售出或虽已售出但尚未结转主营业务成本。

【例 3-15】 家乐福超市购入衣帽架一批，共 100 个，单价 50 元，已入账处理。随后供货单位发现，计价错误，单价应为 88 元，并要求该超市按照差价进行补价，该超市已同意补价。则该超市根据供货单位增值税专用发票及“销货更正单”补付货款时，作会计分录如下：

借：库存商品——衣帽架　　3 800

　应交税费——应交增值税（进项税额）　　646

　贷：银行存款　　4 446

②商品已售出，并已结转主营业务成本。

【例 3-16】 假设例 3-15 中，超市在衣帽架售出后才接到供货单位通知，则根据供货单位的增值税专用发票及“销货更正单”补付货款时，作会计分录如下：

借：主营业务成本　　3 800

　应交税费——应交增值税（进项税额）　　646

　贷：银行存款　　4 446

3.3 批发商品销售业务的核算

3.3.1 批发商品销售的业务程序

商品销售是商品流转的重要环节，它是将采购的商品及时供应给购货单位。批发商品的销售业务一般是指根据批准的销货计划，与购货单位订立购销合同，或由购货单位提出要货计划，然后有计划地组织供应的业务。

批发商品销售业务主要包括发出商品和结算货款两个环节。其业务程序与商品交接货和结算方式有着密切的联系。

1. 本地销售的业务程序

批发企业的本地（同城）商品销售主要是将商品销售给零售企业、生产企业、个体经营者或基层批发企业等。同城商品销售的交接方式一般采用“提货制”或“送货制”，货款结算方式一般采用转账支票、委托收款方式和商业汇票结算，也有采用银行本票和库存现金结算的。

采用“提货制”交接货方式，一般由购货单位派采购员到供货单位去选购商品，由销货单位的业务部门填制统一规定的“增值税专用发票”，如联次不够，可增开补充联或另开发货单作附件。除留下存根联备查外，其余各联交购货单位采购员办理货款结算和提货手续。财会部门在收到货款后，在“发票联”上加盖收款戳记，留下“记账联”，其余联次退还给购货单位采购员到指定的仓库提货。

采用“送货制”交接货方式，一般由业务部门根据购销合同或要货单，填制“增值税专用发票”，留下存根联备查，其余各联交储运部门向仓库提货送往购货单位，将“发票联”、“税款抵扣联”交购货单位凭以验收商品、结算货款。一般情况是货到后收取货款，也有先办理货款结算后送货的。

无论采用哪一种交接货方式，销货单位必须满足商品销售收入确认的五个条件（详见第二章第一节）才能作销售入账。送货费用一般由供货单位负担。

2. 异地销售的业务程序

批发企业的异地销售主要是将商品销售给其他地区的批发企业或零售企业。商品的交接货方式一般采用“发货制”；货款的结算方式，一般采用托收承付结算或委托收款结算。

采用“发货制”交接货方式，一般由单位的业务部门填制增值税专用发票，留下存根联备查，其余各联交储运部门向仓库提货，并办理商品发运手续。商品发运时，储运部门将发票联和税款抵扣联连同商品发运证明、垫付运杂费清单，一并送交财会部门。财会部门审核无误后留下记账联，其余凭证据以向开户银行办理托收货款手续。财会部门根据托收凭证回单联和记账联进行账务处理。

3.3.2 批发商品销售的核算

按照不同的标准，批发商品销售具有不同的分类方式。按照销售地区不同，可分为本地销售和异地销售；按照发货地点不同，可分为仓库商品销售和直运商品销售；按照销售方式不同，可分为预收款方式销售、代销商品销售和分期收款商品销售等。

1. 账户设置

（1）“应收账款”账户，属于资产类账户。借方登记应收账款的发生，贷方登记收回的款项、改用商业汇票结算及转销为坏账的应收账款，期末借方余额反映企业尚未收回的应收账款。代购货单位垫付的包装费、运杂费和应向购货单位收取的增值税税额，借记本账户，贷记“银行存款”等账户。收回代垫费用时，借记“银行存款”账户，贷记本账户。

(2)“主营业务收入”账户，属于损益类账户。用以核算商品销售主营业务收入。取得收入时，记入其贷方，期末转入本年利润账户时，记入其借方。

(3)“主营业务成本”账户，属于损益类账户。用以核算商品销售主营业务成本。当结转主营业务成本时，记入借方；期末转入本年利润账户时，记入贷方。

2. 本地销售业务的核算

在本地销售中，一般是由购货单位提出要货计划，派采购员来批发企业看样，由批发企业业务部门根据购货单位选定的商品品种和数量，填制增值税专用发票一式数联，业务部门自留一联外，将其余各联交予采购员，据以向财会部门结算组办理结算。结算组根据销售业务的需要，收取转账支票、商业汇票或银行本票，如销售额在银行规定的库存现金结算限额之内的，也可以收取库存现金。办好结算后，结算组在增值税专用发票各联加盖“货款收讫”戳记，留下记账联，将其余各联退还给采购员。采购员凭“提货联”和“出库联”向储运部门提运商品或委托其送货，“发票联”和“抵扣联”由采购员带回入账。储运部门发出商品后，根据“提货联”登记商品保管账，将“出库联”转交财会部门据以登记库存商品账户。

批发企业在销售商品后，应按增值税专用发票列明的价税合计数收款，若收取转账支票、银行本票的，在存入银行时，借记“银行存款”账户；若收取的是商业汇票，借记“应收票据”账户；若收取的是库存现金，借记“库存现金”账户，若尚未收取货款的，借记“应收账款”账户，按增值税专用发票列明的货款贷记“主营业务收入”账户，按列明的增值税额贷记“应交税费”账户。

【例 3-17】 中山日用品批发公司销售某品牌洗发水（800 毫升装）1 000 瓶，每瓶 48 元，计货款 48 000 元，增值税额 8 160 元，价税合计 56 160 元，收到转账支票存入银行，作会计分录如下：

借：银行存款　　56 160

　贷：主营业务收入——洗发水类　　48 000

　　应交税费——应交增值税（销项税额）　　8 160

当计算出销售商品的进价成本予以结转时，借记“主营业务成本”账户，贷记“库存商品”账户。

【例 3-18】 中山日用品批发公司销售的某品牌洗发水，每瓶进价成本为 43 元，共计金额 43 000 元，予以结转，作会计分录如下：

借：主营业务成本——洗发水类　　43 000

　贷：库存商品——洗发水类　　43 000

在实际工作中，由于商品种类繁多，每天计算主营业务成本工作量很大，为了简化核算手续，主营业务成本一般在期末结转。

3. 异地销售业务的核算

异地销售中，一般是由业务部门根据购销合同填制增值税专用发票一式数联，业务部门除留下存根联备查外，将其余各联转交储运部门。储运部门根据增值税专用发票提货、包装，并委托运输单位发运商品，发货联随货同行，留下提货联登记商品保管账，将发票联、出仓联转交财会部门。运输单位在发运商品后，送来运单，向财会部门结算运费。财会部门收到发票联、出仓联及运单后，一方面支付运输单位运费，另一方面填制托收凭证，附上发票联和运单，向银行办理托收手续，银行受理后，取回托收回单，据以作商品销售的核算，并根据出仓联登记“库存商品”账户。

异地商品的销售业务，商品要委托运输单位运往购货单位。至于支付给运输单位的运费，根据购销合同规定，一般由购货单位负担。销货单位在垫支时，通过“应收账款”账户进行核算，然后连同销货款、增值税额一并通过银行向购货单位办理托收。

【例 3-19】 石家庄中山日用品批发公司根据购销合同开出增值税专用发票，销售给唐山易购超市某品牌洗洁精 300 桶，每桶 60 元，计货款 18 000 元，增值税额 3 060 元，商品委托石家庄铁路局运送，运费由销货方代垫，运费凭证交付购货方。

①5 月 12 日，石家庄铁路局开来运费凭证 200 元，当即开出转账支票支付，作会计分录如下：

借：应收账款——代垫运费　　200
　　贷：银行存款　　200

②5 月 12 日，中山日用品公司凭增值税专用发票（发票联）及运费凭证，共计 21 260 元，一并向唐山易购超市收取。根据银行给予的托收凭证回单联，作商品销售处理，作会计分录如下：

借：应收账款——易购超市　　21 260
　　贷：主营业务收入——洗洁精类　　18 000
　　　　应交税费——应交增值税（销项税额）　　3 060
　　　　应收账款——代垫运费　　200

③5 月 22 日，接到银行转来唐山易购超市公司承付 21 260 元货款、增值税额及运费的收款通知，作会计分录如下：

借：银行存款　　21 260
　　贷：应收账款——易购超市　　21 260

4. 直运销售业务的核算

批发企业按照发货地点的不同，可分为仓库商品销售和直运商品销售两种。仓库商品销售是指批发企业购进商品后先验收入库，销售时再从本企业仓库发运给购货单位的一种销售方式，前面介绍的销售业务均是仓库商品销售。直运商品销售是指批发企业购进商品后，不经过本企业仓库储备，直接从供货单位发运给购货单位的一种销售方式。批发企业采用直运商品销售，可以将商品及时供应给工农生产部门和城乡消费市场，防止迂回运输，加速商品流转，降低商品损耗，节约销售费用，增加企业利润，加快流动资产的周转。

直运商品销售涉及批发企业、供货单位和购货单位三方，并且三方不在同一地点，因此，批发企业一般派有采购员驻在供货单位，当供货单位根据购销合同发运商品时，由派驻采购员填制增值税专用发票一式数联，其中发货联随货同行，作为购货单位的收货凭证，其余各联寄回批发企业。供货单位在商品发运后，即可向批发企业收取货款，批发企业支付货款后，反映为商品购进。批发企业凭采购员寄回的增值税专用发票（发票联），向购货单位收取货款，反映为商品销售。批发企业为了尽快收回结算资金，在征得银行同意后，采购员可以在供货单位所在地委托银行向购货单位办理托收，由购货单位开户银行将货款直接划拨给批发企业。采购员在办妥托收后，将托收凭证回单联寄回批发企业，据以作商品销售处理。在这种情况下，批发企业的购销业务几乎同时发生。

采用直运商品销售，商品不通过批发企业仓库的储存环节，这样就可以不通过“库存商品”账户，直接在“商品采购”账户进行核算。由于直运商品购进和销售的增值税专用发票上已经列明商品的购进金额和销售金额，故主营业务成本可以按照实际进价成本，分销售批次随时进行结转。

【例 3-20】　石家庄西明家具销售中心向邢台蓝宝石家具厂订购简易衣柜 200 件，每件 120 元，直运给保定佳乐福超市，供应价每件 150 元，购进、销售的增值税税率均为 17%，邢台蓝宝石家具厂代垫由邢台到保定的运费 1 000 元，购销合同规定运费由保定佳乐福超市负担。

①根据银行转来邢台蓝宝石家具厂的托收凭证，内附增值税专用发票，开列衣柜货款 24 000 元、增值税额 4 080 元，运费凭证 1 000 元，经审核无误，当即承付，作会计分录如下：

借：商品采购——邢台蓝宝石家具厂	24 000	
应交税费——应交增值税（进项税额）	4 080	
应收账款——代垫运费	1 000	
贷：银行存款		29 080

②直运销售简易衣柜 200 件，每件 150 元，货款 30 000 元，增值税额 5 100 元，连同垫付的运费 1 000 元，一并向保定佳乐福超市托收，根据增值税专用发票（记账联）及托收凭证（回单联），作会计分录如下：

借：应收账款——佳乐福	36 100	
贷：主营业务收入——家具类		30 000
应交税费——应交增值税（销项税额）		5 100
应收账款——代垫运费		1 000

同时结转主营业务成本，作会计分录如下：

借：主营业务成本——家具类　　24 000

　　贷：商品采购——邢台蓝宝石家具厂　　24 000

关于运费，如果合同规定运费由购销双方各负担一部分，那么批发企业在支付供货单位垫付的运费时，对应由购货单位负担的部分，应通过“应收账款”账户核算，对应由批发企业负担的部分，则记入“销售费用”账户。

5. 预收货款销售业务的核算

批发企业通过预付货款方式采购商品，采用预收货款方式销售商品，有利于企业流动资产的周转。采用这种销货方式时，批发企业通常在发出商品时确认收入。企业根据合同规定预收货款时，借记“银行存款”账户，贷记“预收账款”账户。当企业根据合同规定的日期，开出增值税专用发票并交付对方商品时，借记“预收账款”账户，贷记“主营业务收入”账户和“应交税费”账户。

“预收账款”账户，属于负债类账户，用以核算企业按照合同规定向购货单位或个人预收的货款和定金。企业按规定预收货款和定金时，记入其贷方；发出对方商品，销售实现时，记入其借方；余额在贷方，表示企业已经预收而尚未交付购货单位或个人商品的数额。该账户一般按购货单位名称进行明细分类核算。

【例 3-21】 丽华布匹批发公司采用预收货款的方式向本市圣芳女装厂销售高档布料 100 匹，每匹 2 630 元，合同规定先预收货款 40%，在 20 天后交货时，再收取货款的 60%。

①预收货款时：

根据圣芳女装厂签发的转账支票，编制会计分录如下：

借：银行存款　　105 200

　　贷：预收账款——圣芳女装厂　　105 200

②20 天后交货时：

20 天后，发给圣芳女装厂高档布料 100 匹，每匹 2 630 元，计货款 263 000 元、增值税额 44 710 元，共计 307 710 元。公司收到女装厂签发的转账支票一张，金额为 202 510 元，系支付其余 60%的货款及全部增值税额，将 100 匹高档布料按销售入账，编制会计分录如下：

借：银行存款　　202 510

　　预收账款——圣芳服装厂　　105 200

　　贷：主营业务收入　　263 000

　　　　应交税费——应交增值税（销项税额）　　44 710

6. 代销销售业务的核算

代销商品是销售商品的一种方式，涉及委托方和受托方两个方面，处在委托方立场上的商品称为委托代销商品，处在受托方立场上的商品称为受托代销商品。

代销商品销售后有两种不同的处理方法。一种是受托方和委托方分别作商品购销处理；另一种是受托方根据销售额向委托方结算代销手续费，委托方作商品销售处理。

7. 分期收款销售的核算

分期收款销售商品是指商品已经交付，但货款分期收回的销售方式。批发企业对于产销具有季节性的商品、呆滞积压商品等，可以采取先发商品、分期收款的销售方式。采用这种销售方式事先由业务部门订立"分期收款商品购销合同"，合同内应注明发货日期、分期收款的期限和金额（分期收款商品购销合同规定的收款期限超过3年，则视为融资。假设本书所指的分期收款商品销售除特殊说明以外均不超过3年）。

在这种销售方式下，企业将商品交付给购货方，通常表明与商品所有权有关的风险和报酬已经转移给购货方，如果同时满足收入确认的其他条件，则应当在商品交付时即确认收入。

【例3-22】 龙兴电器公司8月1日根据分期收款商品购销合同。将30台某品牌液晶电视机发往建华商场，该液晶电视机购进单价为4 300元（不含税），销售单价为4 500元，增值税税率为17%，合同规定全部货款及税款于3个月平均收取。

①8月1日，发给建华商场液晶电视机30台，确认收入，作会计分录如下：

借：应收账款——建华商场　　157 950

　　贷：主营业务收入——电视机类　　135 000

　　　　应交税费——应交增值税（销项税额）　　22 950

同时结转该批商品的销售成本，作会计分录如下；

借：主营业务成本——电视机类　　129 000

　　贷：库存商品——电视机类　　129 000

②8月、9月、10月份分别收到建华商场签发的转账支票一张，金额52 650元，则每月各作会计分录如下：

借：银行存款　　52 650

　　贷：应收账款——建华商场　　52 650

8. 销货退回的核算

销货退回指的是批发企业在商品销售后，购货单位发现商品的品种、规格、质量等与购销合同不符而提出退货。经批发企业业务部门同意后，由其填制红字增值税专用发票送各有关部门办理退货手续，财会部门根据储运部门转来的增值税专用发票（记账联）结算货款，并进行账务处理。

【例3-23】 日美电器公司日前销售给百兴商厦某品牌电磁炉200只，每只120元，增值税税率为17%。今购货方发现其中40只质量不好，要求退货，经业务部门同意，商品已退回，验收入库，并开出转账支票一张，金额为5 616元，系支付退货款及退还增值税额，作会计分录如下：

借：主营业务收入——电磁炉类　　4 800

　应交税费——应交增值税额（销项税额）　　816

　贷：银行存款　　5 616

值得注意的是，如果退回的商品已经结转了销售成本，那么同时还应借记“库存商品”账户，贷记“主营业务成本”账户。

9. 销售商品退、补价的核算

批发企业在商品销售后，发现商品的规格和等级错发、货款计算错误或先按暂定价结算后又正式定价等原因，就需要向购货单位退还或补收货款。销货退价指的是实际销售价格低于已经结算货款的价格，销货单位应将多收的差额退还给购货单位。销货补价指的是实际销售价格高于已经结算货款的价格，销货单位应向购货单位补收少算的差额。

销售商品发生退补价时，先由业务部门填制增值税专用发票予以更正，财会部门审核无误后，据以结算退补价款并进行账务处理。

【例 3-24】 华电商贸公司日前销售给百利超市 100 台德生牌收音机，其单价为 280 元，增值税税率为 17%。今发现单价开错，该收音机单价应为 268 元，开出红字增值税专用发票，应退对方货款 1 200 元、增值税额 204 元，签发转账支票付讫，作会计分录如下：

借：主营业务收入——家电类　　1 200

　应交税费——应交增值税（销项税额）　　204

　贷：银行存款　　1 404

若发生销货补价时，则进行相反处理，即借记“银行存款”账户或“应收账款”账户；贷记“主营业务收入”账户和“应交税费”账户。

10. 购货单位拒付货款和拒收商品的核算

批发企业销售商品时，在商品已发运，且采用托收承付结算或委托收款结算方式，并向银行办妥托收手续后，即作为商品销售处理。如果当购货单位收到托收凭证后，发现内附增值税专用发票开列的商品与合同不符，或者与收到的商品数量、品种、规格、质量不符等原因，就会发生购货单位拒付货款和拒收商品。

当财会部门接到银行转来购货单位的“拒绝付款理由书”时，暂不作账务处理，但应立即通知业务部门，及时查明原因，并尽快与购货单位联系进行协商，然后根据不同的情况作出处理。

对于商品少发的，有两种情况：如果补发商品，在商品发运后，收到购货单位货款、增值税额及垫付运费时，借记“银行存款”账户，贷记“应收账款”账户；如果不再补发商品，则由业务部门填制红字增值税专用发票，作销货退回处理。

对于商品货款开错的，也应由业务部门填制红字增值税专用发票，交财会部门据以作销货退价处理。

对于因商品质量不符合要求，或因商品品种、规格发错而退回时，应由储运部门验收入库，财会部门根据转来的红字增值税专用发票作销货退回处理，退回商品的运费列入“销售费用”账户。

对于商品短缺的情况，先要冲减“主营业务收入”账户、“应交税费”账户和“应收账款”账户，再根据具体情况进行账务处理。如属于本企业储运部门责任，应由其填制“财产损失报告单”，将账面的短缺金额转入“待处理财产损溢”账户，待领导批准后，再转入“营业外支出”账户。

如果购货单位支付了部分款项，而又拒付了部分款项，应将收到的款项借记“银行存款”账户，对于尚未收到的款项，则仍保留在“应收账款”账户内，在与对方协商解决后，再予以转销。

【例 3-25】 北京精益商贸公司 4 月 11 日销售给天津康康购物中心折叠两用购物车 500 个，每个 90 元，计货款 45 000 元、增值税额 7 650 元，代垫运费 500 元，各款项均已支付。

①4 月 11 日，精益公司向银行办妥托收销货款、增值税额和代垫运费的手续，作会计分录如下：

借：应收账款——天津康康购物中心	53 150	
贷：主营业务收入——日杂类		45 000
应交税费——应交增值税（销项税额）		7 650
应收账款——代垫运费		500

②4 月 20 日，银行转来收账通知，天津康康购物中心支付货款、增值税额及运费 47 835元，同时收到“拒绝付款理由书”，拒付其中 50 件折叠两用购物车货款、增值税额及该部分商品的运费计 5 315 元，作会计分录如下：

借：银行存款	47 835	
贷：应收账款——天津康康购物中心		47 835

③查明原因后，针对不同情况，分别进行账务处理。

若该 50 件商品拒付理由是质量不好，精益公司提出给予 10% 的销货折让，康康购物中心同意，即双方达成一致。业务部门转来增值税专用发票，折让货款 450 元、增值税额 76.5 元。

则收到对方汇来的货款、增值税额及该部分商品的运费计 4 788.5 元时，作会计分录如下：

借：主营业务收入	450	
应交税费——应交增值税（销项税额）	76.5	
银行存款	4 788.5	
贷：应收账款——天津康康购物中心		5 315

若该 50 件商品拒付理由是质量不好，康康购物中心要求退回商品，且商品已退回，

业务部门转来红字增值税专用发票，财会部门审核无误后，作会计分录如下：

借：主营业务收入——日杂类	4 500	
应交税费——应交增值税（销项税额）	765	
销售费用——运杂费	50	
贷：应收账款——康康购物中心		5 315

同时信汇给天津康康购物中心退回商品的运费50元，作会计分录如下：

借：销售费用——运杂费	50	
贷：银行存款		50

3.3.3　批发商品销售成本的结转与计算

商品流通企业在商品销售后，一方面要核算取得的主营业务收入，另一方面还需要计算并结转主营业务成本。从理论上讲，主营业务成本应包括已销售商品的购入价，以及其在流通领域中继续追加的费用，如运费、保管费、包装费等。但在实际工作中，为了简化核算手续，一般商业企业的主营业务成本只局限于已销售商品的购入价，而其在流通领域中继续追加的费用，则作为销售费用处理。

1. 主营业务成本的结转方法

主营业务成本的结转有以下几种不同的方法：

（1）按照主营业务成本结转的时间不同，分为逐日结转和定期结转两种。逐日结转是逐日计算出主营业务成本后，逐日从“库存商品”账户上转销，故又称随销随转。这种方法能随时反映库存商品的结存金额，但工作量较大。定期结转是在月末集中计算出主营业务成本后，从“库存商品”账户上一次转销，故又称月末一次结转。这种方法的工作量较小，但不能随时反映库存商品的结存金额。

（2）按照主营业务成本计算的程序不同，分为顺算成本和逆算成本两种。顺算成本是先计算各种商品的销售成本后，再计算各种商品的结存金额。这种方法一般适用逐日结转，所以工作量较大。逆算成本又称倒挤成本，是先计算各种商品的期末结存金额，然后据以计算主营业务成本。这种方法一般适用定期结转，所以工作量较小。

（3）按照主营业务成本的结转方式不同，分为分散结转和集中结转两种。分散结转是按每一库存商品明细账户逐户计算出主营业务成本，逐户转销，然后加总后作为类目账结转主营业务成本的依据。采用这种方法，账簿记录清楚完整，有利于加强对各种商品的经营业绩进行分析考核，但工作量较大。集中结转是期末在每一库存商品明细账上只结出期末结存金额，再按类目加总后作为类目账的期末结存金额，然后在类目账上计算并结转主营业务成本。这种方法可以简化计算和记账手续，但账簿记录不够完整，只能按商品类别来考核分析其经营业绩。

2. 主营业务成本的计算方法

主营业务成本的计算是一项重要而繁重的工作，它直接关系到期末库存商品的价值及企业的经营成果是否正确。因此，就有必要根据各企业的特点，采用适当的方法，正确地计算主营业务成本。计算主营业务成本的方法，主要有个别计价法、加权平均法、移动加权平均法、先进先出法和毛利率推算法等。

主营业务成本的计算方法一旦确定，在同一会计年度内不得随意变更。

（1）个别计价法。个别计价法又称分批实际进价法，是认定每一件或每一批商品的实际进价，计算该件或该批主营业务成本的一种方法。在整批购进分批销售时，可以根据该批商品的实际购进单价乘以销售量来计算主营业务成本。其计算公式为：

主营业务成本＝商品销售数量×该件（批次）商品购进单价

采用个别计价法，对每件或每批购进的商品应分别存放，并分户登记库存商品明细账。对每次销售的商品，应在增值税专用发票上注明进货件别或批次，便于按照该件或该批的实际购进单价计算主营业务成本。

采用个别计价法计算主营业务成本，可以逐日结转主营业务成本。用这种方法计算的主营业务成本最为准确，但计算起来工作量最为繁重，适用于能分清进货件别或批次的库存商品、直运商品、委托代销商品和分期收款发出商品等。

【例 3-26】　盛鸿商贸批发公司 2010 年 3 月空调被的收入、发出及购进单价如表 3-2 所示。

表 3-2　空调被购销存月报表　　金额单位：元

日期		摘要	收入			发出			结存		
月	日		数量	单价	金额	数量	单价	金额	数量	单价	金额
3	1	期初余额							150	110	16 500
	5	购入	100	120					250		
	11	销售				200			50		
	16	购入	200	130					250		
	20	销售				100			150		
	23	购入	100	125					250		
	27	销售				100			150		
	31	本期合计	400	—		400	—		150		

假设本期发出商品的单位成本如下：

3 月 11 日发出的 200 件商品中，100 件为期初结存商品，单价为 110 元，100 件为 5 日购入商品，单价为 120 元；

3 月 20 日发出的 100 件商品为 16 日购入，单价为 130 元；

3 月 27 日发出的 100 件商品，50 件为期初结存商品，单价为 110 元，50 件为 23 日购入商品，单价为 125 元。

则按照个别计价法，盛鸿公司 3 月份空调被的收入、发出与结存情况如表 3-3 所示。

表 3-3　空调被购销存月报表　　金额单位：元

日期		摘要	收入			发出			结存		
月	日		数量	单价	金额	数量	单价	金额	数量	单价	金额
3	1	期初余额							150	110	16 500
	5	购入	100	120	12 000				150 100	110 120	16 500 12 000
	11	销售				100 100	110 120	11 000 12 000	50	110	5 500
	16	购入	200	130	26 000				50 200	110 130	5 500 26 000
	20	销售				100	130	13 000	50 100	110 130	5 500 13 000
	23	购入	100	125	12 500				50 100 100	110 130 125	5 500 13 000 12 500
	27	销售				50 50	110 125	5 500 6 250	100 50	130 125	13 000 6 250
	31	本期合计	400	—	50 500	400	—	47 750	100 50	130 125	13 000 6 250

从表 3-3 中可知，盛鸿公司本期发出商品成本及期末结存商品成本如下：

本期发出商品成本＝100×110＋100×120＋100×130＋50×110＋50×125＝47 750（元）

期末结存商品成本＝期初结存商品成本＋本期购入商品成本－本期发出商品成本

＝150×110＋50 500－47 750

＝19 250（元）

（2）加权平均法。加权平均法是指在一个计算期内（一般为一个月）综合计算每种商品的加权平均单价，再乘以销售数量，然后计算主营业务成本的一种方法。其计算公式为：

加权平均单价＝(期初结存商品金额＋本期收入商品金额－本期非销售发出商品金额)

÷(期初结存商品数量＋本期收入商品数量－本期非销售发出商品数量)

本期主营业务成本＝本期商品销售数量×加权平均单价

在计算公式中，本期非销售发出商品数量和金额，是指除销售以外其他的商品发出，包括加工发出商品、盘缺商品等。这些非销售发出的商品，在发生时，即在库存商品账户予以转销，所以在期末计算加权平均单价时要剔除这些因素。

在日常工作中，由于计算加权平均单价往往不能整除，计算的结果必然会产生尾差，为了保证期末库存商品数额的准确性，可以采用逆算成本的方法。其计算公式为：

期末结存商品金额＝期末结存商品数量×加权平均单价

本期主营业务成本＝期初结存商品金额＋本期收入商品金额
－本期非销售发出商品金额－期末结存商品金额

采用加权平均法计算出来的主营业务成本较为均衡，也较为准确，但计算的工作量较大，一般适用于经营品种较少，或者前后购进商品的单价相差幅度较大，并定期结转主营业务成本的企业。

【例 3-27】 沿用例 3-26，假设盛鸿公司采用加权平均法，则 3 月份空调被的平均进价为：

3 月份空调被的平均进价＝（期初结存商品金额＋本期收入商品金额）÷（期初结存商品数量＋本期收入商品数量）＝（16 500＋50 500）÷（150＋400）＝121.82（元）

3 月份期末结存商品金额＝121.82×150＝18 273（元）

3 月份主营业务成本＝16 500＋50 500－18 273＝48 727（元）

（3）移动加权平均法。移动加权平均法是指以各次收入数量和金额与各次收入前的数量和金额为基础，计算出移动加权平均单价，再乘以销售数量，然后计算主营业务成本的一种方法。其计算公式为：

移动加权平均单价＝(本次收入前结存商品金额＋本次收入商品金额)
÷（本次收入前结存商品数量＋本次收入商品数量）

主营业务成本＝商品销售数量×移动加权平均单价

采用移动加权平均法，计算出来的主营业务成本比加权平均法更为均衡和准确，但计算的工作量大，一般适用于经营品种不多或者前后购进商品的单价相差幅度较大、逐日结转主营业务成本的企业。

【例 3-28】 沿用例 3-27，假设盛鸿公司采用移动加权平均法，则 3 月份空调被的收入、发出和结存情况如表 3-4 所示。

表 3-4 空调被购销存月报表 金额单位：元

日期		摘要	收入			发出			结存		
月	日		数量	单价	金额	数量	单价	金额	数量	单价	金额
3	1	期初余额							150	110	16 500
	5	购入	100	120	12 000				250	114①	28 500
	11	销售				200	114	22 800	50	114	5 700
	16	购入	200	130	26 000				250	126.8②	31 700
	20	销售				100	126.8	12 680	150	126.8	19 020

续表

日期		摘要	收入			发出			结存		
月	日		数量	单价	金额	数量	单价	金额	数量	单价	金额
	23	购入	100	125	12 500				250	126.08[③]	31 520
	27	销售				100	126.08	12 608	150	126.08	18 912
	31	本期合计	400	—	50 500	400	—	48 088	150	126.08	18 912

注：①3 月 5 日购入商品后的平均单价＝（150×110＋100×120）÷（150＋100）＝114（元）

②3 月 16 日购入商品后的平均单价＝（50×114＋200×130）÷（50＋200）＝126.08（元）

③3 月 23 日购入商品后的平均单价＝（150×126.8＋100×125）÷（150＋100）＝126.08（元）

3 月份主营业务成本＝22 800＋12 680＋12 608＝48 088（元）

3 月份期末结存商品金额＝126.08×150＝18 912（元）

（4）先进先出法。先进先出法是根据先购进先销售的原则，以先购进商品的价格先作为主营业务成本的一种计算方法。这种方法根据需要，可以用顺算成本的方法逐日结转成本，也可以用逆算成本的方法定期结转成本。

采用顺算成本方法计算主营业务成本的具体做法是：先按最早购进商品的进价计算，销售完了，再按第二批购进商品的进价计算，依次类推。如果销售的商品属于前后两批购进的，单价又不相同时，就要分别用两个单价计算。

采用逆算成本方法计算主营业务成本的具体做法是：根据先进先出原则推算后进后出的原则，在先计算期末结存商品金额时，若期末结存商品数量小于或等于最后一批购进商品的数量，即按该批商品的单价计算期末结存商品金额；若期末结存商品数量大于最后一批购进商品的数量，即从该批商品开始向前推算，直到与期末结存商品数量相等时为止，然后，将这一系列金额相加，其总和即为期末结存商品金额。计算出期末结存商品金额后，再采用逆算成本的方法，计算本期主营业务成本。

采用先进先出法计算主营业务成本，由于期末结存商品金额是根据近期进价成本计价的，因此，它的价值接近于市场价格，但每次销售要根据先购进的单价计算，工作量较大，所以该方法一般适用于收、发货次数不多的商品。

【例 3-29】 沿用例 3-28，假设盛鸿公司采用先进先出法核算，则 3 月份空调被的收入、发出和结存情况如表 3-5 所示。

表 3-5　空调被购销存月报表　　金额单位：元

日期		摘要	收入			发出			结存		
月	日		数量	单价	金额	数量	单价	金额	数量	单价	金额
3	1	期初余额							150	110	16 500
	5	购入	100	120	12 000				150 100	110 120	16 500 12 000

续表

日期		摘要	收入			发出			结存		
月	日		数量	单价	金额	数量	单价	金额	数量	单价	金额
	11	销售				150 50	110 120	16 500 6 000	50	120	6000
	16	购入	200	130	26 000				50 200	120 130	6 000 26 000
	20	销售				50 50	120 130	6 000 .6 500	150	130	19 500
	23	购入	100	125	12 500				150 100	130 125	19 500 12 500
	27	销售				100	130	13 000	50 100	130 125	6 500 12 500
	31	本期合计	400	—	50 500	400	—	48 000	50 100	130 125	6 500 12 500

从表 3-5 中可知，盛鸿公司本期发出商品成本及期末结存商品成本如下：

本期发出商品成本＝150×110＋50×120＋50×120＋50×130＋100×130＝48 000（元）

期末结存商品成本＝50×130＋100×125＝19 000（元）

（5）毛利率推算法。毛利率推算法是根据本期主营业务收入乘以上季度实际毛利率或本季度计划毛利率，推算出商品销售毛利，进而推算主营业务成本的一种方法。其计算公式为：

本期商品销售毛利＝本期主营业务收入×上季度实际毛利率

本期主营业务成本＝本期主营业务收入－本期商品销售毛利

上列计算公式可以简化为：

本期主营业务成本＝本期主营业务收入×（1－上季度实际毛利率）

采用毛利率推算法，不是按库存商品品名、规格逐一计算主营业务成本，而是按商品类别进行计算，大大简化了企业的计算工作。但由于同一类别内商品的毛利率不尽相同，因此计算出来的主营业务成本不够准确。因此，该方法一般适用于经营商品品种较多、按月计算主营业务成本有困难的企业。

【例 3-30】 永安商贸公司 2010 年 4 月 1 日小家电类商品库存 200 000 元，本月购货 830 000 元，本月销售收入 1 150 000 元，上季度该类商品的毛利率为 20%。本月已销商品和月末库存商品成本计算如下：

本月商品销售毛利＝1 150 000×20%＝230 000（元）

本月主营业务成本＝1 150 000－230 000＝920 000（元）

或　　本月主营业务成本＝1 150 000×（1－20%）＝920 000（元）

由于毛利率推算法计算简便，因此，采用逆算成本方法计算主营业务成本的企业，在毛利率相对稳定的情况下，为了既能准确计算主营业务成本，又能减少计算工作量、提高工作效率，可以将毛利率推算法与先进先出法、加权平均法结合应用。即在每个季度的前两个月采用毛利率推算法，第三个月采用先进先出法、加权平均法计算主营业务成本。

3.4 批发商品储存业务的核算

商品储存是指商品流通企业已经购进而尚未销售的商品，包括库存商品、受托代销商品、分期收款发出商品等。为了加强对商品储存的核算与管理，批发企业财会部门必须与有关各部门密切配合，做到库存结构合理、商品保管完好、收发制度严密、定期盘点商品，以达到账实相符。

3.4.1 商品盘点溢余、短缺和毁损的核算

商品在储存过程中，由于自然条件或人为原因，可能会引起商品数量上的短缺或溢余以及质量上的变化，因此必须建立和健全各项规章制度，并采取财产清查的措施，以确保商品的安全。

财产清查是提高商品储存质量的必要手段，它的方法主要是进行定期盘点和不定期盘点。通过盘点，清查商品在数量上有无短缺损耗和溢余，在质量上有无残次、损坏、变质等情况。同时，通过盘点还可以发现在库存结构上可能出现冷背呆滞商品、销小存大商品等问题，这样就能及时采取措施，减少企业损失，达到保护企业财产安全和改善企业经营管理的目的。

商品盘点是一项细致复杂的工作，必须有领导、有组织、有计划地进行。在盘点前，应根据盘点的范围，确定参加盘点的人员与组织分工，财会部门与储运部门应将有关商品收发业务的凭证全部登记入账，并结出余额，以便与盘点出来的实存数量进行核对。盘点时，要根据商品的特点，采用不同的盘点方法和操作规程，避免发生重复盘、遗漏盘和错盘的现象。盘点以后，由保管人员负责填制“商品盘存汇总表”（表 3-6），先根据账面资料填写商品名称、规格、单价及账存数量，再填列实存数量。“商品盘存汇总表”上账存数与实存数如不相符，应填制“商品盘点短缺溢余报告单”（表 3-7）一式数联，其中一联转交财会部门，据以将商品短缺或溢余的金额分别转入“待处理财产损溢”账户，以做到账实相符。等查明原因后，再区别情况，转入各有关账户。

表3-6 商品盘存汇总表

编制单位： 2010年5月31日 金额单位：元

商品编号	商品名称	规格	单位	数量	单价	金额
01429	海飞丝洗发水	750毫升	瓶	1 000	48	48 000
02229	立白超洁洗衣粉	2 750克	袋	2 000	22	44 000
03631	洁丽雅毛巾	竹纤维	条	2 000	15.5	31 000

表3-7 商品盘点短缺溢余报告单

编制单位： 2010年5月31日 金额单位：元

商品名称	单位	规格	单价	短缺		溢余		溢缺原因	处理意见
				数量	金额	数量	金额		
海飞丝洗发水	瓶	750毫升	48			10	480	工作差错	计入管理费用
立白超洁洗衣粉	袋	2 750克	22	20	440			管理不善丢失	计入管理费用
洁丽雅毛巾	条	竹纤维	15.5	1 200	18 600			火灾	计入营业外支出

1. 商品盘点溢余的核算

商品盘点溢余是指商品盘存金额大于账面结存金额的差额。造成溢余的原因是多方面的，包括商品自然升溢和多收、少付的差错等因素。在未查明原因以前，为使账货相符，应先调整账面，按溢余商品金额记入“库存商品”账户，同时记入“待处理财产损溢——待处理流动资产损溢”账户。待查明原因后进行处理，再从“待处理财产损溢”账户转入有关账户。

【例3-31】 恒泰日用品批发公司月末盘点，洗发类小组盘存发现海飞丝洗发水实际库存金额大于账面结存金额480元，如表3-6、表3-7所示，作会计分录如下：

借：库存商品——洗发类 480

　　贷：待处理财产损溢——待处理流动资产损溢 480

查明原因属于工作差错，报经批准后，作会计分录如下：

借：待处理财产损溢——待处理流动资产损溢 480

　　贷：管理费用 480

2. 商品盘点短缺和毁损的核算

商品盘点短缺是指商品盘存金额小于账面结存金额的差额。造成短缺的原因也是多方面的，包括商品自然损耗，少收、多付的差错，以及贪污、盗窃等因素。在未查明原因以前，为使账货相符，先调整账面，按短缺商品进价贷记“库存商品”账户，同时借记“待处理财产损溢——待处理流动资产损溢”账户，待查明原因后，根据不同原因，区别不同情况从“待处理财产损溢”账户转入有关账户。

（1）属于自然损耗产生的定额内损耗，经批准后转作管理费用或销售费用。

（2）属于收发计量差错和管理不善等原因造成的商品短缺或毁损，应先扣除残值、保险公司或过失人的赔偿后，将净损失计入管理费用。

（3）属于自然灾害或意外事故造成的商品毁损，应先扣除残值及可以收回的赔偿后，将净损失计入营业外支出。

【例 3-32】 恒泰日用品批发公司月末盘点，洗衣粉类小组盘存发现立白洗衣粉实际库存商品金额小于账面结存金额 440 元，如表 3-6、表 3-7 所示，作会计分录如下：

借：待处理财产损溢——待处理流动资产损溢　　440

　　贷：库存商品——洗衣粉类　　440

值得注意的是，按照税法规定，企业存货因管理不善造成被盗、丢失、霉烂变质的损失，其购进时的进项税额不得从销项税额中抵扣。所以，此例中，盘亏的立白洗衣粉的价值还应包括其购进时的进项税额，进行处理时，将进项税额 74.8 元（440×17%）转出。因此，作会计分录如下：

借：待处理财产损溢——待处理流动资产损溢　　74.8

　　贷：应交税费——应交增值税（进项税额转出）　　74.8

查明原因属于管理不善，报经批准后，作会计分录如下：

借：管理费用　　514.8

　　贷：待处理财产损溢——待处理流动资产损溢　　514.8

【例 3-33】 恒泰日用品批发公司月末盘点，毛巾库因火灾盘亏毛巾 1 200 条，单价 15.5 元，计金额 18 600 元，如表 3-6、表 3-7 所示，作会计分录如下：

借：待处理财产损溢——待处理流动资产损溢　　18 600

　　贷：库存商品——毛巾类　　18 600

经批准，转作营业外支出，作分录如下：

借：营业外支出——非常损失　　186 00

　　贷：待处理财产损溢——待处理流动资产损溢　　18 600

3.4.2 库存商品的期末计价

按照企业会计准则规定，企业的存货应当在期末时按成本与可变现净值孰低法计量，对可变现净值低于存货成本差额，计提存货跌价准备。商业企业长期积压在库或卖场的商品，也应按会计准则计提跌价准备。

1. 成本与可变现净值孰低的含义

成本与可变现净值孰低是指对期末存货按照成本与可变现净值两者之中较低者进行计价的方法。即当成本低于可变现净值时，存货按成本计价，当可变现净值低于成本时，存货按可变现净值计价。

这里所讲的“成本”，是指存货的历史成本，即按照以历史成本为基础的存货计价方法计算的期末存货价值；“可变现净值”是指企业在正常经营过程中，以存货的估计售价减去至完工估计将要发生的成本、估计的销售费用及相关税费后的金额。

2. 计提存货跌价准备的账务处理

企业在会计期末都应当重新确定存货的可变现净值。如果发现因企业所提供的商品过时或消费者偏好改变而使市场的需求发生变化，导致市场价格逐渐下跌，企业在根据成本与可变现净值孰低原则确定了期末存货的价值之后，应视具体情况进行有关的账务处理：如果期末存货成本低于可变现净值时，则不需要作账务处理，资产负债表中的存货仍按期末账面价值列示；如果期末存货的可变现净值低于成本时，则必须在当期确认存货跌价损失，并进行有关的账务处理。

每一会计期末，比较成本与可变现净值计算出应计提的准备，然后与存货跌价准备账户的余额进行比较，若应提数大于已提数，应予补提；反之，应冲销部分已提数。提取和补提存货跌价准备时，借记“资产减值损失——计提的存货跌价准备”账户，贷记“存货跌价准备”账户；冲回或转销存货跌价损失时，作相反的会计分录。但是当已计提跌价准备的存货的价值以后又得以恢复，其冲减的跌价准备金额，应以“存货跌价准备”账户的余额冲减至零为限。

【例 3-34】 天虹服装商厦 2009 年清查时，发现积压羊毛女套衫一批，共 200 件，每件 70 元，即账面价值为 14 000 元，根据市场调查，该羊毛衫已为冷背呆滞商品，预计售价为每件 50 元，即可变现净值为 10 000 元，则需计提存货跌价准备 4 000 元。作会计分录如下：

借：资产减值损失——计提的存货跌价准备　　　4 000
　　贷：存货跌价准备　　　4 000

3.5　批发商品流通业务的核算实训

3.5.1　企业概况

1. 企业名称：石家庄百货批发公司

2. 地址：河北省石家庄市桥东区中山东路 389 号

3. 联系电话：0311－62501888

4. 法定代表人：李强；会计主管：刘鹏；会计：王明；出纳：周宇

5. 注册资金：300 万元人民币

6. 企业类型：有限责任公司

7. 经营范围：家电类、日用品类、儿童用品类

8. 纳税人登记号：031112340004561

9. 基本存款户：工行石家庄分行桥东分行：9558831101093378911

3.5.2 实训内容

练习数量进价金额核算法。

3.5.3 实训资料

石家庄百货批发公司在 2010 年 5 月份发生经济业务过程中取得下列原始凭证。

（1）购进商品。

河北省增值税专用发票

No. 03111035

开票日期：2010 年 5 月 01 日

购货单位	纳税人名称：石家庄百货批发公司 纳税人识别号：031112340004561 地址、电话：桥东区中山东路 389 号 0311－62501888 开户行及账号：工行石家庄分行桥东支行 9558831101093378911	密码区	0496568＊＋20－<21－03/3334573>< 加密版本 01 19286836000221 4007＊＊/＋77>3 －/73＋319152240300151/75< 2＋/49925840>><<02015505005

货物或应税劳务名称	规格型号	单位	数量	单价	金额	税率	税额
厨乐牌高压锅		个	2 000	150.00	300 000.00	17%	51 000.00
合　计					300 000.00		51 000.00
价税合计（大写）	叁拾伍万壹仟元整			（小写）￥351 000.00			

销货单位	纳税人名称：石家庄高压锅厂 纳税人识别号：03111234120420 地址、电话：桥东区中山东路 3 号 0311—87412563 开户行及账号：工行石家庄分行桥东支行 9558831101034589213	备注	石家庄高压锅厂 发票专用章 税号：03111234120420

收款人：　　　　复核：刘黎　　　　开票人：刘明　　　　销货单位：（章）

第二联　发票联　购货方记账凭证

中国工商银行
转账支票存根
XⅣ00000242

附加信息
购进商品支付货款

出票日期 2010年5月01日

收款人：石家庄高压锅厂
金　额：¥351 000.00
用　途：支付货款

单位主管 李强　　　　会计 王明

收　货　单

收货单位：石家庄百货批发公司　　　2010年　5月01日　　　　供应单位：石家庄高压锅厂

材料名称	材料编号	计量单位	数量		实际成本				
			应入	实入	买价		运杂费	其他	合计
					单价	金额			
厨乐牌高压锅		个	2 000	2 000	150.00	300 000.00			300 000.00

收货人：张力　　　　　　　　　　　　　　　　经手人：李霞

(2) 进货退价。

河北省增值税专用发票

No. 03111036

开票日期：2010 年 5 月 02 日

购货单位	纳税人名称：石家庄百货批发公司 纳税人识别号：031112340004561 地址、电话：桥东区中山东路 389 号 0311－62501888 开户行及账号：工行石家庄分行桥东支行： 9558831101093378911	密码区	0496568＊＋20－<21－03/3334573>< 加密版本 01 19286836000221 4007＊＊/＋77>3 －/73＋319152514100151/75< 2＋/49925840>><<02015505005

货物或应税劳务名称	规格型号	单位	数量	单价	金额	税率	税额
厨乐牌高压锅		个	2 000	5.00	10 000.00	17%	1 700.00
合 计					10 000.00		1 700.00
价税合计（大写）	壹万壹仟柒佰元整			（小写）￥11 700.00			

销货单位	纳税人名称：石家庄高压锅厂 纳税人识别号：03111234120420 地址、电话：桥东区中山东路 3 号 0311－87412563 开户行及账号：工行石家庄分行桥东支行 9558831101034589213	备注	石家庄高压锅厂 发票专用章 税号：03111234120420

收款人： 复核：刘黎 开票人：刘明 销货单位：（章）

第二联 发票联 购货方记账凭证

(3) 购进商品。

托收凭证（汇款依据）

委托日期 2010 年 5 月 03 日

业务类型	委托收款（□邮划、□电划） 托收承付（□邮划、□电划）						
收款人	全称	北京玩具厂		付款人	全称	石家庄百货批发公司	
	账号	9558801010253458726			账号	9558831110109337891 1	
	地址	北京市石景山区东风路 12 号	开户行：工行石景山支行营业部		地址	桥东区中山东路 389 号	开户行：工行石家庄分行桥东支行

金额	人民币（大写） 伍万捌仟柒佰元整	亿	千	百	十	万	千	百	十	元	角	分
					￥	5	8	7	0	0	0	0

款项内容	货款及增值税 运杂费	托收凭证名称	增值税专用发票 运输发票	附寄单证张数	2
商品发运情况		合同名称号码	0012356		
备注： 复核 记账		款项收妥日期 年 月 日		收款人开户银行签章 2010 年 5 月 3 日 中国工商银行石家庄桥东支行 核算章 2010.5.3	

河北省增值税专用发票

No. 01000101

开票日期：2010年5月03日

购货单位	纳税人名称：石家庄百货批发公司 纳税人识别号：031112340004561 地址、电话：桥东区中山东路389号 0311－62501888 开户行及账号：工行石家庄分行桥东支行： 9558831101093378911		密码区	0496568＊＋20－<21－03/3334573>< 加密版本 01 192868360002214007＊＊/＋77>3 －/73＋319152240300151/75< 2＋/49925840>><<02015505005			
货物或应税劳务名称	规格型号	单位	数量	单价	金额	税率	税额
婴幼儿音乐健身架		箱	100	500.00	50 000.00	17%	8 500.00
合　计					50 000.00		8 500.00
价税合计（大写）	伍万捌仟伍佰元整		（小写）¥58 500.00				
销货单位	纳税人名称：北京玩具厂 纳税人识别号：010937891310401 地址、电话：北京市石景山区东风路12号 010－82613241 开户行及账号：工行石景山支行营业部 9558801010253458726		备注	北京玩具厂 发票专用章 税号：010937891310401			

收款人：张宇　　复核：张立　　开票人：王鸿　　销货单位：（章）

第二联 发票联 购货方记账凭证

公路、内河货物运输业统一发票

发　票　联

开票日期：2010年5月03日　　编号：312751

收货人及纳税人识别号　石家庄百货批发公司　031112340004561	承运人　北京康达物流公司 纳税人识别号（略）
发货人及纳税人识别号　北京玩具厂　（略）	主管税务机关及代码　（略）
运输项目及金额　运费150.00	其他项目及金额　包装费 50.00
运费小计　¥150.00	其他费用小计（小写）¥50.00
合计（大写）人民币贰佰元整	

北京康达物流公司

运输单位盖章：　　开票人：李丁

（4）部分商品验收入库。

收　货　单

收货单位：石家庄百货批发公司　　2010 年 5 月 04 日　　供应单位：北京玩具厂

<table>
<tr><td rowspan="3">材料名称</td><td rowspan="3">材料编号</td><td rowspan="3">计量单位</td><td colspan="2">数量</td><td colspan="5">实际成本</td></tr>
<tr><td rowspan="2">应入</td><td rowspan="2">实入</td><td colspan="2">买　价</td><td rowspan="2">运杂费</td><td rowspan="2">其他</td><td rowspan="2">合计</td></tr>
<tr><td>单价</td><td>金额</td></tr>
<tr><td>婴幼儿音乐健身架</td><td></td><td>箱</td><td>100</td><td>90</td><td>500.00</td><td>45 000.00</td><td></td><td></td><td>45 000.00</td></tr>
<tr><td></td><td></td><td></td><td></td><td></td><td></td><td></td><td></td><td></td><td></td></tr>
<tr><td></td><td></td><td></td><td></td><td></td><td></td><td></td><td></td><td></td><td></td></tr>
<tr><td></td><td></td><td></td><td></td><td></td><td></td><td></td><td></td><td></td><td></td></tr>
<tr><td></td><td></td><td></td><td></td><td></td><td></td><td></td><td></td><td></td><td></td></tr>
<tr><td></td><td></td><td></td><td></td><td></td><td></td><td></td><td></td><td></td><td></td></tr>
<tr><td></td><td></td><td></td><td></td><td></td><td></td><td></td><td></td><td></td><td></td></tr>
<tr><td></td><td></td><td></td><td></td><td></td><td></td><td></td><td></td><td></td><td></td></tr>
</table>

收货人：张力　　经手人：李霞

（5）拒收商品经协商后以折让价入库。

企业进货退出及索取折让证明单

河北省税务局　　No：5213602

<table>
<tr><td rowspan="2">销货单位</td><td>全称</td><td colspan="4">北京玩具厂</td></tr>
<tr><td>税务登记号</td><td colspan="4">010937891310401</td></tr>
<tr><td rowspan="2">进货退出</td><td>货物名称</td><td>单价</td><td>数量</td><td>货款</td><td>税额</td></tr>
<tr><td></td><td></td><td></td><td></td><td></td></tr>
<tr><td rowspan="3">索取折让</td><td rowspan="2">货物名称</td><td rowspan="2">货款</td><td rowspan="2">税额</td><td colspan="2">要求</td></tr>
<tr><td>折让金额</td><td>折让税额</td></tr>
<tr><td>婴幼儿音乐健身架</td><td>5 000.00</td><td>850.00</td><td>500</td><td>85</td></tr>
<tr><td>退货或索取折让理由</td><td colspan="2">产品外观质量不符合要求，要求折让。
经办人：周
单位签章：（石家庄百货批发公司）
2010 年 5 月 4 日</td><td>税务征收机关签章</td><td colspan="2">（石家庄市桥东区国税局）
经办人：于连
2010 年 5 月 04 日</td></tr>
<tr><td rowspan="2">购货单位</td><td>全称</td><td colspan="4">石家庄百货批发公司</td></tr>
<tr><td>税务登记号</td><td colspan="4">031112340004561</td></tr>
</table>

本证明单一式三联：第一联，征收机关留存；第二联，交销货单位留存；第三联，购货单位留存。

北京市增值税专用发票

发 票 联

No. 01000114

开票日期：2010 年 5 月 05 日

购货单位	纳税人名称：石家庄百货批发公司 纳税人识别号：031112340004561 地址、电话：桥东区中山东路 389 号 0311－62501888 开户行及账号：工行石家庄分行桥东支行： 9558831101093378911	密码区	0496568＊＋20－＜21－03/3334573＞＜ 加密版本 01 192868360002214007＊＊/＋77＞3 －/73＋319152240300151/75＜ 2＋/49925840＞＞＜＜02015505005

货物或应税劳务名称	规格型号	单位	数量	单价	金额	税率	税额
婴幼儿音乐健身架		箱	10	500.00	5 000.00	17%	850.00
合 计					5 000.00		850.00
价税合计（大写）	伍仟捌佰伍拾元整			(小写) ￥5 850.00			

销货单位	纳税人名称：北京玩具厂 纳税人识别号：010937891310401 地址、电话：北京市石景山区东风路 12 号 010－82613241 开户行及账号：工行石景山支行营业部 9558801010253458726	备注	北京玩具厂 发票专用章 税号：010937891310401

收款人： 复核：张立 开票人：王鸿 销货单位：（章）

第二联 发票联 购货方记账凭证

北京市增值税专用发票

No. 01000115

开票日期：2010 年 5 月 05 日

购货单位	纳税人名称：石家庄百货批发公司 纳税人识别号：031112340004561 地址、电话：桥东区中山东路 389 号 0311－62501888 开户行及账号：工行石家庄分行桥东支行： 9558831101093378911	密码区	0496568＊＋20－＜21－03/3334573＞＜ 加密版本 01 192868360002214007＊＊/＋77＞3 －/73＋319152240300151/75＜ 2＋/49925840＞＞＜＜02015505005

货物或应税劳务名称	规格型号	单位	数量	单价	金额	税率	税额
婴幼儿音乐健身架		箱	10	450.00	4 500.00	17%	765.00
合 计					4 500.00		765.00
价税合计（大写）	伍仟贰佰陆拾伍元整			(小写) ￥5 265.00			

销货单位	纳税人名称：北京玩具厂 纳税人识别号：010937891310401 地址、电话：北京市石景山区东风路 12 号 010－82613241 开户行及账号：工行石景山支行营业部 9558801010253458726	备注	北京玩具厂 发票专用章 税号：010937891310401

收款人： 复核：张立 开票人：王鸿 销货单位：（章）

第二联 发票联 购货方记账凭证

中国工商银行进账单（收款通知单）

2010年5月05日

<table>
<tr><td rowspan="3">出票人</td><td>全　称</td><td>北京玩具厂</td><td rowspan="3">持票人</td><td>全　称</td><td colspan="11">石家庄百货批发公司</td></tr>
<tr><td>账　号</td><td>95588010253458726</td><td>账　号</td><td colspan="11">9558831101093378911</td></tr>
<tr><td>开户银行</td><td>工行石景山支行营业部</td><td>开户银行</td><td colspan="11">工行石家庄分行桥东支行</td></tr>
<tr><td rowspan="2">金额</td><td colspan="4" rowspan="2">人民币（大写）伍佰捌拾伍元整</td><td>亿</td><td>千</td><td>百</td><td>十</td><td>万</td><td>千</td><td>百</td><td>十</td><td>元</td><td>角</td><td>分</td></tr>
<tr><td></td><td></td><td></td><td></td><td></td><td>¥</td><td>5</td><td>8</td><td>5</td><td>0</td><td>0</td></tr>
<tr><td>票据种类</td><td>转账支票</td><td>票据张数</td><td colspan="2">1</td><td colspan="11" rowspan="3">开户银行盖章　中国工商银行石家庄桥东支行 核算章 2010.5.5</td></tr>
<tr><td>票据号码</td><td colspan="4">1000014</td></tr>
<tr><td colspan="5">复核　记账</td></tr>
</table>

收　货　单

收货单位：石家庄百货批发公司　　2010年5月05日　　供应单位：北京玩具厂

<table>
<tr><td rowspan="3">材料名称</td><td rowspan="3">材料编号</td><td rowspan="3">计量单位</td><td colspan="2">数量</td><td colspan="5">实际成本</td></tr>
<tr><td rowspan="2">应入</td><td rowspan="2">实入</td><td colspan="2">买　价</td><td rowspan="2">运杂费</td><td rowspan="2">其他</td><td rowspan="2">合计</td></tr>
<tr><td>单价</td><td>金额</td></tr>
<tr><td>婴幼儿音乐健身架</td><td></td><td>箱</td><td>10</td><td>10</td><td>450.00</td><td>4 500.00</td><td></td><td></td><td>4 500.00</td></tr>
<tr><td></td><td></td><td></td><td></td><td></td><td></td><td></td><td></td><td></td><td></td></tr>
<tr><td></td><td></td><td></td><td></td><td></td><td></td><td></td><td></td><td></td><td></td></tr>
</table>

收货人：张力　　经手人：李霞

（6）赊购商品，货款部分享受现金折扣条件（1/10，n/30）。

收　货　单

收货单位：石家庄百货批发公司　　2010年5月06日　　供应单位：石家庄高压锅厂

<table>
<tr><td rowspan="3">材料名称</td><td rowspan="3">材料编号</td><td rowspan="3">计量单位</td><td colspan="2">数量</td><td colspan="5">实际成本</td></tr>
<tr><td rowspan="2">应入</td><td rowspan="2">实入</td><td colspan="2">买　价</td><td rowspan="2">运杂费</td><td rowspan="2">其他</td><td rowspan="2">合计</td></tr>
<tr><td>单价</td><td>金额</td></tr>
<tr><td>厨乐牌高压锅</td><td></td><td>个</td><td>1 000</td><td>1 000</td><td>150.00</td><td>150 000.00</td><td></td><td></td><td>150 000.00</td></tr>
<tr><td></td><td></td><td></td><td></td><td></td><td></td><td></td><td></td><td></td><td></td></tr>
<tr><td></td><td></td><td></td><td></td><td></td><td></td><td></td><td></td><td></td><td></td></tr>
</table>

收货人：张力　　经手人：李霞

河北省增值税专用发票

发　票　联

石家庄市

（全国统一发票监制章　国家税务局监制）

No. 03111036

开票日期：2010 年 5 月 06 日

购货单位	纳税人名称：石家庄百货批发公司 纳税人识别号：031112340004561 地址、电话：桥东区中山东路 389 号 0311－62501888 开户行及账号：工行石家庄分行桥东支行： 9558831101093378911			密码区	0496568＊＋20－<21－03/3334573>< 加密版本 01 19286836000221400 7＊＊/＋77>3 －/73＋319152240300151/75< 2＋/49925840>><<02015505005			
货物或应税劳务名称		规格型号	单位	数量	单价	金额	税率	税额
厨乐牌高压锅			个	1 000	150.00	150 000.00	17%	25 500.00
合　计						150 000.00		25 500.00
价税合计（大写）	壹拾柒万伍仟伍佰元整			（小写）¥175 500.00				
销货单位	纳税人名称：石家庄高压锅厂 纳税人识别号：03111234120420 地址、电话：桥东区中山东路 3 号 0311－87412563 开户行及账号：工行石家庄分行桥东支行 9558831101034589213			备注	（石家庄高压锅厂　发票专用章　税号：03111234120420）			

收款人：　　　　复核：刘黎　　　　开票人：刘明　　　　销货单位：（章）

第二联　发票联　购货方记账凭证

（7）赊销商品。

河北省增值税专用发票

记　账　联

石家庄市

No. 03110101

开票日期：2010 年 5 月 07 日

购货单位	纳税人名称：华兴百货超市 纳税人识别号：031112334020312 地址、电话：石家庄桥东区建设大街 36 号 0311－88234566 开户行及账号：工行石家庄分行桥东支行 9558831110257236151			密码区	0496568＊＋20－<21－03/3334573>< 加密版本 01 19286836000221400 7＊＊/＋77>3 －/73＋319152240300151/75< 2＋/49925840>><<02015505005			
货物或应税劳务名称		规格型号	单位	数量	单价	金额	税率	税额
厨乐牌高压锅			个	100	200.00	20 000.00	17%	3 400.00
合　计						20 000.00		3 400.00
价税合计（大写）	贰万叁仟肆佰元整			（小写）¥23 400.00				
销货单位	纳税人名称：石家庄百货批发公司 纳税人识别号：031112340004561 地址、电话：桥东区中山东路 389 号 0311－62501888 开户行及账号：工行石家庄分行桥东支行： 9558831101093378911			备注	（石家庄百货批发公司　发票专用章　税号：031112340004561）			

收款人：　　　　复核：刘三　　　　开票人：张　　　　销货单位：（章）

第二联　记账联　销货方记账凭证

(8) 更正发票，更正第7笔业务。

河北省增值税专用发票

记 账 联

No. 03110102

开票日期：2010年5月08日

购货单位	纳税人名称：华兴百货超市 纳税人识别号：031112334020312 地址、电话：石家庄桥东区建设大街36号 0311－88234566 开户行及账号：工行石家庄分行桥东支行 9558831110257236151		密码区	0496568＊＋20－<21－03/3334573>< 加密版本01 192868360002214007＊＊/＋77>3 －/73＋319152240300151/75< 2＋/49925840>><<02015505005				
货物或应税劳务名称		规格型号	单位	数量	单价	金额	税率	税额
厨乐牌高压锅			个	100	8.00	800.00	17%	136.00
合　计						800.00		136.00
价税合计（大写）	玖佰叁拾陆元整		（小写）￥936.00					
销货单位	纳税人名称：石家庄百货批发公司 纳税人识别号：031112340004561 地址、电话：桥东区中山东路389号 0311－62501888 开户行及账号：工行石家庄分行桥东支行：9558831101093378911		备注	石家庄百货批发公司 发票专用章 税号：031112340004561				

收款人：　　复核：刘三　　开票人：张一　　销货单位：（章）

第二联 记账联 销货方记账凭证

(9) 异地销售商品。

河北省增值税专用发票

记 账 联

No. 03110103

开票日期：2010年5月12日

购货单位	纳税人名称：保定联乐超市 纳税人识别号：031112345031021 地址、电话：保定北市区关山路5号 0312－78543687 开户行及账号：工行保定分行北市支行关山路分理处 9558831201056787324		密码区	0496568＊＋20－<21－03/3334573>< 加密版本01 192868360002214007＊＊/＋77>3 －/73＋319152240300151/75< 2＋/49925840>><<02015505005				
货物或应税劳务名称		规格型号	单位	数量	单价	金额	税率	税额
婴幼儿音乐健身架			箱	100	600.00	60 000.00	17%	10 200.00
合　计						60 000.00		10 200.00
价税合计（大写）	柒万零贰佰元整		（小写）￥70 200.00					
销货单位	纳税人名称：石家庄百货批发公司 纳税人识别号：031112340004561 地址、电话：桥东区中山东路389号 0311－62501888 开户行及账号：工行石家庄分行桥东支行：9558831101093378911		备注	石家庄百货批发公司 发票专用章 税号：031112340004561				

收款人：　　复核：刘三　　开票人：张一　　销货单位：（章）

第二联 记账联 销货方记账凭证

铁路局运杂费专用发票

北京铁路局石家庄分局

运输号码 37452　　　　No：25234

发站	石家庄	到站	保定	车种车号		货车自重	
集装箱型		运到期限	2010.5.20	保价金额	60 000	运价里程	
收货人 全称	保定联乐超市	发货人 全称	石家庄百货批发公司			现付费用	
收货人 地址	保定北市区关山路 5 号	发货人 地址	桥东区中山东路 389 号			项目	金 额（元）
货物名称	件数	货物重量	计费重量	运价号	运价率	附记	
婴幼儿音乐健身架	100	16 000	16 000				100.00
发货人声明事项							
铁路声明事项						合计	￥100.00

发站承运日期戳：北京铁路局石家庄分局 2010 年 5 月 12 日　　　　发站经办人：周会

托收凭证（汇款依据）

委托日期 2010 年 5 月 12 日

业务类型	委托收款（□邮划、□电划）　托收承付（□邮划、□电划）						
收款人 全称	石家庄百货批发公司			付款人 全称	保定联乐超市		
收款人 账号	9558831101093378911			付款人 账号	9558831201056787324		
收款人 地址	桥东区中山东路 389 号	开户行	工行石家庄分行桥东支行	付款人 地址	保定北市区关山路 5 号	开户行	工行保定分行北市支行关山路分理处

金额	人民币（大写） 柒万零叁佰元整	亿	千	百	十	万	千	百	十	元	角	分
					￥	7	0	3	0	0	0	0

款项内容	货款及增值税 运杂费	托收凭证名称	增值税专用发票 运输发票	附寄单证张数	2
商品发运情况		合同名称号码	0012359		

备注： 复核　　记账	款项收妥日期 2010 年　5 月　16 日	中国工商银行石家庄桥东支行 核算章 2010.5.16 收款人开户银行签章 2010 年 5 月 16 日

（10）支付第 6 笔业务货款，享受折扣。

中国工商银行 转账支票存根 ⅩⅣ00000243
附加信息
购进商品支付货款
出票日期 2010 年 5 月 13 日
收款人：石家庄高压锅厂
金　额：￥174 000.00
用　途：支付货款
单位主管 李强　　　会计 王明

（11）收到第 9 笔业务部分销售货款及部分商品拒付理由书。

中国工商银行　进账单　（收款通知单）

2010 年 5 月 14 日

出票人	全　称	保定联乐超市	持票人	全　称	石家庄百货批发公司
	账　号	9558831201056787324		账　号	9558831101093378911
	开户银行	工行保定分行北京市支行关山路分理处		开户银行	工行石家庄分行桥东支行

金额	人民币（大写）陆万叁仟贰佰柒拾元整	亿	千	百	十	万	千	百	十	元	角	分
					￥	6	3	2	7	0	0	0

票据种类	转账支票	票据张数	1	开户银行盖章（中国工商银行石家庄桥东支行 核算章 2010.5.14）
票据号码	1087675			
	复核	记账		

拒绝付款理由书

由于该公司发来的 10 箱婴幼儿音乐健身架外观质量不符合要求，故本公司拒绝支付该商品货款、增值税额及运杂费共计 7 030 元。

总经理：高峰

会计主管：李莎莎

2010 年 5 月 14 日

（12）同第 11 笔业务。

企业进货退出及索取折让证明单

河北省税务局　　　　　　　　　　　　　　　　　　No：5213602

<table>
<tr><td rowspan="2">销货单位</td><td>全称</td><td colspan="4">石家庄百货批发公司</td></tr>
<tr><td>税务登记号</td><td colspan="4">031112340004561</td></tr>
<tr><td rowspan="2">进货退出</td><td>货物名称</td><td>单价</td><td>数量</td><td>货款</td><td>税额</td></tr>
<tr><td></td><td></td><td></td><td></td><td></td></tr>
<tr><td rowspan="3">索取折让</td><td rowspan="2">货物名称</td><td rowspan="2">货款</td><td rowspan="2">税额</td><td colspan="2">要求</td></tr>
<tr><td>折让金额</td><td>折让税额</td></tr>
<tr><td>婴幼儿音乐健身架</td><td>6 000.00</td><td>1 020.00</td><td>600</td><td>102</td></tr>
<tr><td>退货或索取折让理由</td><td colspan="2">产品外观质量不符合要求，要求折让
经办人：周小东
单位签章：保定联乐超市
（印章：保定联乐超市）
2010 年 5 月 14 日</td><td>税务征收机关签章</td><td colspan="2">（印章：河北保定北市区国税局）
经办人：毛平
2010 年 5 月 14 日</td></tr>
<tr><td rowspan="2">购货单位</td><td>全称</td><td colspan="4">保定联乐超市</td></tr>
<tr><td>税务登记号</td><td colspan="4">031112345031021</td></tr>
</table>

本证明单一式三联：第一联，征收机关留存；第二联，交销货单位留存；第三联，购货单位留存。

中国工商银行　**进账单**　（收款通知单）

2010 年 5 月 15 日

<table>
<tr><td rowspan="3">出票人</td><td>全　称</td><td>保定联乐超市</td><td rowspan="3">持票人</td><td>全　称</td><td colspan="11">石家庄百货批发公司</td></tr>
<tr><td>账　号</td><td>9558831201056787324</td><td>账　号</td><td colspan="11">9558831101093378911</td></tr>
<tr><td>开户银行</td><td>工行保定分行北京市支行关山路分理处</td><td>开户银行</td><td colspan="11">工行石家庄分行桥东分行</td></tr>
<tr><td rowspan="2">金额</td><td colspan="4" rowspan="2">人民币（大写）陆仟叁佰贰拾捌元整</td><td>亿</td><td>千</td><td>百</td><td>十</td><td>万</td><td>千</td><td>百</td><td>十</td><td>元</td><td>角</td><td>分</td></tr>
<tr><td></td><td></td><td></td><td></td><td>¥</td><td>6</td><td>3</td><td>2</td><td>8</td><td>0</td><td>0</td></tr>
<tr><td>票据种类</td><td>转账支票</td><td>票据张数</td><td>1</td><td colspan="12" rowspan="3">（印章：中国工商银行石家庄桥东支行 核算章 2010.5.15）
开户银行盖章</td></tr>
<tr><td>票据号码</td><td colspan="3">1087676</td></tr>
<tr><td colspan="4">复核　　记账</td></tr>
</table>

（13）直运销售：购进货物。

托收凭证(付款依据)

委托日期 2010 年 5 月 16 日

<table>
<tr><td colspan="2">业务类型</td><td colspan="10">委托收款（□邮划、□电划）　托收承付（□邮划、□电划）</td></tr>
<tr><td rowspan="3">收款人</td><td>全称</td><td colspan="3">北京玩具厂</td><td rowspan="3">付款人</td><td>全称</td><td colspan="3">石家庄百货批发公司</td></tr>
<tr><td>账号</td><td colspan="3">9558801010253458726</td><td>账号</td><td colspan="3">9558831101093378911</td></tr>
<tr><td>地址</td><td>北京市石景山区东风路 12 号</td><td>开户行</td><td>工行石景山支行营业部</td><td>地址</td><td>桥东区中山东路 389 号</td><td>开户行</td><td>工行石家庄分行桥东支行</td></tr>
<tr><td>金额</td><td colspan="5">人民币（大写）壹拾柒万伍仟伍佰元整</td><td colspan="4">亿 千 百 十 万 千 百 十 元 角 分
¥ 1 7 5 5 0 0 0 0</td></tr>
<tr><td>款项内容</td><td colspan="2">货款及增值税</td><td>托收凭证名称</td><td colspan="2">增值税专用发票</td><td>附寄单证张数</td><td colspan="3">2</td></tr>
<tr><td colspan="3">商品发运情况</td><td colspan="7">合同名称号码</td></tr>
<tr><td colspan="3">备注：
复核　记账</td><td colspan="3">款项收妥日期
年　月　日</td><td colspan="4">收款人开户银行签章
2010 年 5 月 16 日</td></tr>
</table>

中国工商银行北京石景山支行营业部 核算章 2010.5.16

北京市增值税专用发票

No. 01000118

开票日期：2010 年 5 月 16 日

<table>
<tr><td>购货单位</td><td colspan="4">纳税人名称：石家庄百货批发公司
纳税人识别号：031112340004561
地址、电话：桥东区中山东路 389 号
0311－62501888
开户行及账号：工行石家庄分行桥东支行：
9558831101093378911</td><td>密码区</td><td colspan="4">0496568＊＋20－<21－03/3334573>< 加密版本 01
19286836000221400７＊＊/＋77>3
－/73＋319152240300151/75<
2＋/49925840>><<02015505005</td></tr>
<tr><td colspan="2">货物或应税劳务名称</td><td>规格型号</td><td>单位</td><td>数量</td><td>单价</td><td>金额</td><td>税率</td><td>税额</td></tr>
<tr><td colspan="2">婴幼儿音乐健身架</td><td></td><td>箱</td><td>300</td><td>500.00</td><td>150 000.00</td><td>17%</td><td>25 500.00</td></tr>
<tr><td colspan="2">合　计</td><td></td><td></td><td></td><td></td><td>150 000.00</td><td></td><td>25 500.00</td></tr>
<tr><td colspan="2">价税合计（大写）</td><td colspan="7">壹拾柒万伍仟伍佰元整　（小写）￥175 500.00</td></tr>
<tr><td>销货单位</td><td colspan="4">纳税人名称：北京玩具厂
纳税人识别号：010937891310401
地址、电话：北京市石景山区东风路 12 号
010－82613241
开户行及账号：工行石景山支行营业部
9558801010253458726</td><td>备注</td><td colspan="3">北京玩具厂 发票专用章 税号：010937891310401</td></tr>
</table>

第二联 发票联 购货方记账凭证

收款人：　复核：张立　开票人：王鸿　销货单位：（章）

公路、内河货物运输业统一发票

发 票 联

开票日期：2010 年 5 月 16 日　　　　编号：312752

收货人及　保定联乐超市 纳税人识别号　031112345031021	承运人　北京公路货运公司 纳税人识别号
发货人　北京玩具厂 纳税人识别号　（略）	主管税务机关　（略） 及代码
运输项目及金额　运费 200.00	其他项目及金额　装卸费 100.00
运费小计　￥200.00	其他费用小计（小写）￥100.00
合计（大写）人民币叁佰元整	

运输单位盖章：北京公路货运公司　　　　开票人：

（14）直运销售并结转主营业务成本。

河北省增值税专用发票

记 账 联

No. 03110104

开票日期：2010 年 5 月 17 日

购货单位	纳税人名称：保定联乐超市 纳税人识别号：031112345031021 地址、电话：保定北市区关山路 5 号 0312－78543687 开户行及账号：工行保定分行北市支行关山路分理处　9558831201056787324			密码区	0496568＊＋20－＜21－03/3334573＞＜ 加密版本 01 192868360002214007＊＊/＋77＞3 －/73＋319152240300151/75＜ 2＋/49925840＞＞＜＜02015505005			
货物或应税劳务名称		规格型号	单位	数量	单价	金额	税率	税额
婴幼儿音乐健身架			箱	300	600.00	180 000.00	17%	30 600.00
合　计						180 000.00		30 600.00
价税合计（大写）	贰拾壹万零陆佰元整		（小写）￥210 600.00					
销货单位	纳税人名称：石家庄百货批发公司 纳税人识别号：031112340004561 地址、电话：桥东区中山东路 389 号 0311－62501888 开户行及账号：工行石家庄分行桥东支行：9558831101093378911			备注	石家庄百货批发公司 发票专用章 税号：031112340004561			

第二联　记账联　销货方记账凭证

收款人：　　复核：刘三　　开票人：张一　　销货单位：（章）

托收凭证（付款依据）

委托日期 2010 年 5 月 17 日

<table>
<tr><td colspan="2">业务类型</td><td colspan="13">委托收款（□邮划、□电划）　　托收承付（□邮划、□电划）</td></tr>
<tr><td rowspan="3">收款人</td><td>全称</td><td colspan="3">石家庄百货批发公司</td><td rowspan="3">付款人</td><td>全称</td><td colspan="8">保定联乐超市</td></tr>
<tr><td>账号</td><td colspan="3">9558831101093378911</td><td>账号</td><td colspan="8">9558831201056787324</td></tr>
<tr><td>地址</td><td>桥东区
中山东路 389 号</td><td>开户行</td><td>工行石家庄
分行桥东支行</td><td>地址</td><td>保定北市区
关山路 5 号</td><td>开户行</td><td colspan="6">工行保定分行
北市支行
关山路分理处</td></tr>
<tr><td rowspan="2">金额</td><td colspan="3" rowspan="2">人民币
（大写）　贰拾壹万零玖佰元整</td><td>亿</td><td>千</td><td>百</td><td>十</td><td>万</td><td>千</td><td>百</td><td>十</td><td>元</td><td>角</td><td>分</td></tr>
<tr><td></td><td></td><td>¥</td><td>2</td><td>1</td><td>0</td><td>9</td><td>0</td><td>0</td><td>0</td><td>0</td></tr>
<tr><td colspan="2">款项内容</td><td>货款及增值税
运杂费</td><td>托收凭证名称</td><td colspan="4">增值税专用发票
运输发票</td><td colspan="3">附寄单证张数</td><td colspan="4"></td></tr>
<tr><td colspan="2">商品发运情况</td><td></td><td colspan="4">合同名称号码</td><td colspan="8">0012356</td></tr>
<tr><td colspan="3">备注：

复核　　记账</td><td colspan="5">款项收妥日期

2010 年　5 月　19 日</td><td colspan="7">中国工商银行石家庄桥东支行
核算章
2010.5.19
收款人开户银行签章
2010 年 5 月 19 日</td></tr>
</table>

（15）预付货款。

<table>
<tr><td colspan="2">中国工商银行
转账支票存根
XⅣ00000248
附加信息
购进商品支付货款

出票日期 2010 年 5 月 18 日</td></tr>
<tr><td colspan="2">收款人：石家庄高压锅厂</td></tr>
<tr><td colspan="2">金　额：¥35 100.00</td></tr>
<tr><td colspan="2">用　途：支付货款</td></tr>
<tr><td>单位主管 李强</td><td>会计 王明</td></tr>
</table>

（16）预收货款。

中国工商银行 **进账单** （收款通知单）

2010 年 5 月 15 日

<table>
<tr><td rowspan="3">出票人</td><td>全　称</td><td colspan="3">华兴百货超市</td><td rowspan="3">持票人</td><td>全　称</td><td colspan="11">石家庄百货批发公司</td></tr>
<tr><td>账　号</td><td colspan="3">9558831110257236151</td><td>账　号</td><td colspan="11">9558831101093378911</td></tr>
<tr><td>开户银行</td><td colspan="3">工行石家庄分行桥东支行</td><td>开户银行</td><td colspan="11">工行石家庄分行桥东支行</td></tr>
<tr><td rowspan="2">金额</td><td colspan="6" rowspan="2">人民币（大写） 肆仟元整</td><td>亿</td><td>千</td><td>百</td><td>十</td><td>万</td><td>千</td><td>百</td><td>十</td><td>元</td><td>角</td><td>分</td></tr>
<tr><td></td><td></td><td></td><td></td><td>¥</td><td>4</td><td>0</td><td>0</td><td>0</td><td>0</td><td>0</td></tr>
<tr><td colspan="2">票据种类</td><td>转账支票</td><td>票据张数</td><td colspan="3">1</td><td colspan="11" rowspan="3">中国工商银行石家庄桥东支行 核算章 2010.5.15
开户银行盖章</td></tr>
<tr><td colspan="2">票据号码</td><td colspan="5"></td></tr>
<tr><td colspan="7">复核　　记账</td></tr>
</table>

（17）补付第 15 笔业务货款并验收入库。

中国工商银行
转账支票存根
XⅣ00000249

附加信息
购进商品支付货款

出票日期 2010 年 5 月 21 日

收款人：石家庄高压锅厂
金　额：¥140 400.00
用　途：支付货款

单位主管 李强　　　会计 王明

河北省增值税专用发票

全国统一发票监制章 发票联 石家庄市 国家税务局监制

No. 03111041

开票日期：2010 年 5 月 18 日

购货单位	纳税人名称：石家庄百货批发公司 纳税人识别号：03111234000456l 地址、电话：桥东区中山东路 389 号 0311－62501888 开户行及账号：工行石家庄分行桥东支行： 9558831101093378911	密码区	0496568＊＋20－＜21－03/3334573＞＜ 加密版本 01 192868360002214007＊＊/＋77＞3 －/73＋319152240300151/75＜ 2＋/49925840＞＞＜＜02015505005

货物或应税劳务名称	规格型号	单位	数量	单价	金额	税率	税额
厨乐牌高压锅		个	1 000	150.00	150 000.00	17%	25 500.00
合　计					150 000.00		25 500.00
价税合计（大写）	壹拾柒万伍仟伍佰元整			（小写）￥175 500.00			

销货单位	石家庄高压锅厂 纳税人识别号：03111234120420 地址、电话：桥东区中山东路 3 号 0311－87412563 开户行及账号：工行石家庄分行桥东支行 9558831101034589213	备注	石家庄高压锅厂 发票专用章 税号：03111234120420

收款人：　　　　复核：刘黎　　　　开票人：刘明　　　　销货单位：（章）

第二联 发票联 购货方记账凭证

收　货　单

收货单位：石家庄百货批发公司　　　2010 年 5 月 21 日　　　供应单位：石家庄高压锅厂

材料名称	材料编号	计量单位	数量		实际成本				
			应入	实入	买价		运杂费	其他	合计
					单价	金额			
厨乐牌高压锅		个	1 000	1 000	150.00	150 000.00			150 000.00

收货人：张力　　　　　　　　　　　　　　　　经手人：李霞

（18）第 16 笔业务预收货款商品发货。

中国工商银行　进账单　（收款通知单）

2010 年 5 月 15 日

出票人	全　称	华兴百货超市	持票人	全　称	石家庄百货批发公司
	账　号	9558831110257236151		账　号	9558831101093378911
	开户银行	工行石家庄分行桥东支行		开户银行	工行石家庄分行桥东支行

金额	人民币（大写）	壹万玖仟肆佰元整	亿	千	百	十	万	千	百	十	元	角	分
						￥		9	[illegible]	[illegible]	0	0	0

票据种类	转账支票	票据张数	1	开户银行盖章
票据号码				
	复核	记账		

中国工商银行石家庄桥东支行 核算章 2010.5.15

河北省增值税专用发票

记 账 联

全国统一发票监制章 石家庄市 国家税务局监制

No. 03110105

开票日期：2010年5月24日

购货单位	纳税人名称：华兴百货超市 纳税人识别号：031112334020312 地址、电话：石家庄桥东区建设大街36号 0311－88234566 开户行及账号：工行石家庄分行桥东支行 9558831110257236151		密码区	0496568＊＋20－＜21－03/3334573＞＜ 加密版本01 192868360002214007＊＊/＋77＞3 －/73＋319152240300151/75＜ 2＋/49925840＞＞＜＜02015505005				
货物或应税劳务名称		规格型号	单位	数量	单价	金额	税率	税额
厨乐牌高压锅			个	100	200.00	20 000.00	17%	3 400.00
合 计						20 000.00		3 400.00
价税合计（大写）	贰万叁仟肆佰元整		（小写）¥23 400.00					
销货单位	纳税人名称：石家庄百货批发公司 纳税人识别号：031112340004561 地址、电话：桥东区中山东路389号 0311－62501888 开户行及账号：工行石家庄分行桥东支行： 9558831101093378911		备注	石家庄百货批发公司 发票专用章 税号：031112340004561				

第二联 记账联 销货方记账凭证

收款人： 复核：刘三 开票人：张一 销货单位：（章）

（19）月末盘点。

财产清查报告单

2010年5月30日 No：56213

类别	财产名称规格	单位	单价	账面数量	实物数量	盘盈		盘亏		盈亏原因
						数量	金额	数量	金额	
A类	厨乐牌高压锅	个	150.00			10	1 500.00			待查
B类	婴幼儿音乐健身架	箱	500.00					12	6 000.00	待查
合 计						10	1 500.00	12	6 000.00	

财务：王明 审批：李强 主管： 保管使用： 制单：毛平

（20）盘盈商品补作购进。

河北省增值税专用发票

发　票　联

No. 03111044

开票日期：2010 年 5 月 31 日

购货单位	纳税人名称：石家庄百货批发公司 纳税人识别号：031112340004561 地址、电话：桥东区中山东路 389 号 0311－62501888 开户行及账号：工行石家庄分行桥东支行： 9558831101093378911	密码区	0496568＊＋20－<21－03/3334573>< 加密版本 01 192868360002214007＊＊/＋77>3 －/73＋319152240300151/75< 2＋/49925840>><<02015505005

货物或应税劳务名称	规格型号	单位	数量	单价	金额	税率	税额
厨乐牌高压锅		个	10	150.00	1 500.00	17%	255.00
合　计					1 500.00		255.00
价税合计（大写）	壹仟柒佰伍拾伍元整			（小写）￥1 755.00			

销货单位	纳税人名称：石家庄高压锅厂 纳税人识别号：03111234120420 地址、电话：桥东区中山东路 3 号 0311－87412563 开户行及账号：工行石家庄分行桥东支行 9558831101034589213	备注	

收款人：　　复核：刘黎　　开票人：刘明　　销货单位：（章）

第二联　发票联　购货方记账凭证

中国工商银行

转账支票存根

ⅩⅣ00000250

附加信息

购进商品支付货款

出票日期 2010 年 5 月 31 日

收款人：	石家庄高压锅厂
金　额：	￥1 755.00
用　途：	支付货款

单位主管 李强　　会计 王明

（21）盘亏商品部分补作销货，部分追究责任，部分列支。

河北省增值税专用发票

记　账　联

石家庄市

No. 03110106

开票日期：2010 年 5 月 31 日

购货单位	纳税人名称：保定联乐超市 纳税人识别号：031112345031021 地址、电话：保定北市区关山路 5 号 0312－78543687 开户行及账号：工行保定分行北市支行关山路分理处　9558831201056787324	密码区	0496568＊＋20－<21－03/3334573>< 加密版本 01 192868360002214007＊＊/＋77>3 －/73＋319152240300151/75< 2＋/49925840>><<02015505005

货物或应税劳务名称	规格型号	单位	数量	单价	金额	税率	税额
婴幼儿音乐健身架		箱	10	600.00	6 000.00	17%	1 020.00
合　计					6 000.00		1 020.00
价税合计（大写）	柒仟零贰拾元整			（小写）￥7 020.00			

销货单位	纳税人名称：石家庄百货批发公司 纳税人识别号：031112340004561 地址、电话：桥东区中山东路 389 号 0311－62501888 开户行及账号：工行石家庄分行桥东支行：9558831101093378911	备注	石家庄百货批发公司 发票专用章 税号：031112340004561

收款人：　　　　复核：刘三　　　　开票人：张一　　　　销货单位：（章）

第二联　记账联　销货方记账凭证

中国工商银行　**进账单**　（收款通知单）

2010 年 5 月 31 日

出票人	全　称	保定联乐超市	持票人	全　称	石家庄百货批发公司
	账　号	9558831201056787324		账　号	9558831101093378911
	开户银行	工行保定分行北市支行关山路分理处		开户银行	工行石家庄分行桥东支行

金额	人民币（大写）柒仟零贰拾元整	亿	千	百	十	万	千	百	十	元	角	分
						￥	7	0	2	0	0	0

票据种类	转账支票	票据张数	1
票据号码			

复核　　记账

中国工商银行石家庄桥东支行
核算章
2010.5.31

开户银行盖章

盘亏产品处理通知单

经公司生产部决定，盘亏2箱婴幼儿音乐健身架，计货款1 000元，进项税额170元，共计1 170元，经批准，其中的40%（即468元）由保管员张庆赔偿，60%（即702元）由企业列支。

总经理：李强

会计主管：王明

2010年5月31日

3.5.4　实训要求

根据给出的原始凭证编制记账凭证，审核后登记相关总账和明细账。

本章小结

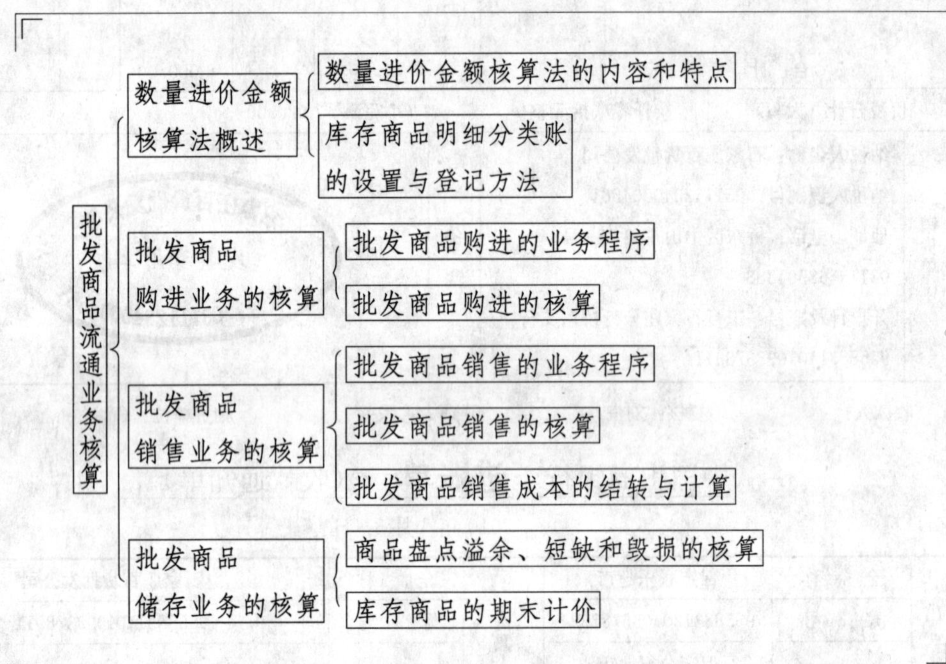

第4章 零售商品流通业务核算

学习目标

知识目标

掌握商品零售企业售价金额核算方法；

掌握商品零售企业进价金额核算方法；

掌握商品零售企业数量售价金额核算方法。

技能目标

能对一般商品零售企业的商品流通业务进行会计处理；

能对鲜活商品零售企业的商品流通业务进行会计处理；

能对贵重、大件商品零售企业的商品流通业务进行会计处理；

能对比分析商品零售企业和商品批发企业商品流通业务的账务处理。

案例导入

大学毕业生石晓楠自主创业，注册成立晓楠商贸有限责任公司，专门经营世博系列产品，他多渠道经营自己的商品销售业务，一方面开设自己的专卖店，另一方面进驻超市和商场，还在淘宝网上注册开张了自己的小店。另外他还打算继续扩大经营项目，向百货零售业进军。由于公司刚开业，人手和资金相对紧张，所以他打算本人兼做公司的财会工作，虽然在大学里学过会计相关知识，但真正接触实际工作，石晓楠有点不知所措，无从下手。于是在网上请教零售业的会计高手给予指导，并在众多热心网友的帮助下，对零售业商品流通业务的会计核算已经掌握得八九不离十了。

案例简析：

国家质检总局、国家标准委2004年联合发布实施的国家推荐标准《零售业态分类》中，根据其经营方式、商品结构、服务功能，以及选址、商圈、规模、店堂设施、目标顾客和有无固定经营场所等因素，将零售业分为17种业态。包括有店铺零售业态——食杂店、便利店、折扣店、超市、大型超市、仓储会员店、百货店、专业店、专卖店、家居建材店、购物中心、厂家直销中心和无店铺零售业态——电视购物、邮购、网上商店、自动售货亭、电话购物等17种业态，并规定了相应的分类条件。零售业的会计核算业务虽然同样适用《企业会计准则》(2006)，但零售业商品购销业务的数量巨大、商品种类繁多的特点，决定了其会计核算与其他行业相比有一定的特殊之处。一是"商品进销差价"科目的使用。该科目主要使用于零售业会计，核算企业采用售价进行日常核算的商品售价与进价之间的差额。二是经营鲜活商品的零售企业应实行实地盘存制进行进价成本核算。三是经营贵重、大件商品的零售企业应实行数量售价金额进行核算。在目前的零售业会计实务中，售价金额法使用比较广泛。

4.1 售价金额核算法概述

4.1.1 售价金额核算法的概念和特点

售价金额核算法，又称"售价核算，实物负责制"，是一般零售企业常采用的一种核算方法。售价金额核算是指在实物负责制基础上，库存商品总分类账和明细分类账都只反映商品的售价，不反映实物数量，以售价控制库存商品进、销、存情况的一种核算方法。

1. 建立实物负责制

企业为了加强对库存商品的管理和控制，将经营商品的柜组或门市部划分为若干实物负责小组，各实物负责小组对其经管的全部商品承担经济责任。在实物负责小组内，要建立岗位责任制，明确每个成员的职责分工，对商品的购进、销售、调拨、调价、削价、缺溢等，都要建立必要的手续制度，这是实行售价金额核算的基础。

2. 库存商品按售价记账

库存商品总分类账及其所属的明细分类账都必须按售价记账，并按实物负责小组设置库存商品明细分类账，以随时反映和掌握各实物负责小组对其经管商品所承担经济责任的情况，这是售价金额核算的核心。

零售企业售价记账的"售价"，从理论上讲应是商品的销售价格，然而在实际工作中，零售企业销售商品时在柜面上的标价却包括了销项税额。因此，售价记账的“售价”由销售价格和销项税额两部分组成，也就是说，售价就是含税价格。

3. 设置“商品进销差价”账户

由于库存商品按售价记账，在商品购进时，“库存商品”账户里反映的是商品的售价（含税价），这就与购进商品实际支付的进价（不含税价）不一致。因此，需要设置“商品进销差价”账户，以反映商品进价与售价之间的差额。在月末要分摊和结转已销商品所实现的商品进销差价。

4. 加强商品盘点工作

由于库存商品明细分类账户只反映和控制库存商品的售价金额指标，不反映数量和进价金额指标，期末为了核实各实物负责小组库存商品的实有数额，每月必须进行一次全面盘点，计算出实际结存库存商品的售价金额，并与账面结存金额进行核对。如发生不符时，要及时查明原因，按规定进行处理，以达到账实相符，保护企业财产安全和完整的目的。对于有自然损耗的商品，应当核定损耗率作为考核的依据。此外，如实物负责人调动，必须进行临时盘点，以分清责任；如商品调价，也必须通过商品盘点才能确定调价金额，进行账面调整。

4.1.2 售价金额核算法的主要内容

（1）购进的商品到达验收入库后，按商品售价，借记“库存商品”账户，按商品进价，贷记“商品采购”账户，按商品售价与进价的差额，贷记“商品进销差价”账户。

（2）企业销售发出的商品，平时结转销售成本时可按商品售价结转，借记“主营业务成本”账户，贷记“库存商品”账户。

（3）月度终了，应按商品进销差价率计算分摊本月已销商品应分摊的进销差价，借记“商品进销差价”账户，贷记“主营业务成本”账户。

4.2 零售商品购进业务的核算

4.2.1 零售企业商品购进的业务程序

零售企业为了满足各层次消费者对商品多样化的需要，应做好商品预测和市场分析工作，有计划地从批发企业和生产企业购进商品。对于商品购进的交接方式，同城购进一般采用“提货制”或“送货制”，异地购进一般采用“发货制”。

同城商品购进的业务程序一般是：由零售企业的采购员到供货单位挑选商品，取得供货单位的增值税专用发票，据以办理结算，以转账支票、商业汇票、银行本票支付货款和增值税额。如果采取“提货制”，采购员就可以提取商品，取回增值税专用发票（发票联和抵扣联）交予业务部门，由其核对增值税专用发票上开列的购进单价是否正确，以维护企业的利益，经核定零售单价后在发票联上加盖价格核讫章，并根据增值税专用发票上列明的商品货号、品名、规格、等级、数量与实物进行核对，检查其质量是否符合要求。验收无误，并由业务部门在增值税专用发票上签收后，转交财会部门入账。零售企业也可以根据管理上的需要，由业务部门另行填制收货单一式数联，其中一联连同供货单位的增值税专用发票一并送交财会部门。如果采用“送货制”，则由采购员去供货单位储运部门办理送货手续，其核价和验收手续与“提货制”基本相同，在此不再重述。

4.2.2 零售企业商品购进一般业务的核算

财会部门根据采购员交来的结算凭证和核价人员送来的增值税专用发票（发票联），复核无误后，按其所列明的货款借记“商品采购”账户；按其所列明的增值税额，借记“应交税费”账户；按价税合计贷记“银行存款”或“应付票据”、“其他货币资金”等账户。根据实物负责小组送来的商品验收入库凭证复核无误后，按售价金额借记“库存商品”账户，按进价金额贷记“商品采购”账户；售价金额与进价金额之间的差额，则贷记“商品进销差价”账户。

“商品进销差价”账户是资产类账户，它是“库存商品”账户的抵减账户，用以反映库存商品售价金额与进价金额之间的差额。商品购进、溢余及调价增值发生差价时，记入“商品进销差价”的贷方；结转已销商品进销差价、商品短缺、削价及调价减值等而注销差价时，记入“商品进销差价”的借方；余额在贷方，表示期末库存商品的进销差价。期末“库存商品”账户余额，减去“商品进销差价”账户余额，就是库存商品的进价金额。

借　　　　商品进销差价	贷
登记结转已销商品售价大于进价的差额以及商品削价、短缺等原因减少的进销差价	登记购进商品售价大于进价的差额以及商品调价、溢余等原因增加的进销差价
	余额：反映库存商品售价大于进价的差额

【例 4-1】 石家庄百货商厦从江西吉安凉席厂购进单人竹炭凉席 100 床，每床不含税单价 55 元，含税售价 74 元，双人竹炭凉席 100 床，每床不含税单价 110 元，含税售价 189 元，货款已付讫，取得增值税专用发票，增值税税率 17%，床品柜已验收入库并填制收货单。

借：商品采购——江西吉安凉席厂　　　　16 500

应交税费——应交增值税（进项税额）　　2 805

　　贷：银行存款　　19 305

借：库存商品——床品柜　　26 300

　　贷：商品进销差价——床品柜　　9 800

　　　　商品采购——江西吉安凉席厂　　16 500

4.2.3 零售企业商品购进其他业务的核算

1. 进货退出（Purchase Return）的核算

零售企业购进商品，一般是整件整箱地验收入库的，事后发现商品的品种、规格与增值税专用发票所列不符，或质量不符合要求等情况，应及时与供货单位联系，经其同意后，由供货单位开出退货的红字增值税专用发票，办理退货手续，然后将商品退还供货单位，作进货退出处理。

【例 4-2】 石家庄百货商厦发现日前从江西吉安凉席厂购进的单人竹炭凉席中有 10 床质量不符合购销合同要求，与江西吉安凉席厂联系，对方同意退货。该凉席每床进价 55 元，售价 74 元。

（1）商品退货后，根据床品柜转来的红字收货单，作会计分录如下：

借：商品采购——江西吉安凉席厂　　550

　　商品进销差价——床品柜　　190

　　贷：库存商品——床品柜　　740

（2）收到对方开来退货的红字增值税专用发票，应退货款 550 元，增值税 93.50 元，款项均未收到，作会计分录如下：

借：应收账款——江西吉安凉席厂　　643.50

　　应交税费——应交增值税（进项税额）　　93.50

　　贷：商品采购——江西吉安凉席厂　　550

2. 购进商品退补价的核算

零售企业购进商品后，有时会收到供货单位开来的更正发票，更正其开错的商品货款。更正商品货款有两种情况：一种是只更正购进价格；另一种是既更正购进价格，又更正零售价格，以下分别阐述这两种情况的核算。

（1）只更正购进价格的核算。当供货单位开来更正发票时，由于只更正购进价格，没有影响到商品的零售价格，因此，核算时只能调整“商品进销差价”账户，而不能调整“库存商品”账户。若是供货单位退还货款，应根据其红字增值税专用发票冲减商品采购额和进项税额。用红字借记“商品采购”账户和“应交税费”账户，贷记“应收账款”账户；同时还要增加商品的进销差价，用红字借记“商品进销差价”账户，贷记“商品采购”账户。若是供货单位补收货款，则应根据增值税专用发票增加商品采购额和进项税额，借记“商品采购”账户和“应交税费”账户，贷记“应付账款”账户，同时还要减少商品的进销差价，借记“商品进销差价”账户；贷记“商品采购”账户。

【例 4-3】 石家庄百货商厦日前从保定五金公司购进核桃钳 1 000 把，每把购进不含税单价 9.60 元，零售单价 12.50 元，商品已由五金柜验收入库，货款尚未支付。现收到供货单位更正增值税专用发票，核桃钳每把批发单价应为 9.40 元，应退货款 200 元，增值税额 34 元。

①冲减商品采购额和进项税额，作会计分录如下：

借：商品采购——保定五金公司　　200

　　应交税费——应交增值税（进项税额）　　34

　　贷：应付账款——保定五金公司　　234

②同时调整商品进销差价，作会计分录如下：

借：商品进销差价——五金柜　　200

　　贷：商品采购——保定五金公司　　200

(2) 购进价格和零售价格同时更正（Correct）的核算。当供货单位由于商品品种、等级混淆等原因而开错价格，事后开来更正发票需要更正购进价和零售价，如因更正价格而使供货单位应退还货款时，应根据更正增值税专用发票冲减商品采购额和进项税额，其核算方法与只更正购进价格的核算方法相同，同时，还要冲减库存商品的售价金额和进价成本，应用红字按更正后售价金额与原入账售价金额的差额，借记“库存商品”账户；按应退货款的数额，贷记“商品采购”账户；并按照更正后进销差价与原入账进销差价的差额，贷记“商品进销差价”账户。如因更正价格而使供货单位应补收货款时，应根据其开来的更正发票增加商品采购额和进项税额，其核算方法与更正购进价格的核算方法相同，同时还要增加库存商品的售价金额和进价成本。按更正后售价金额与原入账售价金额的差额借记“库存商品”账户；按补收货款数额，贷记“商品采购”账户；按更正后进销差价与原账进销差价的差额，贷记“商品进销差价”账户。

【例 4-4】 石家庄百货商厦日前从杭州天堂伞厂购进天堂牌自动伞 400 把，每把购进单价 15.00 元，零售单价 20.00 元，商品已由百货柜验收入库，货款尚未支付。现收到杭州天堂伞厂更正增值税专用发票，每把天堂牌自动伞购进单价为 14.00 元，零售单价为 18.80 元，应退货款 400 元，增值税额 68 元。

①冲减商品采购额和进项税额，作会计分录如下：

借：商品采购——杭州天堂伞厂　　400

　　应交税费——应交增值税（进项税额）　　68

贷：应付账款——杭州天堂伞厂　　468

②同时冲减库存商品的售价金额和进价成本，作会计分录如下；

借：库存商品——百货柜　　480

贷：商品采购——杭州天堂伞厂　　400

商品进销差价——百货柜　　80

【例4-5】 承例4-4，若收到的更正增值税专用发票注明，每把天堂牌自动伞购进单价为16.00元，零售单价为21.00元，应补货款400元，增值税额68元。

①补增商品采购额和进项税额，作会计分录如下：

借：商品采购——杭州天堂伞厂　　400

应交税费——应交增值税（进项税额）　　68

贷：应付账款——杭州天堂伞厂　　468

②同时冲减库存商品的售价金额和进价成本，作会计分录如下；

借：库存商品——百货柜　　400

贷：商品采购——杭州天堂伞厂　　400

3. 购进商品发生短缺和溢余（Over and Short）的核算

零售企业在购进商品时，应由营业柜组认真负责地验收商品的数量和质量，在验收过程中，发现商品数量有短缺或溢余时，若是运输途中的合理损耗或者溢余，即由于商品自身条件等原因发生的自然损溢，应当计入验收入库材料的采购成本，按实际数量验收入库，相应提高或降低入库材料的实际单位成本，不再另作账务处理；若是同城购进的商品即可与供货单位联系，要求对方补回其少发的商品，或将对方多发的商品退还，这样在会计核算上就不用反映商品的短缺或溢余；若是从异地购进的商品，一时难以查明原因，应由验收柜组填制“商品购进短缺溢余报告”，财会部门据以按进价将短缺或溢余的商品先记入“待处理财产损溢”账户，并按实收商品数量的售价金额借记“库存商品”账户。查明原因后的核算方法同批发企业相同，即分别不同原因从“待处理财产损溢”账户转入相应的账户。

4.3　零售商品销售业务的核算

零售企业商品销售的过程是商品从流通领域进入消费领域的过程，也是商品价值实现的过程。而零售企业的销售对象，除一小部分是企事业单位外，绝大多数都是广大的个人消费者。

4.3.1 商品销售的业务程序与核算

零售企业的商品销售业务，一般按营业柜组或门市部组织进行。商品销售的业务具体程序，根据企业的规模、经营商品的特点以及经营管理的需要而有所不同。

零售企业的销货款的结算方式，除少数企事业单位采取转账结算外，主要是库存现金和银行卡结算。收款方式有分散收款和集中收款两种。分散收款，是指营业员直接收款，一般不填制销售凭证，手续简便，交易迅速，但销货与收款由营业员一人经手，容易发生差错与弊端。集中收款是指设立收银台，由营业员填制销货凭证，消费者据以向收银台交款，然后由消费者凭盖有收银台“库存现金收讫”印章的销货凭证向营业员领取商品；或者由营业员收款后连同填制的销货凭证由内部传递给收银台，收银员收款盖章后退回销货凭证，营业员据以向消费者交付商品。采用集中收款，每日营业结束后，营业员应根据销货凭证计算出销货总金额，并与收银台实收金额进行核对，以检查收款是否正确，这种方式由于钱货分管，职责分明，制度严密，因此不易发生差错，但手续较为烦琐。零售商业一般采用集中收款方式。

不论采用哪一种收款方式，均应在当天解缴销货款。解缴货款的方式有分散解缴和集中解缴两种。分散解缴就是在每天营业结束后，由各营业柜组或门市部分别安排专人负责，填制解款单，将库存现金直接解存银行，取得解款单回单后，连同销货日报表交财会部门进行账务处理；集中解缴则由各收银员负责，都按其所收的销货款连同销货日报表上交给财会部门，财会部门出纳应当面点收销货款，加盖“收讫”戳记，一联退还缴款部门，作为其缴款的依据，一联留在财会部门，作为收款的入账凭证。财会部门将各营业柜组或门市部的销货款集中汇总后填制解款单，将销货收入的库存现金全部解存银行，取得解款单回单后，进行账务处理。无论采用哪一种解款方式，都应按其所收的销货款填制“主营业务收入缴款单”。主营业务收入缴款单一式两联，连同销货款或解款单回单一并送交财会部门。零售商业较多采用集中解缴方式。

此外，零售企业销货业务除了采用库存现金结算外，也有少量销货业务采用转账支票、银行本票和商业汇票结算的。

不论采用哪种销售结算方式，零售企业商品销售业务都是通过“主营业务收入”和“主营业务成本”账户进行核算。为了简化核算手续，平时在“主营业务收入”账户中反映含税的销售收入，期末再将其调整为真正的商品销售额，即不含税的销售额。

各营业柜组或门市部为了掌握本柜组库存商品进、销、存的动态情况，便于向财会部门报账，每天营业结束后，应根据商品经营的各种原始凭证，编制“商品进销存日报表”一式数联，营业柜组或门市部自留一联，一联连同有关的原始凭证一并送交财会部门。财会部门复核无误后，据以入账。

在实际工作中，由于“商品进销存日报表”反映的是各营业柜组或门市部库存商品每天的收发变动和结存情况，其反映的内容与库存商品明细分类账核算的内容是一致的。因此，可以将该表分营业柜组或门市部按时间顺序装订成册，代替库存商品明细分类账，以简化核算手续。

【例 4-6】 石家庄百货商厦根据各柜组报来的 5 月 31 日“商品进销存日报表”进行汇总，销货款汇总送存银行，主营业务收入缴款单汇总后如表 4-1 所示（银行卡结算手续费率为 0.5%）。

表 4-1 主营业务收入缴款单汇总表

柜组	现金销售额	银行卡销售额	销售额小计
百货柜组	14 589.60	20 647.30	35 236.90
床品柜组	8 526.00	10 526.00	19 052.00
五金柜组	6 792.80	8 578.20	15 371.00
食品柜组	13 363.48	18 185.62	31 549.10
合计	43 271.88	57 937.12	101 209.00

根据主营业务收入缴款单汇总表，作会计分录如下：

借：库存现金　　43 271.88

　　应收账款　　57 937.12

　　贷：主营业务收入——百货柜组　　35 236.90

　　　　　　　　　　——床品柜组　　19 052.00

　　　　　　　　　　——五金柜组　　15 371.00

　　　　　　　　　　——食品柜组　　31 549.10

银行卡结算手续费为：

57 937.12×0.5%＝289.69（元）

根据计算结果，作会计分录如下：

借：财务费用　　289.69

　　贷：应收账款　　289.69

4.3.2 主营业务收入的调整

由于零售企业平时在“主营业务收入”账户中反映的是含税收入，因此至月末就需要进行调整，将含税收入中的销项税额分离出来，使“主营业务收入”账户反映企业真正的销售额。含税收入的调整公式如下：

销售额＝含税收入÷（1＋增值税率）

销项税额＝含税收入－销售额

【例 4-7】 石家庄百货商厦月末“主营业务收入——百货柜组”账户余额为4 680 000元，增值税税率为 17%，调整主营业务收入，其计算的结果如下：

销售额＝4 680 000÷（1＋17％）＝4 000 000（元）

销项税额＝4 680 000－4 000 000＝680 000（元）

根据计算结果，作会计分录如下：

借：主营业务收入——百货柜组　　680 000

　　贷：应交税费——应交增值税（销项税额）　　680 000

采取分柜组核算库存商品的企业，对于主营业务收入要分柜组进行调整。

4.3.3 主营业务成本的结转与调整

商品销售后，财会部门要反映主营业务收入和销货收款的情况，同时为了能及时反映商品实物负责小组库存商品的购销存的动态情况，便于各实物负责小组随时掌握其经管商品的价值，明确其经济责任，需要随时转销已销库存商品的成本。由于零售企业库存商品是按售价反映的，因此，结转主营业务成本的金额、库存商品的核销金额和主营业务收入增加的金额是一致的。而商品进价与售价之间的差价，在"商品进销差价"账户内反映，所以，当已销商品按售价从"库存商品"账户内转销时，从理论上讲，应该同时将这部分已销商品的进销差价也从"商品进销差价"账户内转销，将已销商品的成本调整为进价，即在"主营业务成本"账户内用进价反映。但是，每天计算已销商品进销差价的工作量很大，因此在实际工作中，平时把已销商品按售价转入"主营业务成本"账户，月末一次计算出当月已销商品的进销差价，据以调整主营业务成本的原结转金额。

已销商品应分摊的进销差价的计算公式为：

差价率＝月末分摊前"商品进销差价"账户余额÷（月末"库存商品"账户余额＋月末"委托代销商品"账户余额＋月末"发出商品"账户余额＋月末"受托代销商品"（视同买断方式下）账户余额＋本月"主营业务收入"账户贷方发生额）×100％

本月已销商品应分摊的进销差价＝本月"主营业务收入"账户贷方发生额×差价率

1. 综合差价率推算法

综合差价率推算法（Comprehensive Margin Method）是按全部商品的存销比例，推算出本期销售商品应分摊进销差价的一种方法。综合差价率推算法下计算已销商品应分摊的进销差价的计算公式为：

综合差价率＝月末分摊前"商品进销差价"总账账户余额÷（月末"库存商品"总账账户余额＋月末"委托代销商品"总账账户余额＋月末"发出商品"总账账户余额＋月末"受托代销商品"（视同买断方式下）总账账户余额＋本月"主营业务收入"总账账户贷方发生额）×100％

本月已销商品应分摊的进销差价＝本月"主营业务收入"总账账户贷方发生额×综合差价率

上述所称"主营业务收入"，是指采用售价进行商品日常核算的销售商品所取得的含税收入。

【例 4-8】　石家庄百货商厦采用综合差价率推算法。有关总账账户的余额及发生额如表 4-2 所示。

表 4-2　有关总账账户的余额及发生额

会计账户（总账账户）	5 月 31 日账户余额	5 月份贷方发生额
商品进销差价（结转前）	198 608	
库存商品	234 000	
委托代销商品	54 000	
受托代销商品（视同买断方式下）	24 000	
发出商品	82 800	
主营业务收入		396 200

用综合差价率推算法计算并结转已销商品进销差价：

综合差价率＝198 608÷（234 000＋54 000＋24 000＋82 800＋396 200）×100%

　　　　＝25. 11%

本期已销商品进销差价＝396 200×25. 11%＝99 485. 82（元）

根据计算结果，作会计分录如下：

借：商品进销差价　　　　　　　　　　　　99 485. 82

　贷：主营业务成本　　　　　　　　　　　　　99 485. 82

综合差价率推算法计算与核算的手续较为简便，但计算的结果不够准确。适用于所经营商品的差价率较为均衡的企业或企业规模小、分柜组计算差价率确有困难的企业。

2. 分柜组差价率推算法

分柜组差价率推算法（Group Margin Method）是按各营业柜组或门市部商品的存销比例，平均分摊进销差价的一种方法。在这种计算方法下，“库存商品”、“商品进销差价”、“商品销售收入”、“受托代销商品”等账户均应按商品大类（柜组）设置明细账。这种方法要求按营业柜组分别进行计算，其计算方法与综合差价率推算法相同，财会部门可编制“已销商品进销差价计算表”进行计算。

【例 4-9】　石家庄百货商厦采用分柜组差价率推算法。有关明细账账户的余额及发生额及“已销商品进销差价计算表”分别如表 4-3、表 4-4 所示。

表 4-3　有关明细账账户的余额及发生额

会计账户（明细账账户）	5 月 31 日账户余额	5 月份贷方发生额
商品进销差价——百货柜组（结转前）	61 386	
商品进销差价——服装柜组（结转前）	97 640	
商品进销差价——食品柜组（结转前）	39 582	

续表

会计账户（明细账账户）	5月31日账户余额	5月份贷方发生额
库存商品——百货柜组	81 110	
库存商品——服装柜组	112 440	
库存商品——食品柜组	40 450	
委托代销商品——服装柜组	54 000	
受托代销商品——服装柜组（视同买断方式下）	24 000	
发出商品——百货柜组	82 800	
主营业务收入——百货柜组		94 930
主营业务收入——服装柜组		215 813
主营业务收入——食品柜组		85 457

表 4-4　已销商品进销差价计算表

2010年5月31日

营业柜组	库存商品账户余额	委托代销商品账户余额	受托代销商品账户余额	发出商品账户余额	主营业务收入贷方发生额	结转前商品进销差价账户余额	分柜组差价率（%）	已销商品销差价	期末商品进销差价
①	②	③	④	⑤	⑥	⑦	⑧	⑨	⑩
百货柜组	81 110			82 800	94 930	61 386	23.72	22 513.40	38 872.60
服装柜组	112 440	54 000	24 000		215 813	97 640	24.03	51 859.86	45 780.14
食品柜组	40 450				85 457	39 582	31.44	26 867.68	12 714.32
合计	234 000	54 000	24 000	82 800	396 200	198 608		101 240.94	97 367.06

注：⑧＝⑦÷（②＋③＋④＋⑤＋⑥）
⑨＝⑥×⑧
⑩＝⑦－⑨

根据计算结果，作会计分录如下：

借：商品进销差价——百货柜组　　22 513.40
　　　　　　　　——服装柜组　　51 859.86
　　　　　　　　——食品柜组　　26 867.68
　贷：主营业务成本——百货柜组　　　　22 513.40
　　　　　　　　　——服装柜组　　　　51 859.86
　　　　　　　　　——食品柜组　　　　26 867.68

分柜组差价率推算法计算较为简便，计算的结果也较为准确，但与实际相比较，仍有一定的偏差。适用于经营柜组间差价率不太均衡的企业，或需要分柜组核算其经营成果的企业。

3. 实际进销差价计算法

实际进销差价计算法（Actual Margin Method）是先计算出期末商品的进销差价，进而逆算已销商品进销差价的一种方法。这种方法的具体做法是：期末由各营业柜组或门市部通过商品盘点，编制“库存商品盘存表”和“受托代销商品盘存表”，根据各种商品的实存数量，分别乘以销售单价和购进单价，计算出期末库存商品的售价金额和进价金额及期末受托代销商品的售价金额和进价金额。“库存商品盘存表”和“受托代销商品盘存表”一式数联，其中一联送交财会部门，复核无误后，据以编制“商品盘存汇总表”。期末商品进销差价、已销商品进销差价的计算公式为：

期末商品进销差价＝期末库存商品售价金额－期末库存商品进价金额＋期末受托代销商品（视同买断）售价金额－期末受托代销商品（视同买断）进价金额＋期末委托代销商品售价金额－期末委托代销商品进价金额＋期末发出商品售价金额－期末发出商品进价金额

已销商品进销差价＝结转前商品进销差价账户余额－期末商品进销差价

【例 4-10】 石家庄百货商厦采用实际进销差价计算法。有关资料同例 4-8，2010 年 5 月 31 日将各营业柜组商品盘存表进行汇总编制出“商品盘存汇总表”和“已销商品进销差价计算表”如表 4-5、表 4-6 所示。

表 4-5 商品盘存汇总表

2010 年 5 月 31 日

营业柜组	库存商品售价额	委托代销商品售价额	受托代销商品售价金额	发出商品售价金额	库存商品进价金额	委托代销商品进价金额	受托代销商品进价金额	发出商品进价金额	期末商品进销差价
百货柜组	81 110			82 800	58 045			68 842	37 023
服装柜组	112 440	54 000	24 000		81 279	42 570	7 926		58 665
食品柜组	40 450				28 480				11 970
合计	234 000	54 000	24 000	82 800	167 804	42 570	7 926	68 842	107 658

表 4-6 已销商品进销差价计算表

营业柜组	结转前商品进销差价账户余额	期末商品进销差价	已销商品进销差价
百货柜组	61 386	37 023	24 363
服装柜组	97 640	58 665	38 975
食品柜组	39 582	11 970	27 612
合计	198 608	107 658	90 950

根据计算结果，作会计分录如下：

借：商品进销差价——百货柜组　　24 363

　　　　　　　　——服装柜组　　38 975

——食品柜组　　27 612

贷：主营业务成本——百货柜组　　24 363

——服装柜组　　38 975

——食品柜组　　27 612

实际进销差价计算法计算的结果最为准确，但计算起来工作量较大。适用于经营商品品种较少的企业，或在企业需要反映其期末库存商品实际价值时采用。

在实际工作中，为了做到既简化计算手续，又准确地计算已销商品进销差价，往往在平时采取分柜组差价率推算法，到年终采用实际进销差价计算法，以保证整个会计年度核算资料的准确性。

此外，值得注意的是，在实际工作中，实行售价金额核算的零售企业，库存商品明细分类账是按营业柜组或门市部设置的，在账户中反映按售价计算的总金额，用以控制各营业柜组或门市部的库存商品数额。实行售价金额核算的零售企业一般采取分柜组差价率推算法调整主营业务成本的企业，所以需要按营业柜组或门市部设置"商品进销差价"明细账户，由于"商品进销差价"是"库存商品"账户的抵减账户，在发生经济业务时，这两个账户往往同时发生变动，为了便于记账，可以将"库存商品"与"商品进销差价"账户的明细账合在一起，设置"库存商品和商品进销差价联合明细分类账"。

4.4　零售商品储存业务的核算

商品储存、商品购进及商品销售是相互联系、相互制约的三个环节。零售企业为了使商品流转正常进行，满足市场的需求，就需要保持适当的商品储存。由于采用售价金额核算，因此平时应特别加强对库存商品的管理和监督，以保护企业财产的安全与完整。商品储存的核算，包括商品的调价、削价、内部调拨、盘点缺溢及库存商品和商品进销差价明细核算等内容。

4.4.1　商品调价的核算

商品调价（Price Adjustment）是商品流通企业根据国家物价政策或市场变化情况，对某些正常商品的价格进行适当地调高或调低。由于售价金额核算的企业平时不核算商品的数量，因此，在规定调价日的前一天营业结束后，由核价人员、财会人员会同营业柜组对调价商品进行盘点，根据实际库存数量由营业柜组填制"商品调价差额调整单"一式数联，其中一联送交财会部门，财会部门复核无误后，进行账务处理。发生调高售价金额时，按调高差额借记"库存商品"账户，贷记"商品进销差价"账户；发生调低售价金额时，按调低差额借记"商品进销差价"账户，贷记"库存商品"账户。

4.4.2　商品削价的核算

商品削价（Price Crash）是对呆滞、冷背、残损、变质的库存商品作降价出售的措施。零售企业由于采购不当造成商品呆滞积压或运输不慎、保存不妥等因素而导致商品残损变质等情况，影响了商品内在与外观的质量。为了减少商品损失，零售企业根据商品呆滞积压或残损变质的具体情况，报经批准后进行削价处理。残损变质商品削价时，一般由有关营业柜组盘点数量后，填制“商品削价报告单”一式数联，报经有关领导批准后，对削价进行会计处理。

商品削价后的不含税售价高于原进价时，将削价调低的金额借记“商品进销差价”账户，贷记“库存商品”账户，其削价损失可以通过主营业务成本的调整体现在商品经营损益内。商品削价后的不含税新售价低于原进价时，除了要借记“商品进销差价”账户，贷记“库存商品”账户外，还要计提存货跌价准备。

【例 4-11】　石家庄百货商厦服装柜发现 10 件女时装的式样已陈旧，其零售单价为 158 元，购进单价为 110 元，经批准削价为 117 元出售。

(1) 冲销商品进销差价，作会计分录如下：

借：商品进销差价——服装柜　　410

　　贷：库存商品——服装柜　　410

(2) 上述销售女时装的收入是含税收入，假设每件时装的预计销售费用为每件 5 元，则应计提存货跌价价备［110－（117÷1.17－5）］×10＝150（元），作会计分录如下：

借：资产减值损失——存货减值损失　　150

　　贷：存货跌价价备　　150

(3) 出售 10 件女时装，收入库存现金 1 170 元，作会计分录如下：

借：库存现金　　1 170

　　贷：主营业务收入——服装柜　　1 170

(4) 同时结转主营业务成本，作会计分录如下：

借：主营业务成本——服装柜　　1 170

　　贷：库存商品——服装柜　　1 170

(5) 同时结转商品进销差价，该批商品进销差价为（158－110）×10－410＝70（元），作会计分录如下：

借：商品进销差价——服装柜　　70

　　贷：主营业务成本——服装柜　　70

(6) 转销计提的存货跌价准备，作会计分录如下：

借：存货跌价价备　　150

　　贷：主营业务成本　服装柜　　150

4.4.3 商品内部调拨的核算

商品内部调拨（Internal Transference）是指零售企业在同一独立核算单位内部各实物负责小组之间的商品转移。具体表现为各营业柜组或门市部之间为了调剂商品余缺所发生的商品转移，或设有专职仓库保管员，对在库商品单独进行核算和管理的企业，当营业柜组或门市部向仓库提取商品时所发生的商品调拨转移。

商品内部调拨因商品实物的存放地点只是在各柜组和门市部之间的转移，而不作为商品销售处理，也不进行结算。在调拨商品时，一般由调出部门填制商品“内部调拨单”一式数联，调出部门在各联上签章后，连同商品一并转交调入部门。调入部门验收无误后，在调入部门处签章，表示商品已收讫，然后调入与调出部门各留一联，作为商品转移的依据，另一联转交财会部门进行账务处理。进行商品内部调拨时，借记调入部门库存商品的明细分类账户，贷记调出部门库存商品的明细分类账户，“库存商品”账户的总额保持不变。采取分柜组差价率推算法分摊已销商品进销差价的企业，还要相应调整“商品进销差价”账户。

4.4.4 商品盘点和商品盘点缺溢的核算

1. 商品盘点（Stocktake）

零售企业对库存商品采取售价金额核算时，库存商品明细分类账一般按营业柜组或门市部设置，平时只反映和掌握各营业柜组或门市部商品进、销、存的售价金额，而不反映各种商品的结存数量。因此，只有通过商品盘点，逐项计算出各种商品的售价金额及售价总金额，再与当天“库存商品”账户余额进行核对，才能了解和控制各种商品的实存数量，确保账实相符。通过商品盘点，可以检查商品的保管情况，如果发现商品残损变质，应及时采取措施，改进商品保管方法，从而减少商品损失。通过商品盘点，还可以为企业决策部门了解和掌握商品库存结构状况、制订最佳进货计划提供依据，促使企业合理使用商品资金，以保证零售企业商品流转的正常进行。

零售企业要严格遵守和执行商品盘点制度，根据规定，每个月至少进行一次定期的全面盘点。在发生部门实物负责人调动、企业内部柜组调整、商品调价等情况时，可根据具体需要进行不定期的全面盘点或局部盘点，以加强对库存商品的管理。

商品盘点是零售企业的一项重要工作。在进行商品盘点前，要做好组织安排，确定参加盘点的人员及分工，整理商品，核对商品标价，校准度量衡器等。在进行商品盘点时，要有条不紊，做到不重复、不遗漏、不点错。并根据商品盘点的数量，按品名、规格、等级、销售单价填入“商品盘存表”内。在商品盘点后，要正确计算商品盘存表上的售价金额和商品售价总金额，然后与各营业柜组商品明细账的结存金额进行核对，填制“商品盘点溢缺报告单”一式数联，经有关领导批准后其中一联交财会部门进行账务处理。如盘点实存金额与账面金额相差比较大时，应进行复盘，以防止盘点出差错。

库存商品发生账实不符的原因很多：一是购进商品时验收制度执行不严，收错商品；二是在销售商品时疏忽大意，发错商品或收错货款；三是在商品储存过程中，发生自然升溢或损耗；四是在商品进、销、存各个环节中，因管理制度不严密而发生的贪污盗窃等。上述因素都会引起商品盘点短缺或溢余。因此，在发生账实不符时，财会部门应会同有关部门，查明造成账实不符的原因，经有关领导批准后进行相应的会计处理，查明原因后的核算方法与批发企业相同。

2. 商品短缺与溢余的核算

商品盘点发生账实不符时，若账存金额大于实存金额为商品短缺；反之，账存金额小于实存金额为商品溢余。对此，营业柜组或门市部应填制“商品盘点短缺溢余报告单”一式数联，报送领导审批后其中一联送交财会部门作为记账的依据。

商品盘点短缺或溢余是以商品的售价金额来反映的，在“商品盘点短缺溢余报告单”中，还需要将其调整为进价金额。财会部门在商品短缺或溢余原因尚未查明前，先记入“待处理财产损溢”账户，以确保账实相符。

采用售价核算的商品发生溢余，应按商品售价，借记“库存商品”账户，按进价，贷记“待处理财产损溢”账户，按售价与进价的差额，贷记“商品进销差价”账户。

采用售价核算的商品发生损失，按进价和不可抵扣的增值税进项税额，借记“待处理财产损溢”账户，按售价，贷记“库存商品”账户，按不可抵扣的增值税进项税额，贷记“应交税费——应交增值税（进项税额转出）”账户，按售价与进价的差额，借记“商品进销差价”账户。

待原因查明后，再根据具体情况转入相应账户。对于商品短缺，如属自然损耗，应转入“管理费用”或“销售费用”账户；如属责任事故，则按商品的进价和不可抵扣的增值税进项税额，根据领导的批复，若由当事人负责赔偿，则转入“其他应收款”账户，若由企业负担，转入“管理费用”账户；如属自然灾害，则按商品的进价转入“营业外支出”账户。对于商品溢余，如属供货单位多发商品，应作为商品购进补付货款或作多发商品退还处理，如属自然升溢，则应冲减“管理费用”或“销售费用”账户。

4.5　零售商品流通业务核算实训

4.5.1　企业概况

1. 单位名称：石家庄新雅百货超市

2. 地址：石家庄河西区长江大道 20 号

3. 法定代表人：刘晓松

4. 注册资金：120 万元人民币

5. 企业类型：有限责任公司

6. 经营范围：食品、百货

7. 纳税人登记号：010771985088762

8. 基本存款户：工行河西支行长江大道分理处：9558822357894598659

4.5.2 企业会计政策及业务流程

1. 账务处理程序：诚信超市采用科目汇总表账务处理程序，记账凭证采用通用记账凭证格式。

2. 购销业务流程及核算要求

(1) 购进。根据采购商品的发票（发票联）及相关银行结算凭证等进行账务处理，登记相关账户的明细账及现金、银行存款日记账。购进过程中发生的进货费用因其金额较小，直接计入当期损益。商品验收入库时应填制“收货单”，分别列示商品采购的数量、商品进价、含税售价、商品进销差价。一联由验收部门用于登记“商品进销存日报表”，另一联交财会部门据以进行“库存商品”、“商品进销差价”账户的核算，根据收货单编制记账凭证和登记账簿。“库存商品”按商品类别及品名进行明细核算，主要有食品、百货两类。

(2) 销售。销售价格为含税价格，应根据销售及结算情况编制“商品销售日报表”、“主营业务收入缴款单”等表单，一联留存，一联交财会部门据以进行销售收入的核算。月末，编制含税收入价税分离表，按不含税价格调整主营业务收入。“主营业务收入”账户一般也按实物负责人及商品大类分设明细账。月末，分柜组计算商品进销差价据以进行主营业务成本的结转和各实物负责人的库存商品的注销核算。

(3) 日清月结。每日，各经营单位应根据入库、出库及结余商品情况编制“商品进销存日报表”，作为经营单位与会计部门进行核对的依据，月末，应根据“商品进销存日报表”编制“商品进销存月报表”，并据以对其所管理的商品进行控制。

(4) 盘点。企业定期应根据财会部门提供的“库存商品”日记账与经营单位的“商品进销存日报表”进行核对，进而与实物进行核对，及时查清账账、账实不符的原因，并编制“商品盘点溢缺报告单”，及时报经各部门经理审批后处理。

(5) 商品进销差价的结转。月末，应分类计算商品进销差价率，形成“商品进销差价率计算表”，并据以编制分摊商品进销差价的记账凭证。

3. 商品零售价（含税）表如表 4-7 所示。

4. “库存商品”明细账、“商品进销差价”明细账账户期初余额表如表 4-8 所示。

表 4-7　商品零售价（含税）表

商品名称	单位	零售单价
丝绸工艺伞	把	80
白糖	千克	15
卡西欧计算器	部	292.50
天音牌收音机	台	260

表 4-8　“库存商品”、“商品进销差价”明细账账户期初余额表

账户名称	余额方向	期初余额
库存商品——食品柜	借	20 000.00
库存商品——百货柜	借	32 000.00
商品进销差价——食品柜	贷	4 600.00
商品进销差价——百货柜	贷	5 900.00

5.2010 年 5 月，石家庄新雅百货超市部分经济业务发生时取得的原始凭证如下：

(1)

北京市增值税专用发票

No.　02405846

开票日期：2010 年 5 月 1 日

购货单位	纳税人名称：石家庄新雅百货超市 纳税人识别号：010771985088762 地址、电话：河西区长江大道 20 号 0311－88659479 开户行及账号：工行河西支行长江大道分理处　9558822357894598659	密码区	0496568＊＋20－＜21－03/3334573＞＜加密版本 01 192868360002214007＊＊/＋77＞3 －/73＋319152240300151/75＜ 2＋/49925840＞＞＜＜02015505005

货物或应税劳务名称	规格型号	单位	数量	单价	金额	税率	税额
丝绸工艺伞		把	1 000	50.00	50 000.00	17%	8 500.00
合　计					50 000.00		8 500.00

价税合计（大写）	伍万捌仟伍佰元整　　（小写）￥58 500.00

销货单位	纳税人名称：北京新美公司 纳税人识别号：057109874564896 地址、电话：北京东城区天山街 3 号 010－86250136 开户行及账号：工行北京分行天山街分理处 9558801076123456987	备注	北京新美公司 发票专用章 税号：057109874564896

第二联　发票联　购货方记账凭证

收款人：　　复核：王红　　开票人：陈丽　　销货单位：（章）

中国工商银行

转账支票存根

XⅣ00000253

附加信息

支付购货款

出票日期 2010 年 5 月 1 日

收款人：北京新美公司
金　额：￥58 500.00
用　途：支付货款

单位主管　　　　会计

(2)

收　货　单

供应单位：北京新美公司　　　　2010 年 5 月 4 日　　　　收货柜组：百货组

商品名称	计量单位	数量		进价金额		售价金额		进销差价	
		应入	实入	单价	金额	单价	金额	单价	金额
丝绸工艺伞	把	1 000	1 000	50.00	50 000.00	80.00	80 000.00	30.00	30 000.00

收料人：张锐　　　　　　　　　　　　　　　　　　　　经手人：李曼

(3)

托 收 凭 证(汇款依据)

委托日期 2010 年 5 月 2 日

业务类型	委托收款（□邮划、□电划）托收承付（□邮划、□电划）							
收款人	全称	上海食品公司		付款人	全称	石家庄新雅百货超市		
	账号	9558801076234659875			账号	9558822357894598659		
	地址	上海市北京西路 58 号	开户行：工行上海分行北京西路分理处		地址	河北省石家庄市河西区长江大道 20 号	开户行：工行河西支行长江大道分理处	

金额	人民币（大写）伍万捌仟伍佰元整	亿	千	百	十	万	千	百	十	元	角	分
					¥	5	8	5	0	0	0	0

款项内容	货款及增值税	托收凭证名称	增值税专用发票	附寄单证张数	1
商品发运情况		合同名称号码	0012356		
备注： 复核　　记账		款项收妥日期 年　月　日		中国工商银行河西支行长江大道分理处 核算章 2010.5.2 2010 年 5 月 2 日	

上海市增值税专用发票

No. 02478542

开票日期：2010 年 5 月 4 日

购货单位	纳税人名称：石家庄新雅百货超市 纳税人识别号：010771985088762 地址、电话：河西区长江大道 20 号 0311－88659479 开户行及账号：工行河西支行长江大道分理处 9558822357894598659			密码区	0496568＊＋20－<21－03/3334573>< 加密版本 01 192868360002214007＊＊/＋77>3 －/73＋319152240300151/75< 2＋/49925840>><<02015505005		
货物或应税劳务名称	规格型号	单位	数量	单价	金额	税率	税额
白糖		千克	500	10.00	5 000.00	17%	850.00
合　计					5 000.00		850.00
价税合计（大写）	伍仟捌佰伍拾元整				（小写）¥5 850.00		
销货单位	纳税人名称：上海食品公司 纳税人识别号：067156374575972 地址、电话：上海市北京西路 58 号 021－86250188 开户行及账号：工行上海分行北京西路分理处 9558801076234659875			备注	上海食品公司 发票专用章 税号：067156374575972		

第二联 发票联 购货方记账凭证

收款人：　　复核：李梅　　开票人：王军　　销货单位：（章）

（4）

收货单

供应单位：上海食品公司　　2010年5月4日　　收货柜组：百货组

商品名称	计量单位	数量		进价金额		售价金额		进销差价	
		应入	实入	单价	金额	单价	金额	单价	金额
白糖	千克	500	500	10.00	5 000.00	15.00	7 500.00	5.00	2 500.00

收料人：鲁平　　经手人：李曼

（5）

河北省增值税专用发票

No. 02489653

开票日期：2010年5月6日

购货单位	纳税人名称：石家庄新雅百货超市 纳税人识别号：010771985088762 地址、电话：河西区长江大道20号 0311－88659479 开户行及账号：工行河西支行长江大道分理处 9558822357894598659	密码区	0496568＊＋20－＜21－03/3334573＞＜ 加密版本 01 192868360002214007＊＊/＋77＞3 －/73＋319152240300151/75＜ 2＋/49925840＞＞＜＜02015505005

货物或应税劳务名称	规格型号	单位	数量	单价	金额	税率	税额
天音牌收音机		台	50	200.00	10 000.00	17%	1 700.00
合　计					10 000.00		1 700.00

价税合计（大写）	壹万壹仟柒佰元整	（小写）￥11 700.00

销货单位	武汉收音机厂 纳税人识别号：057156376892314 地址、电话：武汉市武昌区民族路136号 027－86678368 开户行及账号：工行武汉分行民族路分理处 9558802745679831236	备注	武汉收音机厂 发票专用章 税号：057156376892314

第二联　发票联　购货方记账凭证

收款人：　　复核：李亮　　开票人：王丽　　销货单位：（章）

中国工商银行
转账支票存根

XⅣ00000254

附加信息

支付购货款

出票日期 2010 年 5 月 6 日

收款人：武汉收音机厂
金　额：¥11 700.00
用　途：支付货款

单位主管　　　　会计

（6）

收　货　单

供应单位：武汉收音机厂　　　　2010 年 5 月 8 日　　　　收货柜组：百货组

商品名称	计量单位	数量		进价金额		售价金额		进销差价	
		应入	实入	单价	金额	单价	金额	单价	金额
天音牌收音机	台	50	50	200.00	10 000.00	260.00	13 000.00	60.00	3 000.00

收料人：张锐　　　　　　　　　　　　　　　　　　经手人：李曼

（7）

企业进货退出及索取折让证明单

河北省税务局　　　　　　　　　　　　　　　　　　　　No：5213602

<table>
<tr><td rowspan="2">销货单位</td><td colspan="2">全称</td><td colspan="4">武汉收音机厂</td></tr>
<tr><td colspan="2">税务登记号</td><td colspan="4">057156376892314</td></tr>
<tr><td rowspan="2">进货退出</td><td>货物名称</td><td>单价</td><td>数量</td><td>货款</td><td colspan="2">税额</td></tr>
<tr><td>天音牌收音机</td><td>200.00</td><td>2</td><td>400.00</td><td colspan="2">68.00</td></tr>
<tr><td rowspan="3">索取折让</td><td rowspan="2">货物名称</td><td rowspan="2">货款</td><td rowspan="2">税额</td><td colspan="2">要求</td></tr>
<tr><td>折让金额</td><td>折让税额</td></tr>
<tr><td></td><td></td><td></td><td></td><td></td></tr>
<tr><td>退货或索取折让理由</td><td colspan="2">产品质量出现问题，要求退货。
经办人：周梅
单位签章：石家庄新雅百货超市 财务专用章
2010 年 5 月 10 日</td><td>税务征收机关签章</td><td colspan="3">石家庄市桥东区国税局
经办人：崔蓝
2010 年 5 月 10 日</td></tr>
<tr><td rowspan="2">购货单位</td><td colspan="2">全称</td><td colspan="4">石家庄新雅百货超市</td></tr>
<tr><td colspan="2">税务登记号</td><td colspan="4">010771985088762</td></tr>
</table>

本证明单一式三联：第一联，征收机关留存；第二联，交销货单位留存；第三联，购货单位留存。

（8）

营业柜组主营业务收入缴款情况表

2010 年 5 月 15 日　　　　　　　　　　　　　　　单位：元

项目 柜组	主营业务收入	实收现金	应收货款	现金溢余
百货柜	9 000.00	7 500.00	1 500.00	
食品柜	8 000.00	7 980		−20.00
合计	17 000.00	15 480.00	1 500.00	−20.00

备注：实收现金已解存银行，应收货款的客户是四方广告公司。

（9）

北京市增值税专用发票

发票联

（印章：全国统一发票监制章 北京市 国家税务局监制）

No. 03505786

开票日期：2010 年 5 月 21 日

购货单位

纳税人名称：石家庄新雅百货超市

纳税人识别号：010771985088762

地址、电话：河西区长江大道 20 号 0311－88659479

开户行及账号：工行河西支行长江大道分理处 9558822357894598659

密码区

0496568＊＋20－<21－03/3334573>< 加密版本 01

192868360002214007＊＊/＋77>3

－/73＋319152240300151/75<

2＋/49925840>><<02015505005

货物或应税劳务名称	规格型号	单位	数量	单价	金额	税率	税额
卡西欧计算器		部	100	200.00	20 000.00	17%	3 400.00
合　计					20 000.00		3 400.00

价税合计（大写）　贰万叁仟肆佰元整　（小写）￥23 400.00

销货单位

纳税人名称：北京百货公司

纳税人识别号：057109874564743

地址、电话：北京西城区解放路 26 号 010－86257896

开户行及账号：工行北京分行天山街分理处 9558801076123458963

备注

（印章：北京百货公司 发票专用章 税号：057109874564743）

第二联　发票联　购货方记账凭证

收款人：王东　　复核：王军　　开票人：马力　　销货单位：（章）

中国工商银行

转账支票存根

XⅣ00000255

附加信息

支付购货款

出票日期 2010 年 5 月 21 日

收款人：北京百货公司
金　额：￥23 400.00
用　途：支付货款

单位主管　　会计

（10）

收　货　单

收货单位：百货组　　　　2010 年 5 月 25 日　　　　供应单位：北京百货公司

商品名称	计量单位	数量		进价金额		售价金额		进销差价	
		应入	实入	单价	金额	单价	金额	单价	金额
卡西欧计算器	部	100	100	200.00	20 000.00	292.50	29 250.00	92.50	9 250.00

收料人：李希宗　　　　经手人：王晓亮

（11）

商品短缺溢余报告单

2010 年 5 月 28 日　　　　编号：03782

柜组	单位	上月差价率（%）	短缺		溢余	
			数量	金额	数量	金额
百货柜	元	20				100.00
合计						
供货单位：北京百货公司 增值税专用发票号码：782122			处理意见：批准予以转账		溢余或短缺的原因：销货工作中的差错	

商品短缺溢余报告单

2010 年 5 月 28 日　　　　编号：03783

柜组	单位	差价率（%）	短缺		溢余	
			数量	金额	数量	金额
食品柜	元	25				200.00
合计						
供货单位：上海食品公司			处理意见：批准予以转账		溢余或短缺的原因：自然损耗	

（12）

营业柜组主营业务收入缴款情况表

2010 年 5 月 31 日　　　　单位：元

项目 柜组	主营业务收入	实收现金	应收货款	现金溢余
百货柜	8 000.00	6 000.00	2 000.00	
食品柜	12 000.00	12 000.00		
合计	20 000.00	18 000.00	2 000.00	

（13）

现金短缺溢余报告单

2010 年 5 月 31 日　　　　编号：03784

柜组	单位	单价	短缺		溢余	
			数量	金额	数量	金额
食品柜	元			20.00		
合计						
			处理意见：批准作为企业损失予以转账		溢余或短缺的原因：工作中的差错	

6. 实训要求

（1）根据上述原始凭证编制记账凭证。

（2）月末编制原始凭证：含税收入价税分离表和分柜组商品进销差价率计算表，并据此编制记账凭证。

（3）审核记账凭证并登记相关总账和明细账。

4.6　鲜活商品零售业务的核算与实训

鲜活商品一般属于农副业生产的鲜活商品，包括蔬菜、瓜果、肉类、禽蛋、鱼虾等。第一，鲜活商品在经营过程中，经常发生质量等级变化，需要及时清选整理，分清等级，按质论价，随时需要根据鲜活程度的变化调整鲜活商品的零售价格，售价变动频繁；第二，鲜活商品季节性较强，逢节假日，购买力集中；第三，鲜活商品交易频繁，且数量零星；第四，鲜活商品鲜嫩，易于腐烂、变质或干耗，损耗数量大且难以计算。鲜活商品售价变化频繁、实物数量难以控制的特点决定了零售业经营的鲜活商品的流通一般采用进价金额核算法进行核算。

进价金额核算法又称“进价记账、盘存计销”，是以进价总金额控制实物负责人（或柜组）所经营的商品进、销、存情况的一种核算方法。它的核算特点是：商品购进后，登记按实物负责人设置的库存商品明细账，只记进价金额，不记数量；商品销售后，按实际取得的销售收入，确认销售收入；平时不结转商品销售成本，采用实地盘点制定期进行实地盘点，查明实存数量，用最后一次该种或该类商品进价与实存数量相乘，计算并结转商品销售成本。

4.6.1 鲜活商品购进的核算

经营鲜活商品的零售企业，主要是向批发企业购进商品，也可以直接向农村承包户、专业户采购商品。商品的交接方式，一般采用“提货制”或“送货制”。货款结算方式主要采用转账支票、银行本票和库存现金结算。

经营鲜活商品的零售企业向一般纳税人批发企业购进商品的业务程序一般是：由购货单位委派采购员到供货单位采购商品，由供货单位填制专用发票。在采用“提货制”的情况下，采购员取得专用发票后，当场据以验收商品。商品运回后，由实物负责人（或柜组）根据采购员带回的专用发票，对商品进行复验。在采用“送货制”的情况下，则由采购员取回专用发票，直接交予实物负责人（或柜组），由其负责验收。货款结算方式一般采用转账支票、银行本票结算方式。

如果经营鲜活商品的零售企业直接向农村承包户、专业户采购鲜活农产品，一般由购货单位开具收购普通发票，并自行组织商品的运输与包装及零售，一般采用现金结算方式。

不论采用何种商品交接方式和货款结算方式，实物负责人（或柜组）验收商品后，都要填制“收货单”一式数联，其中一联连同供货单位的专用发票或者购货单位的收购发票一并送交财会部门。财会部门审核无误后，根据专用发票或者收购发票和转账支票存根联，借记“商品采购”账户和“应交税费”账户，贷记“银行存款”账户；根据“收货单”，借记“库存商品”账户，贷记“商品采购”账户。库存商品一般按经营类别进行明细分类核算，并按照商品类别，以进价金额登记库存商品明细分类账。

【例 4-12】 腾达果蔬商店采购员向市蔬菜批发市场某批发商购进各类蔬菜共计10 000千克，货款合计 20 000 元，取得增值税专用发票，增值税税率 17%，商品当日运达，由蔬菜柜组验收并填制收货单一式三联（财会、业务和柜组各一联），货款以转账支票支付。腾达超市财会部门依据增值税专用发票、转账支票和收货单作如下会计分录：

借：商品采购——蔬菜组	20 000	
应交税费——应交增值税（进项税额）	3 400	
贷：银行存款		23 400
借：库存商品——蔬菜组	20 000	
贷：商品采购——蔬菜组		20 000

【例 4-13】 腾达水产超市向市郊某农村养殖户购进大虾 1 000 千克，收购价每千克

15 元，增值税扣除率为 13%，同时发生运费和包装费 200 元。商品当日运达并由鱼虾柜组验收，价款及包装费以现金支付。

借：商品采购——鱼虾柜组　　13 050
　　应交税费——应交增值税（进项税额）　　1 950
　　销售费用　　200
　　贷：库存现金　　15 200

借：库存商品——鱼虾柜组　　13 050
　　贷：商品采购——鱼虾柜组　　13 050

如果经营鲜活商品的零售柜组在验收商品时发生实收数量与应收数量不符，要及时查明原因。对于短缺商品，若确属供货单位少发，可以要求其补发商品或退回多收货款；若属途中合理损耗，则不另作账务处理，按实收数量验收后按总进价成本入账。对于溢余商品，若确实属于供货单位多发的，应补作进货，并补付供货单位货款，或者将其溢余属于多发的商品如数退回；若属途中升溢，则冲减"销售费用"账户，记入其贷方。

4.6.2　鲜活商品销售的核算

经营鲜活商品的零售企业，其销售方式主要是采用库存现金交易。当天营业结束后，各营业柜组根据实收销货款填制"主营业务收入缴款单"一式数联，连同当天的销货款一并送交财会部门。财会部门当面点收无误后，应由出纳员在"主营业务收入缴款单"上签收，并加盖库存现金收讫章，其中一联退回营业柜组留存备查，财会部门自留一联。然后将各营业部门交来的销售款汇总后，全部解存银行。经营鲜活商品的零售企业取得的销货款是含税收入，因此，首先需要将含税收入调整为销售额。其计算公式为：

销售额＝含税收入÷（1＋增值税率）

然后，根据"主营业务收入缴款单"及计算的不含税销售额，借记"库存现金"账户，贷记"主营业务收入"账户和"应交税费"账户；根据银行解款单回单，借记"银行存款"账户，贷记"库存现金"账户。

【例 4-14】　2010 年 5 月 15 日，财达副食品商店财会部门收到各营业部门交来销货库存现金及主营业务收入缴款单。其中，蔬菜类为 8 892 元，瓜果类为 6 084 元，水产类为 7 254元，增值税税率为 17%，计算各类商品的销售额如下：

蔬菜类商品销售额＝8 892÷（1＋17%）＝7 600（元）

瓜果类商品销售额＝6 084÷（1＋17%）＝5 200（元）

水产类商品销售额＝7 254÷（1＋17%）＝6 200（元）

根据计算结果，作会计分录如下：

借：库存现金　　22 230
　　贷：主营业务收入——蔬菜类　　7 600
　　　　　　　　　　——瓜果类　　5 200
　　　　　　　　　　——水产类　　6 200

应交税费——应交增值税（销项税额）　　3 230

将上列库存现金全部解存银行，取得解款单回单，作会计分录如下：

借：银行存款　　22 230

贷：库存现金　　22 230

4.6.3 鲜活商品储存的核算

鲜活商品在储存过程中发生腐烂、变质、损耗、调价、削价等情况，不进行账务处理，月末体现在商品销售成本内。但如果发生责任事故时，应及时查明原因，以分清责任，在报经领导批准后，根据不同情况，若属于企业损失时，应记入“管理费用”账户的借方；若由当事人承担经济责任时，则记入“其他应收款”账户的借方。

【例 4-15】 财达副食品商店有 50 千克皮虾，每千克 6 元，全部变质报废。经查明是保管员失职造成的，报经领导批准，其中 80% 作为企业损失处理，其余 20% 由保管员负责赔偿，作会计分录如下：

借：管理费用　　280.80

其他应收款——保管员　　70.20

贷：库存商品——水产类　　300

应交税费——应交增值税（进项税额转出）　　51

至期末，由各营业柜组对实存商品进行实地盘点，将盘存商品的数量填入“商品盘存表”，以最后一次进货单价作为期末库存商品的单价，计算出各种商品的结存金额，进而计算出期本库存商品结存金额，然后采取逆算的方法计算商品销售成本。其计算公式为：

本期商品销售成本＝期初结存商品金额＋本期收入商品金额

－本期非销售发出商品金额－期末结存商品金额

在实际工作中，一般可编制“商品销售成本计算表”进行计算。

【例 4-16】 2010 年 5 月 31 日，财达副食品商店根据商品盘存表和进货汇总表等相关资料编制商品销售成本计算表如表 4-9 所示。

表 4-9　商品销售成本计算表

项目 柜组	期初结存 商品进价金额	本期收入 商品进价总额	本期非销售减少 商品进价总额	期末结存 商品进价金额	本期商品 销售成本
①	②	③	④	⑤	⑥＝②＋③ －④－⑤
蔬菜组	2 300	67 800		3 600	66 500
瓜果组	5 600	159 210		4 800	160 010
水产组	8 900	263 485	300	6 905	265 180
合计	16 800	490 495	300	15 305	491 690

借：主营业务成本——蔬菜组　　66 500
　　　　　　　——瓜果组　　160 010
　　　　　　　——水产组　　265 180
　贷：库存商品——蔬菜组　　66 500
　　　　　　　——瓜果组　　160 010
　　　　　　　——水产组　　265 180

4.6.4 “进价记账、盘存计销”和“进价记账、售价控制”的进价金额核算方法

1.“进价记账、盘存计销”的进价金额核算方法

(1)“库存商品”账户的总分类账和明细分类账（按商品大类或营业柜组设置）只记进价金额、不记数量。如营业柜组需要掌握数量的商品，营业柜组可设置备查簿。

(2) 商品购进时，按进价记入“库存商品”账户。对于在购进过程中，运输途中发生的正常合理溢余或损耗，则不另作账务处理，按实收数量验收后按总进价成本入账。

(3) 每天发生的商品销货收入，按销售金额记入“主营业务收入”账户，也可以平时只将每日销货款存入银行并作销货记录，月末编制本月销货记录汇总表后再确认本月销售商品收入，以简化核算。

(4) 在商品存储过程中发生的一般损耗、等级变化及售价调整等，财会部门不作账务处理。如发生事故损失，应及时查明原因，分清责任，按规定及时处理。

月末采用以存计销方法计算已销商品进价时，首先实地盘点库存商品，按原进价或最后一次进价计算出库存商品进价总金额，再倒挤出销售成本。其计算公式为：

本期商品销售成本＝期初库存商品＋本期进货总额－期末库存商品进价总额

若为及时了解库存及经营情况，也可以按旬结转商品销售成本。

【例 4-17】 超大副食品商店禽蛋组月初库存商品 3 520 元，本期购进总额 103 000 元。本期销售收入总额 140 400 元（销项税税率 17%），期末库存商品为 5 630 元。

(1) 月内平时进货时，按进价作会计分录如下：

借：商品采购——禽蛋组　　103 000
　　应交税费——应交增值税（进项税额）　　17 510
　贷：银行存款　　120 510
借：库存商品——禽蛋组　　103 000
　贷：商品采购——禽蛋组　　103 000

(2) 月末汇总本月销货记录，按售价作会计分录如下：

借：库存现金　　140 400

贷：主营业务收入——禽蛋组　　　　　　　　　　　　　　120 000

　　应交税费——应交增值税（销项税额）　　　　　　　　20 400

(3) 月末一次计算，结转商品销售进价成本，作会计分录如下：

本期商品销售成本＝3 520＋103 000－5 630＝100 890（元）

借：主营业务成本——禽蛋组　　　　　　　　　　100 890

　　贷：库存商品——禽蛋组　　　　　　　　　　　　　100 890

采用“进价记账、盘存计销”的核算方法，虽然核算手续简便，节约人力、物力，但这种核算方法由于平时不能掌握商品库存情况，月末采用“盘存计销”的方法逆算商品销售成本，将差错事故和商品损耗均计入了商品销售成本，对商品损耗和差错事故不能控制。因此，采用“进价记账、盘存计销”的核算方法，必须加强购、销、存各环节的管理制度，如进货验收制度和销货款管理制度，以相互牵制。

2. “进价记账、售价控制”的进价金额核算方法

为了弥补“进价记账、盘存计销”进价金额核算的不足，加强鲜活商品的核算与管理，可以在采用“进价记账、盘存计销”方法的同时，辅之以售价控制。其主要内容为：

(1) 财会部门仍采用进价金额记账，月末倒挤销售成本，但对各实物小组实行售价控制。

(2) 购进鲜活商品，由业务部门填制“商品内部调拨单”按售价拨给营业柜组实物负责人直接验收。

(3) 每日商品销售后，按实收金额列入主营业务收入，计算出实销金额。

(4) 每日营业终了，各营业柜组进行商品盘点，对每种商品计算出本日应销金额。其计算公式为：

本日应销金额＝(昨日结存商品数量＋本日进货数量－本日结存商品数量)

　　　　　　　×零售单价（含税）

(5) 将应销金额与实销金额进行核对，如有不符，应及时查明原因。

(6) 按计算公式“本日销售商品进价金额＝昨日结存商品进价金额＋本日进货进价金额－本日结存商品进价金额”计算出已销商品的进价，并计算出当日的已销商品成本和毛利，填制“鲜活商品进销存日报表”，以考核经营成果。

顺便指出，对一些质量较为稳定、等级变化不大而鲜活商品又无须随时调整售价的，也可采用售价金额核算法。

4.6.5 鲜活商品零售业务核算的实训

1. 实训目的：练习进价金额核算。

2. 实训资料：鲜美专卖店 2010 年 5 月发生经济业务过程中取得下列原始凭证：

(1)

河北省增值税专用发票

全国统一发票监制章 发票联 石家庄市 国家税务局监制

No. 03106537

开票日期：2010年5月2日

购货单位	纳税人名称：鲜美专卖 纳税人识别号：085415227085425 地址、电话：河东区中华南路145号 0311－62501888 开户行及账号：工行河东支行中华南路分理处 9558822357812458799	密码区	0496568＊＋20－＜21－03/3334573＞＜加密版本01 19215425565411214007＊/＋77＞3 －/73＋319152240300151/75＜ 2＋/49925840＞＞＜＜02015505005 415278＞＞157825847786666＋9＋

货物或应税劳务名称	规格型号	单位	数量	单价	金额	税率	税额
猪肉		千克	3 000	14.00	42 000.00	17%	7 140.00
牛肉		千克	1 800	15.00	27 000.00	17%	4 590.00
羊肉		千克	3 000	16.00	48 000.00	17%	8 160.00
合　计					1 170 000.00		19 890.00
价税合计（大写）	壹拾叁万陆仟捌佰玖拾元整				（小写）￥136 890.00		

销货单位	纳税人名称：石家庄肉食品公司 纳税人识别号：031109876734729 地址、电话：石家庄河西区红旗西路41号 0311－85945398 开户行及账号：工行石家庄分行红旗西路分理处 9558803111478164741	备注	石家庄肉食品公司 发票专用章 税号：031109876734729

第二联 发票联 购货方记账凭证

收款人：　　复核：李小龙　　开票人：高雪晶　　销货单位：（章）

中国工商银行

转账支票存根

ⅩⅣ00000256

附加信息

购进商品支付货款

出票日期 2010年5月2日

收款人：石家庄肉食品公司
金　额：￥136 890.00
用　途：支付货款

单位主管　　会计

(2)

收货单

收货单位：肉类柜组　　　　2010 年 5 月 2 日　　　　供应单位：石家庄肉食品公司

商品名称	商品编号	计量单位	数量		进价成本				
			应入	实入	买价		运杂费	其他	合计
					单价	金额			
猪肉	101	千克	3 000	3 000	14.00	42 000.00			42 000.00
牛肉	102	千克	1 800	1 800	15.00	27 000.00			27 000.00
羊肉	103	千克	3 000	3 000	16.00	48 000.00			48 000.00

收料人：张强　　　　　　　　　　　　　　　　　　经手人：李霞

(3)

河北省增值税专用发票

No. 03108754

开票日期：2010 年 5 月 3 日

<table>
<tr><td>购货单位</td><td colspan="4">纳税人名称：鲜美专卖
纳税人识别号：085415227085425
地址、电话：河东区中华南路 145 号
0311－62501888
开户行及账号：工行河东支行中华南路分理处　9558822357812458799</td><td>密码区</td><td colspan="4">0496568＊＋20－<21－03/3334573>< 加密版本 01
1921542556541121400７＊/＋77>3
－/73＋319152240300151/75<
2＋/49925840>><<02015505005
415278>>157825847786666＋9＋</td></tr>
<tr><td colspan="2">货物或应税劳务名称</td><td>规格型号</td><td>单位</td><td>数量</td><td>单价</td><td>金额</td><td>税率</td><td>税额</td></tr>
<tr><td colspan="2">小黄鱼
合　计</td><td></td><td>千克</td><td>1 000</td><td>10.00</td><td>10 000.00
10 000.00</td><td>17%</td><td>1 700.00
1 700.00</td></tr>
<tr><td colspan="2">价税合计（大写）</td><td colspan="7">壹万壹仟柒佰元整　　　　（小写）￥11 700.00</td></tr>
<tr><td>销货单位</td><td colspan="4">纳税人名称：新湖水产公司
纳税人识别号：031109876734729
地址、电话：石家庄正定县红华街 54 号
0311－85643228
开户行及账号：工行石家庄分行正定支行红华街营业部　9558803111784628914</td><td>备注</td><td colspan="4">新湖水产公司
发票专用章
税号：031109876734729</td></tr>
</table>

第二联 发票联 购货方记账凭证

收款人：　　　　复核：张平荣　　　　开票人：宋晓雪　　　　销货单位：（章）

收货单

收货单位：肉类柜组　　　　2010 年 5 月 3 日　　　　供应单位：新湖水产公司

商品名称	商品编号	计量单位	数量		进价成本				
			应入	实入	买价		运杂费	其他	合计
					单价	金额			
小黄鱼	201	千克	1 000	998	10.00	10 000.00			10 000.00

收料人：张南　　　　　　　　　　　　　　　　　　经手人：李平

（4）

中国工商银行
转账支票存根
XⅣ00000257

附加信息
支付前欠购货款

出票日期 2010 年 5 月 7 日

收款人：新湖水产公司
金　额：¥11 700.00
用　途：支付货款

单位主管　　　　会计

（5）

主营业务收入缴款单

缴款部门：肉食品组　　　　2010 年 5 月 10 日

货款种类	张数	金额
现金		58 500.00
其中：票面 100 元	523	52 300.00
票面 50 元	30	1 500.00
票面 20 元	160	3 200.00
票面 10 元	125	1 250.00
票面 5 元	36	180.00
票面 2 元	11	22.00
票面 1 元	48	48.00
缴款金额人民币（大写）伍万捌仟伍佰元整		

收款人：周燕　　　　缴款人：刘琪

主营业务收入缴款单

缴款部门：水产组　　　　2010 年 5 月 10 日

货款种类	张数	金额
现金		23 400.00
其中：票面 100 元	207	20 700.00
票面 50 元	31	1 550.00
票面 20 元	35	700.00
票面 10 元	25	250.00
票面 5 元	36	180.00
票面 2 元	6	12.00
票面 1 元	8	8.00
缴款金额人民币（大写）贰万叁仟肆佰元整		

收款人：周燕　　　　缴款人：张钰

（6）

河北省增值税专用发票

发 票 联

No. 03108789

开票日期：2010 年 5 月 13 日

<table>
<tr><td rowspan="6">购货单位</td><td colspan="4">纳税人名称：鲜美专卖</td><td rowspan="6">密码区</td><td colspan="4">0496568＊＋20－<21－03/3334573>< 加密版本 01</td></tr>
<tr><td colspan="4">纳税人识别号：085415227085425</td><td colspan="4">19215425565411214007＊/＋77>3</td></tr>
<tr><td colspan="4">地址、电话：河东区中华南路 145 号</td><td colspan="4">－/73＋319152240300151/75<</td></tr>
<tr><td colspan="4">0311－62501888</td><td colspan="4">2＋/49925840>><<02015505005</td></tr>
<tr><td colspan="4">开户行及账号：工行河东支行中华南路分理</td><td colspan="4">415278>>157825847786666＋9＋</td></tr>
<tr><td colspan="4">处 9558822357812458799</td><td colspan="4"></td></tr>
<tr><td colspan="2">货物或应税劳务名称</td><td>规格型号</td><td>单位</td><td>数量</td><td>单价</td><td>金额</td><td>税率</td><td>税额</td></tr>
<tr><td colspan="2">鲫鱼</td><td></td><td>千克</td><td>1 000</td><td>12.00</td><td>12 000.00</td><td>17%</td><td>2 040.00</td></tr>
<tr><td colspan="2">合 计</td><td></td><td></td><td></td><td></td><td>12 000.00</td><td></td><td>2 040.00</td></tr>
<tr><td colspan="2">价税合计（大写）</td><td colspan="7">壹万肆仟零肆拾元整 （小写）￥14 040.00</td></tr>
<tr><td rowspan="6">销货单位</td><td colspan="4">纳税人名称：新湖水产公司</td><td rowspan="6">备注</td><td colspan="4" rowspan="6">新湖水产公司 发票专用章 税号：031109876734729</td></tr>
<tr><td colspan="4">纳税人识别号：031109876734729</td></tr>
<tr><td colspan="4">地址、电话：石家庄正定县红华街 54 号</td></tr>
<tr><td colspan="4">0311－85643228</td></tr>
<tr><td colspan="4">开户行及账号：工行石家庄分行正定支行红</td></tr>
<tr><td colspan="4">华街营业部 9558803111784628914</td></tr>
</table>

第二联 发票联 购货方记账凭证

收款人： 复核：张平荣 开票人：宋晓雪 销货单位：（章）

收 货 单

收货单位：肉类柜组 2010 年 5 月 13 日 供应单位：新湖水产公司

<table>
<tr><td rowspan="3">商品名称</td><td rowspan="3">商品编号</td><td rowspan="3">计量单位</td><td colspan="2">数量</td><td colspan="5">进价成本</td></tr>
<tr><td rowspan="2">应入</td><td rowspan="2">实入</td><td colspan="2">买 价</td><td rowspan="2">运杂费</td><td rowspan="2">其他</td><td rowspan="2">合计</td></tr>
<tr><td>单价</td><td>金额</td></tr>
<tr><td>鲫鱼</td><td>202</td><td>千克</td><td>1 000</td><td>1 000</td><td>12.00</td><td>12 000.00</td><td></td><td></td><td>12 000.00</td></tr>
<tr><td></td><td></td><td></td><td></td><td></td><td></td><td></td><td></td><td></td><td></td></tr>
<tr><td></td><td></td><td></td><td></td><td></td><td></td><td></td><td></td><td></td><td></td></tr>
<tr><td></td><td></td><td></td><td></td><td></td><td></td><td></td><td></td><td></td><td></td></tr>
<tr><td></td><td></td><td></td><td></td><td></td><td></td><td></td><td></td><td></td><td></td></tr>
<tr><td></td><td></td><td></td><td></td><td></td><td></td><td></td><td></td><td></td><td></td></tr>
<tr><td></td><td></td><td></td><td></td><td></td><td></td><td></td><td></td><td></td><td></td></tr>
<tr><td></td><td></td><td></td><td></td><td></td><td></td><td></td><td></td><td></td><td></td></tr>
</table>

收料人：张南 经手人：李平

（7）

中国工商银行

转账支票存根

ⅩⅣ00000258

附加信息

支付购货款

出票日期 2010 年 5 月 16 日

收款人：新湖水产公司
金　额：¥14 040.00
用　途：支付货款

单位主管　　　　会计

（8）商业承兑汇票抵货款。

河北省增值税专用发票

发　票　联

No. 03106537

开票日期：2010 年 5 月 18 日

购货单位	纳税人名称：鲜美专卖 纳税人识别号：085415227085425 地址、电话：河东区中华南路 145 号 0311－62501888 开户行及账号：工行河东支行中华南路分理处　9558822357812458799	密码区	0496568＊＋20－＜21－03/3334573＞＜加密版本 01 19215425565411214007＊/＋77＞3 －/73＋319152240300151/75＜ 2＋/49925840＞＞＜＜02015505005 415278＞＞157825847786666＋9＋

货物或应税劳务名称	规格型号	单位	数量	单价	金额	税率	税额
牛肉		千克	1 000	15.00	15 000.00	17%	2 550.00
合　计					15 000.00		2 550.00
价税合计（大写）	壹万柒仟伍佰伍拾元整			（小写）¥17 550.00			

销货单位	纳税人名称：石家庄肉食品公司 纳税人识别号：03110987673472 地址、电话：石家庄河西区红旗西路 41 号 0311－85945398 开户行及账号：工行石家庄分行红旗西路分理处　9558803111478164741	备注	石家庄肉食品公司 发票专用章 税号：03110987673472

第二联　发票联　购货方记账凭证

收款人：　　　　复核：李小龙　　　　开票人：高雪晶　　　　销货单位：（章）

商业承兑汇票 （存根）

签发日期：贰零壹零年零伍月壹拾捌日　　　　汇票号码：110002654

<table>
<tr><td rowspan="3">付款人</td><td>全　称</td><td colspan="3">鲜美专卖</td><td rowspan="3">收款人</td><td>全　称</td><td colspan="11">石家庄肉食品公司</td></tr>
<tr><td>账　号</td><td colspan="3">9558822357812458799</td><td>账　号</td><td colspan="11">9558803111478164741</td></tr>
<tr><td>开户银行</td><td>工行河东支行
中华南路分理处</td><td>行号</td><td>95588</td><td>开户银行</td><td colspan="11">工行石家庄分行红旗西路分理处</td></tr>
<tr><td colspan="2" rowspan="2">出票金额</td><td colspan="5" rowspan="2">人民币（大写）　壹万柒仟伍佰伍拾元整</td><td>亿</td><td>千</td><td>百</td><td>十</td><td>万</td><td>千</td><td>百</td><td>十</td><td>元</td><td>角</td><td>分</td></tr>
<tr><td></td><td></td><td></td><td>¥</td><td>1</td><td>7</td><td>5</td><td>5</td><td>0</td><td>0</td><td>0</td></tr>
<tr><td colspan="2">汇票到期日</td><td colspan="2">贰零壹零年捌月零陆日</td><td colspan="3">交易合同号码</td><td colspan="11">0012356</td></tr>
<tr><td colspan="7">本汇票应经本单位承兑，到期日无条件支付票款。
此致
付款人盖章：（印章：鲜美专卖 财务专用章）
负责：　经办：</td><td colspan="11">本汇票请予以承兑于到期日付款
汇票签发人盖章：（印章：鲜美专卖 财务专用章）
负责：　经办：</td></tr>
</table>

收　货　单

收货单位：肉类柜组　　　　2010年5月19日　　　　供应单位：石家庄肉食品公司

<table>
<tr><td rowspan="3">商品名称</td><td rowspan="3">商品编号</td><td rowspan="3">计量单位</td><td colspan="2">数量</td><td colspan="5">进价成本</td></tr>
<tr><td rowspan="2">应入</td><td rowspan="2">实入</td><td colspan="2">买　价</td><td rowspan="2">运杂费</td><td rowspan="2">其他</td><td rowspan="2">合计</td></tr>
<tr><td>单价</td><td>金额</td></tr>
<tr><td>牛肉</td><td>102</td><td>千克</td><td>1 000</td><td>1 000</td><td>15.00</td><td>15 000.00</td><td></td><td></td><td>15 000.00</td></tr>
<tr><td></td><td></td><td></td><td></td><td></td><td></td><td></td><td></td><td></td><td></td></tr>
<tr><td></td><td></td><td></td><td></td><td></td><td></td><td></td><td></td><td></td><td></td></tr>
</table>

收料人：张强　　　　经手人：李霞

（9）

主营业务收入现金缴款单

营业部门：肉食品组　　　　2010年5月20日

货款种类	张数	金额
现金		70 200.00
其中：票面100元	551	55 100.00
票面50元	220	11 000.00
票面20元	25	500.00
票面10元	300	3 000.00
票面　5元	75	375.00
票面　2元	100	200.00
票面　1元	25	25.00
缴款金额人民币（大写）柒万零贰佰元整		

收款人：周燕　　　　缴款人：刘琪

主营业务收入现金缴款单

营业部门：水产组　　　　　　2010 年 5 月 20 日

货款种类	张数	金额
现金		35 100.00
其中：票面 100 元	300	30 000.00
票面 50 元	40	2 000.00
票面 20 元	27	540.00
票面 10 元	200	2 000.00
票面 5 元	65	325.00
票面 2 元	95	190.00
票面 1 元	45	45.00
缴款金额人民币（大写）叁万伍仟壹佰元整		

收款人：周燕　　　　　　　　　　　　　　　　　　缴款人：张钰

（10）

河北省增值税专用发票

发票联

No.　03106537

开票日期：2010 年 5 月 23 日

<table>
<tr><td rowspan="6">购货单位</td><td colspan="3">纳税人名称：鲜美专卖
纳税人识别号：085415227085425
地址、电话：河东区中华南路 145 号
0311－62501888
开户行及账号：工行河东支行中华南路分理处　9558822357812458799</td><td>密码区</td><td colspan="4">0496568＊＋20－＜21－03/3334573＞＜ 加密版本 01
19215425565411214007＊/＋77＞3
－/73＋319152240300151/75＜
2＋/49925840＞＞＜＜02015505005
415278＞＞157825847786666＋9＋</td></tr>
<tr><td>货物或应税劳务名称</td><td>规格型号</td><td>单位</td><td>数量</td><td>单价</td><td>金额</td><td>税率</td><td>税额</td></tr>
<tr><td>猪肉</td><td></td><td>千克</td><td>1 000</td><td>14.00</td><td>14 000.00</td><td>17%</td><td>2 380.00</td></tr>
<tr><td>合　计</td><td></td><td></td><td></td><td></td><td>14 000.00</td><td></td><td>2 380.00</td></tr>
<tr><td>价税合计（大写）</td><td colspan="4">壹万陆仟叁佰捌拾元整</td><td colspan="3">（小写）￥16 380.00</td></tr>
<tr><td colspan="8"></td></tr>
<tr><td>销货单位</td><td colspan="3">纳税人名称：石家庄肉食品公司
纳税人识别号：031109876734729
地址、电话：石家庄河西区红旗西路 41 号
0311－85945398
开户行及账号：工行石家庄分行红旗西路分理处　9558803111478164741</td><td>备注</td><td colspan="4">石家庄肉食品公司
发票专用章
税号：031109876734729</td></tr>
</table>

第二联　发票联　购货方记账凭证

收款人：　　　　　复核：李小龙　　　　开票人：高雪晶　　　　销货单位：（章）

中国工商银行 转账支票存根
XⅣ00000259
附加信息 购进商品支付货款
出票日期 2010年5月23日
收款人：石家庄肉食品公司
金 额：￥16 380.00
用 途：支付货款
单位主管 会计

(11)

河北省增值税专用发票

No. 03108895

开票日期：2010年5月23日

购货单位	纳税人名称：鲜美专卖 纳税人识别号：085415227085425 地址、电话：河东区中华南路145号 0311—62501888 开户行及账号：工行河东支行中华南路分理处 9558822357812458799			密码区	0496568＊＋20－<21－03/3334573><加密版本01 19215425565411214007＊/＋77>3 －/73＋319152240300151/75< 2＋/49925840>><<02015505005 415278>>157825847786666＋9＋			
货物或应税劳务名称		规格型号	单位	数量	单价	金额	税率	税额
小黄鱼			千克	1 000	10.00	10 000.00	17%	1 700.00
合 计						10 000.00		1 700.00
价税合计（大写）	壹万壹仟柒佰元整			（小写）￥11 700.00				
销货单位	纳税人名称：新湖水产公司 纳税人识别号：031109876734729 地址、电话：石家庄正定县红华街54号 0311—85643228 开户行及账号：工行石家庄分行正定支行红华街营业部 9558803111784628914			备注				

第二联 发票联 购货方记账凭证

收款人： 复核：张平荣 开票人：宋晓雪 销货单位：（章）

（12）

收 货 单

收货单位：肉类柜组　　　　2010 年 5 月 26 日　　　　供应单位：石家庄肉食品公司

商品名称	商品编号	计量单位	数量		进价成本				
			应入	实入	买　价		运杂费	其他	合计
					单价	金额			
猪肉	101	千克	1 000	1 000	14.00	14 000.00			14 000.00

收料人：张强　　　　　　　　　　　　经手人：李霞

（13）

收 货 单

收货单位：肉类柜组　　　　2010 年 5 月 26 日　　　　供应单位：新湖水产公司

商品名称	商品编号	计量单位	数量		进价成本				
			应入	实入	买　价		运杂费	其他	合计
					单价	金额			
小黄鱼	201	千克	1 000	1 002	10.00	10 000.00			10 000.00

收料人：张南　　　　　　　　　　　　经手人：李平

（14）

商品短缺溢余报告单

2010 年 5 月 28 日　　　　编号：03781

品名	单位	单价	短　缺		溢　余	
			数量	金额	数量	金额
小黄鱼	千克	10.00	20	200.00		
合计			20	200.00		
供货单位：新湖水产公司			处理意见：50%作为企业损失处理，50%由保管员小杨负责赔偿		溢余或短缺的原因：小黄鱼变质报废	

（15）

主营业务收入现金缴款单

营业部门：肉食品组　　　　2010 年 5 月 31 日

货款种类	张数	金额
现金		40 950.00
其中：票面 100 元	350	35 000.00
票面 50 元	30	1 500.00
票面 20 元	110	2 200.00
票面 10 元	180	1 800.00
票面 5 元	74	370.00
票面 2 元	21	42.00
票面 1 元	38	38.00
缴款金额人民币（大写）肆万零玖佰伍拾元整		

收款人：周燕　　　　缴款人：刘琪

主营业务收入现金缴款单

营业部门：水产组　　　　2010 年 5 月 31 日

货款种类	张数	金额
现金		29 250.00
其中：票面 100 元	250	25 000.00
票面 50 元	34	1 700.00
票面 20 元	50	1 000.00
票面 10 元	120	1 200.00
票面 5 元	60	300.00
票面 2 元	21	42.00
票面 1 元	8	8.00
缴款金额人民币（大写）贰万玖仟贰佰伍拾元整		

收款人：周燕　　　　缴款人：张钰

（16）

主营业务成本计算表

单位：元

2010 年 5 月份					
产品种类	期初结存商品金额	本期收入商品金额	本期非销售发出商品金额	期末商品结存金额	本期商品销售成本
①	②	③	④	⑤	⑥=②+③−④−⑤
肉食品类	20 000.00			35 000.00	
水产品类	50 000.00			15 000.00	
合计	70 000.00			50 000.00	

3. 实训要求：编制记账凭证，审核后登记库存商品等相关明细账。

4.7　贵重、大件商品零售业务的核算与实训

在专业性较高的零售企业，特别是经营贵重、大件商品的零售企业，只经营一类或几类商品，商品的品种比较少。因此这种零售企业在商品购销存的核算与管理方面，不仅需要反映和控制商品的售价金额，还需要反映和控制商品的实物数量，因此应采用数量售价金额核算法较为适宜。

4.7.1　数量售价金额核算法的特点

数量售价金额核算法是指以实物数量和售价金额两种计量单位，反映商品购、销、存情况的一种核算方法。数量售价金额核算既吸取了售价金额核算的优点，又吸取了数量进价金额核算的优点，具体核算内容包括：

1. 售价记账，实物负责

库存商品的总账和二级类目账统一按售价登记，库存商品三级明细账既记售价金额，又记实物数量。总分类账反映库存商品的售价总额，二级类目账反映各大类库存商品的售价总额，库存商品三级明细分类账反映各种商品的实物数量和售价总额。各柜组对其经营的商品实行实物负责制。

2. 分户核算

库存商品三级明细分类账按商品的编号、品名、规格、等级分户，按商品的收、付、存分栏记载数量和金额。库存商品二级明细分类账按商品的大类分户，按商品的收、付、存分栏记载售价金额。

3. 设置“商品进销差价”账户

增设“商品进销差价”账户，该账户记载库存商品售价金额与进价金额之间的差额，以便通过调整核定库存商品的实际成本，并定期分摊已销商品和库存商品的进销差价，计算出已销商品的进价成本和库存商品的进价金额。

4.7.2　数量售价金额核算法下库存商品账户和账簿的设置

采用数量售价金额核算的零售企业的财会部门设置库存商品总账账户，以售价金额反映库存商品的数额；再按商品类别设置库存商品类目账，采用三栏式账页，反映各类库存商品的售价金额，也可采用数量金额三栏式账页，分别反映各类库存商品的数量和售价金额；然后按商品的品名、规格、等级设置库存商品明细分类账，采用数

量金额三栏式账页，分别反映各种不同规格商品的数量，并用售价反映商品的单价和金额。此外，为了便于查对账目，可以在库存商品明细分类账页上方注明商品的购进单价。这种库存商品逐级设账的方法，能更好地控制和管理商品进、销、存的数量和售价金额。

采用数量售价金额核算的零售企业的业务部门采取商品分管的办法，一般按商品类别划分营业柜组。营业柜组内的实物负责人，按商品的品名、规格、等级设置商品保管账，采用数量三栏式账页，登记商品的收入、发出和结存数量，并在账页上方注明销售单价和购进单价。这样便于实物负责人直接掌握和控制本类别内商品的数量，并根据商品保管账随时与实物进行核对，做到账实相符。

总之，为了加强对商品的管理，采用数量售价金额核算的零售企业，对每一商品，除了要求各柜组实物负责人登记商品保管账外，其财会部门设置的相对应的三级商品明细分类账，采取随销随转随结余额的方法，进行数量和金额的双重控制，做到随时提供各种商品进、销、存的资料，均能随时通过盘点核实。

4.7.3 商品购销存的核算

采用数量售价金额核算的零售企业，商品购进的一般业务程序与核算方法基本上与售价金额核算相同，这里不再重述。所不同的是，采用数量售价金额核算，还需根据进货凭证登记商品保管账，根据进货凭证编制记账凭证以登记库存商品类目账、库存商品明细分类账。

商品销售的业务程序一般是：填制销货凭证→收款→解缴销货款→编制“商品销售日报表”→编制记账凭证→登记库存商品总账及类目账和明细分类账。具体而言：①由专柜营业员填制销货凭证，销货凭证一式数联，其中发票联给消费者作为付款凭证，记账联作为财会部门的销货原始凭证，存根联由营业柜组留存备查。②收款方式。可以由营业员直接收款，也可以设收银台，由收银员集中收款。③每天营业结束后，解缴销货款的手续基本上与售价金额核算相同。④各营业柜组还要根据记账联编制“商品销售日报表”一式数联，实物负责人自留一联，以登记商品保管账，减少商品的结存数量；一联送交财会部门，经复核无误后，据以编制记账凭证并登记库存商品总账及类目账和明细分类账，以减少库存商品的结存额。

采用数量售价金额核算的零售企业，在月末一般采用实际进销差价计算法来调整商品销售成本。有的企业为了简化核算手续，也可以平时采用分类别或分柜组差价率推算法，期末采用实际进销差价计算法来进行调整，其计算方法也与售价金额核算相同。

月末各营业柜组要按照商品类别编制“商品进销存月报表”一式数联，营业柜组自留一联，另两联送交财会部门，财会部门复核无误后，据以编制“商品进销存月报汇总表”，作为按实际进销差价计算调整商品销售成本的依据，由财会部门据此计算出本期已销商品实际进销差价，编制调整主营业务成本的记账凭证和进行相关账务处理。

【例 4-18】 洁净洗衣机专卖店 2010 年 5 月 31 日发生下列经济业务：

(1) 从小飞鹤电器厂购进小飞鹤牌滚筒洗衣机 100 台，每台购进单价 2 500 元，售价 3 500 元，增值税专用发票上注明税率为 17%。小飞鹤专柜验收入库，并填制收货单，货款以转账支票支付。

洁净洗衣机专卖店财会部门依据增值税专用发票、转账支票存根和收货单作如下会计分录：

借：商品采购——小飞鹤柜　　250 000

　　应交税费——应交增值税（进项税额）　　42 500

　　贷：银行存款　　292 500

借：库存商品——小飞鹤柜　　350 000

　　贷：商品采购——小飞鹤柜　　250 000

　　　　商品进销差价　　100 000

根据上述会计分录编制记账凭证并登记库存商品类目账、库存商品明细分类账。

(2) 销售小天鹤牌滚筒洗衣机 15 台、全自动洗衣机 10 台、双缸洗衣机 10 台，如表 4-10 所示，连同主营业务收入缴款单和现金 84 100 元上交财会部门，财会部门当即将现金存入银行。

表 4-10　商品销售日报表

填制单位：小飞鹤柜　　　　2010 年 5 月 31 日　　　　金额单位：元

商品编号	商品品名规格	数量	单价	金额	备注
501	滚筒洗衣机	15	3 500	52 500	
502	全自动洗衣机	10	2 300	23 000	
503	双缸洗衣机	10	860	8 600	
	合计			84 100	

借：库存现金　　84 100

　　贷：主营业务收入——小飞鹤柜　　84 100

借：银行存款　　84 100

　　贷：库存现金　　84 100

借：主营业务成本——小飞鹤柜　　84 100

　　贷：库存商品——小飞鹤柜　　84 100

(3) 月末洗衣机柜通过实地盘点，根据有关原始凭证和盘存结果编制商品进销存月报表如表 4-11 所示，分别计算出该类商品"应交税费——应交增值税（销项税额）"和已销商品进销差价，据以调整主营业务收入和主营业务成本。

表 4-11 商品进销存月报表

商品类别：洗衣机　　　　　　2010 年 5 月 31 日

商品编号	品名规格	数量（台）		本月销售		本月结存				
		上月结存	本月购进	单价	金额	数量	销售价格		购进价格	
							单价	金额	单价	金额
501	滚筒洗衣机	32	100	122	427 000	10	3 500	35 000	2 500	25 000
502	全自动、洗衣机	28	120	98	225 400	50	2 300	115 000	1 500	75 000
503	双缸洗衣机	45	100	120	103 200	25	860	21 500	460	11 500
	合计	105	320		755 600	85		171 500		111 500

应交税费为：755 600÷（1+17%）×17%=109 788.03（元）

根据计算结果，作会计分录如下：

借：主营业务收入——小飞鹤柜　　　　　　　109 788.03

　　贷：应交税费——应交增值税（销项税额）　　　　109 788.03

假设"商品进销差价——小飞鹤柜"账户在期末调整前余额为 294 580 元，已销商品进销差价=294 580－（171 500－111 500）=234 580（元），根据计算结果，作会计分录如下：

借：商品进销差价——小飞鹤柜　　　　　　　234 580

　　贷：主营业务成本——小飞鹤柜　　　　　　　234 580

4.7.4 数量售价金额核算法的评价

1. 与售价金额核算对比

从商品的计价金额来看，数量售价金额核算与售价金额核算都采用售价计价。但售价金额核算，只能反映和控制商品的售价，不能反映和控制商品的数量，平时发生的差错难以发现，一般要在定期实地盘点商品时，才能发现差错。由于不按商品品名、规格设置商品明细分类账，商品的短缺或溢余，特别是短缺商品规格、数量难以分清，短缺的原因责任则更难以分清。短缺的结果往往由营业柜组集体承担责任，容易挫伤业务部门的积极性。同时，这些问题也容易给经济犯罪分子有机可乘、浑水摸鱼，造成企业资产的流失和经济效益的下降。

数量售价金额核算，既反映和控制了商品的售价，又反映和控制了商品的数量。采用这种方法，可以及时发现商品的缺溢，易于分清缺溢商品的具体名称、数量和价格以及缺溢的原因，明确事故的责任，能激发企业职工的责任心。因而，采用数量售价金额核算的零售企业，其差错率一般要比采用售价金额核算的企业低。

2. 与数量进价金额核算对比

数量进价金额核算，反映和控制了商品的数量和进价；数量售价金额核算，反映和控制了商品的数量和售价。两种核算方法的共同点是都反映和控制了商品的数量，对商品的管理都很严密，较容易发现商品在数量上的缺溢。

但是，当销货环节发生差错时，如销货款多收或少收，或销货凭证上数额开错，销货日报表和月报表也随之发生差错。由于采用数量进价金额核算的企业，在登记商品明细分类账时，因采用进价反映，所以就难以发现上述类似的差错。在定期盘点商品时，也不能发现上述类似的差错。而采用数量售价金额核算的企业，在登记商品明细分类账时，因采用售价反映，在单价不符时，比较容易发现差错。到月末商品盘点时，库存商品类目账上的金额必然与该类别的实存金额不符，财会人员可以通过复核与该类别商品有关的原始凭证，查明差错的原因。因此，数量售价金额核算比数量进价金额核算在销货款的管理上更为严密。

综上所述，数量售价金额核算，一方面具有售价金额核算的优点，可以控制商品的售价；另一方面又具有数量进价金额核算的优点，由于对每种商品按数量和售价金额实行双重控制，有利于加强对库存商品的管理和控制，在账账之间、账实之间层层衔接、相互控制，起到了严密的监督作用，尤其对商品销售收入的管理与控制极为严密。数量售价金额核算的缺点是工作量比较大，尤其每逢商品售价变动，就要盘存库存商品，调整商品金额和差价，核算工作量较大。但随着会计电算化水平和核算要求的提高，在专业性的零售企业中，这种方法仍是一种比较完善、严密的核算方法。

数量售价金额核算法一般适用于经营贵重商品的零售企业和面向零售商店的小型批发企业。但在售价经常变动的情况下，则不适宜采用这种方法。

4.7.5　贵重、大件商品零售业务核算的实训

实训目的：练习数量售价金额核算法。

实训资料：

1. 2010 年 5 月 30 日，宏达钟表商店“库存商品——表类”账户及所属明细账户余额如表 4-12 所示。

表 4-12　“库存商品——表类”账户及所属明细账户余额

2010 年 5 月 30 日

库存商品明细账户	数量	单位售价	金额	购进单价	金额
金豪牌钻石女表	200	1 000	200 000	700	140 000
金豪牌钻石男表	400	1 500	600 000	800	320 000
钻美牌钻镀金男表	300	2 000	600 000	1 200	360 000
钻美牌钻镀金女表	800	2 500	2 000 000	1500	1 200 000
合计	1 700		3 400 000		2 020 000

2. 2010 年 5 月 30 日，“商品进销差价——表类”余额为 2 500 000 元，采用实际进销差价计算法计算已销商品进销差价。

3. 2010 年 5 月 31 日宏达钟表商店发生经济业务时取得了下列原始凭证。

（1）

河北省增值税专用发票

No. 02405841

开票日期：2010 年 5 月 31 日

购货单位	纳税人名称：宏达钟表商店 纳税人识别号：085432175670854 地址、电话：河东区天山南路 15 号 0311－85100996 开户行及账号：工行河东支行天山南路分理处　9558822357894598789			密码区	0496568＊＋20－<21－03/3334573>< 加密版本 01 192868360002214007＊/＋77>3 －/73＋319152240300151/75< 2＋/49925840>><<02015505005 415278>>157825847786666＋9＋			
货物或应税劳务名称		规格型号	单位	数量	单价	金额	税率	税额
金豪牌钻石男表			块	500	800.00	400 000.00	17%	68 000.00
合　计						400 000.00		68 000.00
价税合计（大写）	肆拾陆万捌仟元整		（小写）￥468 000.00					
销货单位	纳税人名称：河南钟表批发公司 纳税人识别号：037109874564729 地址、电话：郑州分行和平西路 456 号 0371－85956798 开户行及账号：工行郑州分行和平西路分理处　9558801076093328645			备注	河南钟表批发公司 发票专用章 税号：037109874564729			

第二联　发票联　购货方记账凭证

收款人：　　复核：李斌　　开票人：黄晶晶　　销货单位：（章）

中国工商银行

转账支票存根

XⅣ00000260

附加信息

支付购货款

出票日期 2010 年 5 月 31 日

收款人：河南钟表批发公司
金　额：￥468 000.00
用　途：支付货款

单位主管　　会计

收 货 单

收货单位：宏达钟表商店　　2010 年 5 月 31 日　　供应单位：河南钟表批发公司

商品名称	计量单位	数量	进价金额		售价金额		进销差价	
			单价	金额	单价	金额	单价	金额
金豪牌钻石男表	块	500	800.00	400 000.00	1 500.00	750 000.00	700.00	350 000.00

收料人：张强　　经手人：李霞

（2）

主营业务收入现金缴款单

营业部门：表类柜　　2010 年 5 月 31 日

货款种类	张数	金额
现金		490 000.00
其中：票面 100 元	4 700	470 000.00
票面 50 元	300	15 000.00
票面 20 元	215	4300.00
票面 10 元	45	450.00
票面 5 元	36	180.00
票面 2 元	11	22.00
票面 1 元	48	48.00
缴款金额人民币（大写）肆拾玖万元整		

收款人：周小燕　　缴款人：刘东平

商品销售日报表

2010 年 5 月 31 日

品名规格	计量单位	数量	单位售价	金额
金豪牌 17 钻石女表	块	40	1 000.00	40 000.00
金豪牌 19 钻石男表	块	80	1 500.00	120 000.00
钻美牌 19 钻镀金男表	块	40	2 000.00	80 000.00
钻美牌 17 钻镀金女表	块	100	2 500.00	250 000.00
合计		260		490 000.00

（3）

中国工商银行现金存款单（回单）

2010 年 5 月 31 日

收款单位	全称	宏达钟表商店			款项来源	销货款									
	账号	9558822357894598789	开户银行	中国工商银行	交款单位	宏达钟表商店									
人民币（大写）肆拾玖万元整						千	百	十	万	千	百	十	元	角	分
							¥	4	9	0	0	0	0	0	0

实训要求：根据给出的原始凭证编制记账凭证，审核后登记相关总账和明细账。

本章小结

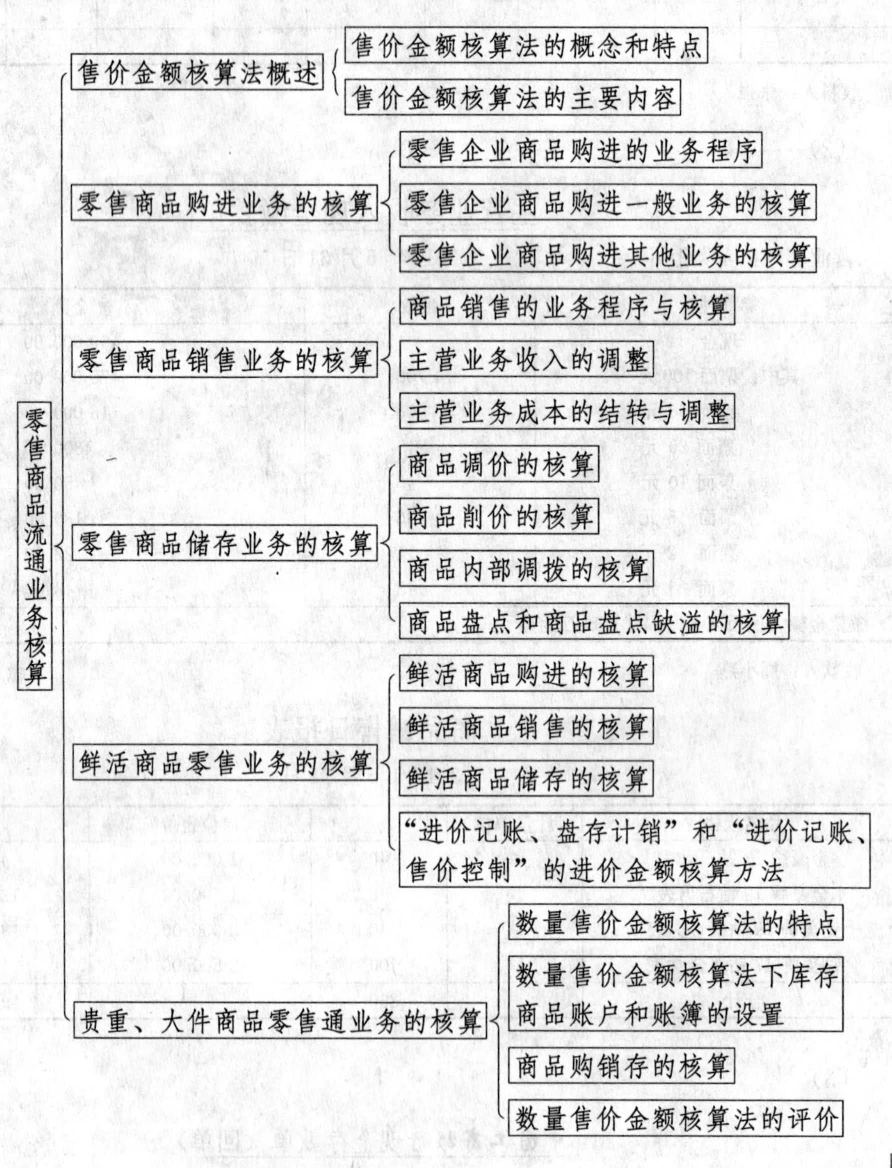

第5章 联合经营商品流通业务核算

学习目标

知识目标

熟悉联营商品流通业务流程；

掌握联营商品流通业务的核算；

掌握联营一方商场常见促销活动的会计与税务处理。

技能目标

能对联营商品流通业务进行会计处理；

能对商场常见促销活动进行会计与税务处理；

会核算商场和供应商之间的其他业务。

案例导入

亲亲宝贝公司是从事婴幼儿用品生产的企业。该公司从2008年起与大型超市——北方超市签订了《联营合同》，合同主要内容是亲亲宝贝公司提供货物，并派出人员在北方超市的经营场所提供促销服务，北方超市提供场地、管理，货款由北方超市进行统一结算。在北方超市销售货物的增值税税款由北方超市负责全额缴纳。北方超市每月将实现的销售收入按20%的比例扣除费用后支付给亲亲宝贝公司，亲亲宝贝公司以收到扣除费用后的金额在核算地申报缴纳增值税。2008—2009年度亲亲宝贝公司向北方超市缴纳了5万元的进场费，并在北方超市实现销售收入500万元，北方超市按照合同规定，支付亲亲宝贝公司的货款为400万元，亲亲宝贝公司向核算地国税局申报的销项税额为68万元。2010年初，国税局对亲亲宝贝公司进行了纳税检查，检查人员认为，亲亲宝贝公司应对其在北方超市实现的销售收入全额申报缴纳增值税销项税，即85万元，应补税额17（85−68）万元。征纳双方由此产生了分歧和争议。

纳税人亲亲宝贝公司对此提出异议：第一，北方超市已经就500万元的销售额向其所在地税务局缴纳了税款。若再对亲亲宝贝公司进行征税，则将导致重复征税。第二，虽然在北方超市销售的货物所有权属于亲亲宝贝公司，但是由于所使用的发票，都是以北方超市的名义向消费者开具的，所以其销售主体和纳税主体应该是北方超市。第三，因亲亲宝贝公司向北方超市开具了400万元的增值税专用发票，故只能按400万元计算增值税销项税额。基于以上三点，亲亲宝贝公司只是这个联营实体的进货商，所以只能以扣除费用后的收入400万元纳税。

征税人员内部之间对此也存在争议，第一种意见认为，500万元的销售收入的纳税主体是北方超市，原因是亲亲宝贝公司的货物在北方超市销售，货物由北方超市进行统一管理，销货发票是由北方超市向消费者出具，增值税由北方超市负责全额缴纳。第二种意见认为，纳税主体是亲亲宝贝公司，原因是根据会计准则上有关所有权的规定，在北方超市货物的所有权属于亲亲宝贝公司，虽然是北方超市进行管理，但是定价、销售人员工资都是由亲亲宝贝公司自主决定，北方超市的统一结算是一种融资行为，对亲亲宝贝公司的经营风险不承担任何责任，不应成为此项业务的经营主体，更不应成为纳税主体。

在本案例中，经协调，最终还是按亲亲宝贝公司的意见进行了处理。

案例简析：

在本案例所涉及的联营商品销售，是目前许多大型超市与各供应商之间经常采用的一种联合经营合作方式。在这种方式下，供应商需向零售商缴纳一定数量的进场费方可进场销售商品，其具体经营方式有设点直营、进场专柜租赁经营、“发包”经营、进场专柜“扣点”经营等。为了保障零、供双方的利益，目前零、供双方广泛采用进场专柜“扣点”经营的方式，即零售商按照销售额的固定比率或浮动比率，向供货商收取柜台租金或管理费用。在这种经营方式下，由于零、供双方取得收入的性质不同，各自的税务关系也存在差异，而零售商向供货方收取的费用，有的与商品销售的价款有关系，有的没有关系，这就为联营商品流通业务会计和税务处理带来了难以界定的问题。

5.1 联营商品流通业务概述

商品流通业务是商品流通企业的核心业务。传统的商品流通过程主要是先购进商品，然后储存商品，最后销售商品。商品流通企业的业务核算就是围绕上述商品流通过程展开的。然而随着社会产品的极大丰富，商品流通企业之间的竞争日益激烈。我国商品流通企业尤其是零售业为提升自身的竞争力和降低经营风险，开始寻求一种新的引厂进店的联营方式，即转变为零售业与生产者融合的经营方式。这种联营方式常见于各大商场，因各大商场以联营商品销售为主要业务，有利于加快商场资金周转速度，减少资金占用，提高资金使用效率和经济效益。

5.1.1　联营商品流通业务处理的流程

联营商品经营的操作流程比较复杂，不仅涉及商品流通企业的营业部门、信息部门和财会部门，还涉及供应商的销售部门等。从商品流通企业的角度来看，主要包括以下几方面。

1. 选择商品供应商，签订联营合同

联营合同（Combination Agreements）规定商品供应商的最低销售额，一定时期内达不到保底销售额将放弃该商品的销售，合作将取消。例如表 5-1 商场专柜合同范本中第三部分第七条规定："如果乙方连续三个月或全年累计六个月达不到保底额，则乙方作自动解约处理。"

表 5-1　专柜联营合同范本

类　别：A

合同编号：

客户编号：

甲　　方：　　　　　　　　　　乙　　方：

地　　址：　　　　　　　　　　地　　址：

联系电话：　　　　　　　　　　联系电话：

甲、乙双方就联合经营甲方场地（地址　　　　　　　　）专柜事宜，本着平等、互利、自愿的原则，经友好协商，签订本合同，双方共同遵照执行。

一、经营地点及范围

1. 甲、乙双方联营场地在甲方　　层，编号　　　　，建筑面积　　　　　㎡（具体位置详见所附图纸）。经营甲方认可的乙方　　　系列（品牌）商品，经营范围包括　　　　　　　。乙方不得随意改变或扩大经营范围。乙方如需改变或扩大经营范围必须用书面的形式向甲方申请并获得准许后方可改变或扩大经营范围，否则一切后果由乙方承担。

2. 合同确定的位置和面积，乙方在经营中不得擅自改变或任意增加，否则，甲方有权按超出部分　　　元/m^2 对乙方的违规行为进行处罚直至清场。

二、合同期限

1. 合同期限自　　　年　　　月　　　日起至　　　年　　　月　　　日止。

2. 合同期满前，乙方未经甲方书面同意自行撤离的，应给付甲方贰个月的营业额作为补偿，其金额以撤离前乙方营业额中最高月份的一个营业额为计算标准。

3. 联营期满前，乙方欲继续合作，必须在联营期满前两个月内，同甲方重新签订联营合同。否则，本合同自联营期满之日起自动失效。

三、联营方式及付款方式

1. 乙方在签订本合同时，须向甲方一次性支付人民币（大写）　　　　　　　　　元（￥　　　　元）作为履约保证金，履约保证金在合同期满时，若无其他抵扣事宜，甲方无息全额返还给乙方。

2. 乙方月保底销售额为（大写）　　　　元（￥　　　　元）。

续表

3. 如果乙方月销售额小于或等于保底销售额时，乙方按月保底额的　　　%上缴甲方。

4. 如果月销售额超过保底销售额，则超过部分按　　　%上缴甲方或按实际销售额的　　　%上缴甲方。

5. 甲方代乙方收取营业款，包括增值税在内的一切税收由乙方自行负担。包括商品保险在内的所有保险责任、费用也由乙方承担。乙方自用的水、电费由甲方代收代缴，费用最终由乙方自行承担。收费标准按供水、供电部门的标准执行。

6. 管理费（包括公用水电费、空调、卫生、保安、清洁费）按人民币　　　元/（m²·月）计，共计人民币　　　元/月。该费用甲方有权根据管理乙方的运作成本变化而做出合理调整。调整时，甲方须提前一个月书面通知乙方。乙方确认所交纳的上述费用是建立在自愿、平等和协商一致的原则上。以上费用从乙方当月代收营业款中扣除。

7. 如果乙方连续三个月或全年累计六个月达不到保底额，则乙方作自动解约处理。

8. 乙方销售款一律由甲方统一收银，若乙方销售人员自行收银，甲方有权按其所收金额10～100倍对乙方进行处罚，此款项从营业结算款中扣除。

9. 销售款每半月结算一次，上半月截止日为当月15日，当月15—20日为结账日，下半月截止日为次月1日—5日为结账日（遇节假日顺延），如遇对账发生错误，经双方确认后，在下月结账时予以更正。甲方在结算乙方销售款时，扣除乙方当月应缴费用，若乙方销售款不足以抵扣当月费用，乙方在接到通知三日内以现金形式补交，若超过期限未交费时，甲方将每天额外收取所欠金额的3%作为滞纳金，在乙方收到甲方通知的十日内仍未交清所欠费用，甲方有权单方面终止合同，并收回场地或专柜，甲方对其专柜的物品及商品享有留置权利，并以乙方专柜内的商品抵还欠款，乙方不得有异议。

10. 如属甲方装修，乙方需支付相应的装修费用，如属乙方装修，其装修方案（立面效果图、平面布置图等资料）需经甲方相关部门批准后按照甲方装修管理规定进行。装修费用由乙方自行承担。在合同期内，如乙方单方终止合同，必须提前三十天书面通知甲方，且装修物品及其他费用不予退还，并没收履约保证金。

11. 甲方实行统一收银、统一价格管理、统一销售凭证、统一工服、统一上下班、统一服务形象、统一市场推广。乙方在经营过程中销售人员及经营销售活动必须遵守服从甲方制定的有关管理制度，如遇乙方违规或不服从管理，甲方有权要求乙方限期整改并按有关规定进行处罚，直至终止合同。

四、商品管理

1. 商品零售价格由乙方确定。但所定售价不得高于在　　　市其他任何同类商场的零售价格，否则甲方有权按差额的10～100倍对乙方处罚。价格调整或打折应提前五天书面通知甲方主管部门，经甲方主管部门同意后方可执行。乙方必须按规定实行明码标价，不得私下议价、私下打折和场外交易，否则甲方有权立即终止合同，收回场地。

2. 甲方实行各种促销活动，应提前通知乙方，乙方必须参加并承担相应的促销费用。乙方经营中有关促销方式或广告、宣传品的张贴及使用应按照甲方商场的有关规定进行。否则，甲方有权进行处罚。

3. 乙方须提供有关包括但不限于商品质量、卫生、安全使用等国家认可的证明文件。商品质量必须符合《中华人民共和国质量法》以及国家、行业主管部门的有关规定。进入甲方场地（柜台）的商品须完好无损，实行“三包”（包退、包换、包修），按国家有关政策法律规定执行。如果属于商品本身质量问题或因质量问题引起的其他相关责任，由乙方承担。对乙方进入场地假冒伪劣商品，甲方有权予以没收，将该商品交予政府职能部门处理，其法律责任由乙方自行承担，与甲方无关。如因此对顾客造成损失的，由乙方自行承担。如遇顾客投诉，必须接受甲方裁决处理。

五、人员管理

1. 乙方自派营业员　　　人，须经甲方认可并在甲方有关部门办理入场手续，经甲方培训后方可上岗，必须遵守并执行甲方商场制定的有关管理制度，且无条件服从甲方管理。如遇乙方违规或不服从管理，甲方有权要求乙方限期整改并按有关规定处罚，直至终止合同。

续表

2. 乙方自派人员的工资及福利、各种保险及包括但不限于个人所得税在内的相关税收问题均由乙方负责。乙方自派人员与乙方发生的劳动纠纷，后果由乙方自行负责，与甲方无关。

3. 当乙方自派人员违反法律、法规时，甲方有权要求乙方将该员工立即辞退。所有的涉案费用及法律责任均由乙方承担，而与甲方无关。

4. 统一着装，服装由甲方统一制作，但费用由乙方支付。

5. 如乙方自派人员工资委托甲方代为发放，计每人每月人民币（大写）　　　　　元（¥　　　　　元），每月从乙方营业款中扣除，当乙方违法、违规而被罚款时，甲方可以从代发乙方自派人员工资中扣除违规罚款，情节严重者，甲方有权拒绝该员工继续在商场内工作。

六、经营管理

1. 乙方必须取得营业执照、卫生许可证及国家政府部门要求的其他相关证照后方可营业，并在规定的时间内向税务机关缴纳包括但不限于增值税在内的一切国家税收。

2. 乙方必须遵守甲方规定的营业时间，不得无故停业。在没有得到甲方书面同意而自行停业半天以内（含半天），甲方有权处以1 000元以上处罚，超过半天甲方有权收回乙方经营的场地，所收一切费用不予退还。

3. 乙方不得擅自改变专柜结构用途，不得占用公共场地。乙方负责经营场地范围内的防火、防盗等安全管理工作。

4. 未经甲方书面同意，乙方不得在营业场所安装任何设备、仪器和进行装修及改造。

5. 甲方根据商场及专柜的实际经营情况，有权对商场布局及专柜的位置、面积进行调整，甲方应提前十天通知乙方，乙方须无条件配合并做相应的调整。

6. 在经营中，甲方有权根据商场及专柜的实际销售情况，对乙方经营商品的品种价格、陈列、促销等提出意见，乙方须配合并立即做相应的调整。对于超出本合同经营品牌和类别范围的商品，甲方有权按有关规定给予没收处理。

7. 乙方有义务有偿使用甲方统一制作的物价卡、制服、购物袋、物价纸等，甲方根据物价成本规定收取相应的费用。顾客使用信用卡、银行卡消费所产生的手续费由乙方承担。

七、其他

1. 乙方在经营期内必须守法经营，如有违反，甲方有权给予批评、教育、处罚。严重者停业整顿，直至终止合同且无条件收回乙方经营场地。在合同期间，乙方所发生的债权债务纠纷、诉讼等都与甲方无关。

2. 乙方不得将经营的设施、场地和商品向任何单位、个人作抵押、担保、转让、转租。否则甲方有权立即终止合同，收回场地，任何费用不予退回。

3. 合同期内，由于不可抗力、不可预测和避免的意外事故影响（地震、水灾、火灾等），导致本合同无法履行时，双方将互不追究责任，损失各自承担。

4. 甲方负责公共场所的清洁卫生、公共照明、公共设施的维护和保养。由于紧急情况，由乙方原因引起并造成公共设备损坏的，甲方在无须通知乙方的情况下，便可进行抢修或采取其他紧急措施，所发生的费用由乙方承担。

5. 履约期满或经双方协商同意合同提前解除时，属于乙方可移动物品，由乙方自行处理，固定装修不得拆除，应无偿移交甲方，否则乙方承担一切后果。

6. 补充协议：

(1)

(2)

7. 本合同的未尽事宜，双方互相协商解决的，经协商不能解决，可向当地人民法院起诉。

续表

8. 本合同一式三份，甲方执二份，乙方执一份，自签字盖章之日起生效。	
甲方（盖章）:	乙方（盖章）:
法 人 代 表:	法 人 代 表:
委 托 代 理 人:	委 托 代 理 人:
电 话 / 传 真:	电 话 / 传 真:
地 址:	地 址:
邮 编:	邮 编:
签 订 日 期: 年 月 日	签 订 日 期: 年 月 日

2. 各专柜商品进货上柜及退场业务处理

各品牌专柜新商品到货上柜之前，须填报“联营商品信息表”一式三联，按厂商产品目录、报价单、全称填写商品的品名、品牌、产地、规格、型号、商品原代码、含税售价、扣率、所需价格签规格数量等信息，报营业部门负责人审批后，传递给信息部门录入计算机系统，并由计算机系统打印出“直上柜商品入库单”。每件商品均由系统自动生成各自的商品编码，并按单品到货数量，打印出本企业该商品的条形码及商品销售价签交营业部门。各专柜商品到货后，营业部门应凭审核后的“联营商品信息表”、“直上柜商品入库单”逐一品种进行验收后，将商品条形码依实际到货数量发放到专柜，并监督专柜负责人逐件粘贴在商品合适的位置（特殊业种商品可以不在商品上粘贴）。“联营商品信息表”、“直上柜商品入库单”第一联留在专柜登记账簿后备查；第二联由信息部门留存；第三联由营业部门留存。

如果在到货商品验收中，实际到货数量少于“联营商品信息表”预报到货数量或商品没有到货的，由专柜负责人填报“联营商品信息表”，在表头前写明“退场”字样，在收到数量栏填写“负数”。并将原制作的商品条形码粘贴在“联营商品信息表”（第二联）背面，上报信息部门处理、备查。

对于专柜需要正常调、退返厂的商品，由专柜填报退场“联营商品信息表”；由营业部门审查商品退场原因的真实性，检验打包退场商品，清单退场商品编码，报批后实施该商品退场；信息部门接到批复的退场“联营商品信息表”录入系统，打印的“专柜商品退场单”经专柜负责人签字后，第一联交营业部门，第二联交专柜登记账簿、备查。

3. 商品销售及退货业务处理

在联营商品销售过程中，商品流通企业应当负责全部联营销售收款工作，并确保正确无误。依据销售收款记录单和联营合同等原始资料计算应付款项。一般情况下，商品流通企业于每月月末汇总当期全部商品销售情况，并根据约定的扣点比例计算应返还供应商的款项。

商品销售时，专柜营业员要填写"商品销售凭证"一式三联，收银、顾客、专柜各留存一联；由顾客到附近收银台交款结算。收银员收取顾客递交的销售凭证和顾客交纳的现金或银行结算卡，输入商品编码，核对商品信息，操作收款机打印出机打"销售付款凭证"，并在营业员手填的"商品销售凭证"上加盖"现金收讫章"，自留一联后返还顾客；顾客凭加盖现金收讫章的"商品购物凭证"和计算机系统打印的付款凭证返回专柜领取商品，专柜营业员将有效的"付款凭证"专柜联和加盖现金收讫章的"商品销售凭证"专柜联留存。

专柜负责人每日凭"销售凭证"做账簿记录，记载销售日期、销售商品数量、金额，并核减库存数量。每日营业结束时，专柜必须填报"销售日报"，上报本类商品营业部门。营业部门汇总后，转交财会部门。

顾客购买商品后退货时，必须持有商场给付的购物原始凭证（手填购物凭证、机打销售凭证）由专柜营业员检验商品并确认是否为本专柜销售的商品。符合商场关于退换商品规定条件的退货，专柜须填写"退货商品销售凭证"，并在退货凭证备注栏签注"货已收回"字样，同时按规定审批签字。经批复的退货凭证，由顾客与营业员一同到收银台办理退款。收银员核对退货凭证无误后，打印退货机制凭证，退付顾客现金（如非现金结算的，要按原交款路径返回），当日营业结束后由收银员将退货"商品销售凭证"上报财会部门。

每日营业结束后，由收银员打印出"收款汇总表"联同"商品销售凭证"（收银存根）及所收营业款上缴财会部门出纳，经财会部门出纳审核、清点无误后，将销售款全部送存银行。

4. 商品库存盘点处理

商品流通企业一般实施"单品"进、销、存全程条形码管理。因此，每个月月末各个专柜要进行库存盘点。月末由信息部门打印出盘点单，营业部门在当月最后营业日结束时分发到各个专柜。要求专柜及时盘点，各个专柜实施盘点时填写"库存盘点表"上报营业部门和财会部门审核，由信息部门录入计算机系统，生成"商品溢余短缺表"，同时专柜进行核对，并按规定进行处理。

5. 核对并支付联营结算款

商品流通企业计算的应返还的款项应当按照合同规定在规定期限内与供应商进行核对，在与供应商就返款额核对无误后即可进行联营款项的结算工作。同时财会部门对已支付联营结算款的商品补作商品购进业务的会计处理，并计提商品流通企业应负担的税费。

5.1.2　联营商品流通业务的特点

联营商品经营方式相比自营商品经营方式而言，具有其特殊性。首先，在联营方式下，商品流通企业一般不需要提供资金先购进待出售商品，不负责配备商品销售人员或导购，也不负责发放商品销售人员的工资。因此商品流通企业没有库存商品管理环节，所有商品的进货、存储及销售均由商品提供者负责管理。这样，既节约了库存管理的成本，又节约了销售人员的薪酬费用。其次，商品流通企业只提供商品销售场所，需要负责库存商品的安全管理和控制销售的货款结算环节。虽然商品流通企业不直接参与销售工作，但是所有商品销售后的款项结算工作均由商品流通企业负责。消费者不是与商品提供者之间办理货款结算，而是向提供商品销售场所的商品流通企业支付款项，即商品流通企业与商品提供者之间存在“先销售后结算”的关系。

就商场和供应商而言，商场给供应商有偿提供商场的有关设施及服务，即有偿提供经营场所、商场的经营管理服务等。专柜货品所有权一般归属进场商户，由供应商派人直接进行专柜商品的销售，商品入场时不核查和登记数量，待商品销售实现后，根据供应商开具的发票再作结转成本等账务处理。商场只负责对供应商派遣的人员进行监督和管理，对整个销售活动均由商场统一管理，如负责统一制作商场的宣传广告、销售人员的服装等。商品销售的款项和发票由商场统一收取和开具。商场按月、按专柜营业款的一定比例“提成”，即“扣点”。有的商场还有保底提成要求，提成款从进场结算货款中扣除。若供应商不能完成保底销售额，未完成部分的扣点则由供货商自行买单。供应商一般于次月初某日前按商场“扣点”后的销售额向商场开具增值税专用发票。在“扣点”之外，商场一般还向供应商一次性收取履约保证金、进场费等。

5.1.3 联营商品流通业务的商流、物流、资金流的分离整合

商品从生产领域向消费领域转移的过程中，存在三种流通形态就是商流（Merchandise Flow）、物流（Logistics Flow）和资金流（Capital Flow）。商流考察的是商品价值的流动，即商品所有权或者使用权的流动；物流考察的是商品使用价值的流动，即商品实体的物理流动；资金流考察的是随着商品实物及其所有权的转移而发生的资金往来流程。

联营商品流通的整个过程中商流、物流和资金流是分离的，商品的权力转移即商流是在商品供应商和消费者之间进行，商品的实体的运送即物流是在供应商、商品流通企业和消费者之间进行，资金流在消费者、商品流通企业和供应商之间转移。联营商品流通的整个过程中商流、物流和资金流是整合的，对于商流的环节来说，它必须要清楚地知道商品的物流情况（如在库的情况以及现有的数量），以便商品在权力转移的时候，不会因为商品本身的信息有误而出现差错。它还要清楚地知道商品的资金流情况，以便及时发货。同样对物流的环节来说，必须要知道商品的商流和资金流情况，以便能够正确、及时地调度运输工具和进行人员配置。同时，商品流通企业、供应商和消费者及银行之间在交易环节和支付结算环节及时、迅速、完善的结算是连接商流和物流实现统合的前提和桥梁，三者

是为同一目标服务的。只有密切的配合、制约和沟通，才能使各自分离的流通渠道朝着正常化、合理化的方向发展，以提高商品流通的经济效益。

5.2　联营商品流通业务的核算

从联营商品流通业务的流程来看，商品流通企业对联营商品流通的会计核算工作主要集中在商品销售及退货的核算、月末按合同规定的期限核对并支付联营结算款的核算和税费的计提等方面。

联营商品经营方式主要被我国的商品零售业（大型商场）所采用，这类企业由于经营品种繁多、交易次数频繁，为简化会计核算，减少工作量，其商品流通业务主要采用售价金额法核算。

5.2.1　联营商品日常销售业务（Daily Sale Transactions）核算

商品销售凭证由商品供应商配备的销售人员填写，一式三联，消费者持商品销售凭证到商品流通企业的收银台付款，经收银员盖有付讫字样的商品销售凭证分别由顾客、收银员和专柜销售人员各执一联，专柜销售人员凭借此发货。销售过程基本结束，会计核算处理才刚刚开始。收银员每日终了，汇总当日全部收款记录，编制收款汇总表，并与留存的商品销售凭证和实收款项核对无误后交给商品流通企业的出纳进行汇总核对，出纳将全天的所有款项送存企业开户银行，再根据收银员交来的相关资料分柜组编制销货日报表，并与销售人员的实物台账核对，核对无误后由销售人员签字盖章确认。会计根据销货日报表和收款汇总表等原始凭证进行销售业务的账务处理，如有退货则作冲销销售业务的账务处理。

【例 5-1】　石家庄百货商厦有限责任公司是一家商品零售企业，属于增值税一般纳税人，该商厦对库存商品分类进行明细核算。2010 年 5 月 30 日当日实现销售额 562 849 元。其中，收取现金 119 682 元，工商银行卡 263 584 元，建设银行卡 125 973 元，农业银行卡 53 610 元，会计人员根据核对确认后的销货日报表、主营业务收入缴款单等原始凭证编制会计分录：

借：库存现金	119 682	
应收账款——工商银行	263 584	
——建设银行	125 973	
——农业银行	53 610	
贷：主营业务收入		562 849

根据银行转来的转账通知单和手续费通知单，“假设各银行的结算手结费均按0.5%计算；2 215.84＝（263 584＋125 973＋53 610）×0.5%”，编制会计分录如下：

借：财务费用　　　2 215.84
　　银行存款　　　440 951.16
　　贷：应收账款——工商银行　　　263 584
　　　　　　　　——建设银行　　　125 973
　　　　　　　　——农业银行　　　53 610

5.2.2 月末计提税费和补作商品购进业务（Purchase Transactions）核算

商品流通企业编制销售收入月汇总表并与销售人员核对，审核无误后据此计算增值税销项税额和其他营业税费并作账务处理。商品流通企业编制联营商品返款明细表并与商品供应商核对，审核无误后补记商品购进业务。

【例 5-2】 承例 5-1，该商厦 2010 年 5 月 31 日汇总全月销售额共计 2 906 702 元，其中金银珠宝类销售额为 908 405 元，化妆品类销售额为 780 899 元。会计人员根据销货月报表调整主营业务收入，确认应缴增值税、消费税。

应交增值税销项税额＝2 906 702÷（1＋17%）×17%＝422 341.32（元）。

假设该商厦金银珠宝类适用消费税税率为 5%，化妆品类适用消费税税率为 30%，应交消费税税额＝908 405÷（1＋17%）×5%＋780 899÷（1＋17%）×30%＝3 8820.73＋200 230.51＝239 051.24（元）。

根据计算结果，作会计分录如下：

借：主营业务收入　　　422 341.32
　　贷：应交税费——应交增值税（销项税额）　　　422 341.32
借：营业税金及附加　　　239 051.24
　　贷：应交税费——应交消费税　　　239 051.24

【例 5-3】 承例 5-2，该商厦 2010 年 5 月 31 日汇总全月销售额共计 2 906 702 元，按照联营合同规定的扣点率扣除相关费用后计算应返还给供应商的应付款，编制联营商品返款明细表，经与各专柜核对无误后，应支付给各供应商 2 298 560 元，留利 608 142 元，会计人员根据审核无误的联营商品返款明细表作会计分录如下：

补作商品购进业务

借：库存商品　　　2 906 702
　　贷：商品进销差价　　　608 142

　　应付账款　　　　　　　　　　　　　　　　　　　　　　2 298 560

结转主营业务成本

借：主营业务成本　　　　　　　　　　　　　2 298 560

　　商品进销差价　　　　　　　　　　　　　　　　　　　608 142

　　贷：库存商品　　　　　　　　　　　　　　　　　　2 906 702

这里商品进销差价的入账金额是含税售价和含税进价之间的差额。

5.2.3　月初办理结算和补记税费业务核算

按照联营合同规定（联营合同具体约定各月的返款支付日一般在下月月初），根据核对无误的款项结算单办理结算，并补记进项税额和城市维护建设税、教育费附加。

【例 5-4】　承例 5-3，2010 年 6 月 3 日，该商厦通过银行转账将应返款 2 298 560 元支付给供应商，并取得增值税专用发票，会计人员根据银行转账通知单和增值税专用发票作会计分录如下：

借：应付账款　　　　　　　　　　　　　　2 298 560

　　贷：银行存款　　　　　　　　　　　　　　　　　2 298 560

应交增值税进项税额＝2 298 560÷（1＋17%）×17%＝333 978.80（元）

借：应交税费——应交增值税（进项税额）　　333 978.80

　　贷：商品进销差价　　　　　　　　　　　　　　　333 978.80

在这里将购进价中的进项税额分离出来计入商品进销差价的贷方，最后还需要调整结转至主营业务成本，作会计分录如下：

借：商品进销差价　　　　　　　　　　　　333 978.80

　　贷：主营业务成本　　　　　　　　　　　　　　　333 978.80

【例 5-5】　承例 5-3，2010 年 6 月 5 日，该商厦计算并申报 2010 年 5 月份应交城市维护建设税和应交教育费附加（假定城市维护建设税税率为 7%，教育费附加征收率为 3%），根据城建税、教育费附加计算申报表作会计分录如下：

应交城建税＝［（422 341.32－333 978.80）＋239 051.24］×7%＝22 918.96（元）。

应交教育费附加＝［（422 341.32－333 978.80）＋239 051.24］×3%＝9 822.41（元）。

借：营业税金及附加　　　　　　　　　　　32 741.37

　　贷：应交税费——应交城建税　　　　　　　　　　22 918.96

　　　　　　　　——应交教育费附加　　　　　　　　9 822.41

上述联营商品流通业务核算注重的是总分类核算，一般情况下联营商场对各供应商分柜组进行明细核算，其核算流程与总分类核算的会计流程一致，只是核算工作量比较大，分类汇总的手续烦琐。上述联营商品流通的账务处理流程，如表 5-2 所示。

表 5-2　联营商品流通的账务处理流程表

经济业务	日常销售	月末汇总计算并计税	月末计算应付款补作购进业务	月初支付结算款并计税
原始凭证	收款汇总表，销货日报表	销货月报表	联营商品返款明细表	款项结算单，增值税专用发票，城建税、教育费附加计算申报表
会计分录	借：银行存款 应收账款 贷：主营业务收入	借：主营业务收入 贷：应交税费——应交增值税（销项税额） 借：营业税金及附加 贷：应交税费——应交消费税	借：库存商品 贷：应付账款 商品进销差价 借：主营业务成本 商品进销差价 贷：库存商品	借：应付账款 贷：银行存款 借：应交税费——应交增值税（进项税额） 贷：商品进销差价 借：商品进销差价 贷：主营业务成本 借：营业税金及附加 贷：应交税费——应交城建税 ——应交教育费附加

5.2.4　联合经营零售商其他业务的核算

目前，许多零售商在经营过程中向供应商收取的在商品销售业务以外的一部分费用。这部分费用，在商业企业经营现金收入中所占的比例越来越大。按其用途和会计处理的不同，主要包括以下几类。

1. 一次性固定收费

一次性固定收费如进场费、进店费等。这种费用一般是供货商入驻时一次性交纳的，且在退租时无法收回。

零售商向供应商收取的一次性固定费用，均为超市零售商为供货方提供全方位服务性劳务的所得，因此零售商是营业税的纳税主体。零售商应设置“其他业务收入”账户进行核算，应按营业税的适用税目、税率缴纳营业税。零售商收到供应商缴纳的进场费时借记“银行存款”账户，贷记“其他业务收入”账户，按规定计提的营业税应借记“其他业务成本”账户，贷记“应交税费——应交营业税”账户。

2. 风险抵押金或质量保证金

风险抵押金或质量保证金是超市、商场等零售商根据双方合同或协议的约定收取，用于供货方发生合同违约或质量问题时，承担对超市风险或消费者赔付责任的保证。

由于风险抵押金是超市为协助供货方承担对消费者损失的一种赔付责任的保证。因此对风险抵押金或质量保证金，不应当征收流转税。实际收到风险抵押金或质量保证金时借记“银行存款”账户，贷记“其他应付款”账户。对于这部分押金，应区分不同使用情况进行处理，实际向消费者赔付时，借记“其他应付款”账户，贷记“银行存款”账户；对于既没有赔付给消费者又没有退还给供货方的部分，应借记“其他应付款”账户，贷记“营业外收入”账户，并依照现行税法规定征收企业所得税。

3. 经营过程中的其他费用（包括佣金类费用）

这类收费品目最多，金额也比较大，按项目又可划分为：①赞助费类，如新店开业费、店庆费、节庆费等；②经营费类，如水电费、折旧费、堆头费、上架费、展示费、店内码费、海报费、店铺装修费、运费、耗材费（包括包装物、条形码）等；③服务费类，如服务费、管理费、物流费等；④佣金类费用，佣金是指供货方根据合同约定，向超市、商场等零售商支付的劳务报酬；⑤其他杂费类，如参展费、促销费等。

在实际操作中，零售商、供应商双方普遍采用的是“进场自营、扣点开票”的模式，而经营过程中的费用（包括佣金类费用），一般是零售商根据合同约定按一定比例向供货商收取，即通过“扣点”实现，在联营商品返款明细表中已经扣除收取了，所以不需要另作会计处理。

综上所述，联营商品流通业务的核算体系充分体现了“以销定购”的特点。这种核算体系具有以下特点：首先，核算简化。商品流通企业无须先购进商品，所以不需要进行商品储存、调价和商品清查盘存的核算，其账面上“商品采购”、“库存商品”等科目的期末余额较少，甚至为零。其次，原始凭证多为自制汇总凭证，且需要与销售人员、采购部门、经营部分及供应商相互核对，核对工作量大。最后，商品流通企业对联营商品侧重对资金流的管理，资金流与商流的核对，对物流中的存储过程负安保责任。

5.3　联营商品促销活动的核算

在市场竞争日益激烈的今天，每到“节期”，商品流通企业尤其是零售业中的商场（以联营商品为主）为了促销（Sales Promotion），往往采取多种多样的促销方式，例如打折销售、满即返券、有买有赠（购物赠物、购物赠券）、捆绑式销售和返还现金等。不同的促销方式，其税费计算和会计核算也有所不同。

5.3.1　直接打折促销

常见的折扣销售主要包括两种形式：一是商业折扣（Trade Discount）；二是现金折扣（Cash Discount）。其中，现金折扣主要是在销售过程完成以后，是企业为了尽快回笼资金而采取的一种筹资方式。而零售商场在联营商品销售过程中采用的折扣销售主要是商业折扣，即先打折后销售。

税法规定：折扣销售，关键看销售额与折扣额是否在同一张发票上注明。如果销售额和折扣额在同一张发票上分别注明的，可按折扣后的余额作为销售额计算增值税和所得税；如果将折扣额另开发票，不论其会计上如何处理，均不得从销售额中减除折扣额。这种促销方式在增值税的核算上比较简单，只需要将折扣额和销售额开在一张购物小票上，即可按折后价计算增值税。也就是说，税法认可企业的让利行为，企业虽然因为打折销售损失了一部分销售额，但对应的增值税的税赋也相应减轻。这种促销方式的核算相对比较简单，与前述的基本核算基本相同，只是入账金额按扣除商业折扣后的金额确定。顺便指出，降价、特价促销方式与此会计处理类似。

【例 5-6】 新纪元商场为庆祝"五一国际劳动节"和"五四青年节"，于 2010 年 5 月 1 日—5 月 4 日进行大型促销活动。活动期间，凡是李宁专柜商品均以五折优惠价（折扣的同时不再参与积分和返券活动）。已知，5 月 1 日，该专柜折后销售额为 35 100 元，由于此商业折扣在销售时已经发生，企业销售实现时，只要按扣除折扣后的净额确认销售收入即可，会计处理如下：

借：库存现金　　35 100
　　贷：主营业务收入　　30 000
　　　　应交税费——应交增值税（销项税额）　　5 100

5.3.2 购物券促销

购物券促销是指为了刺激消费者大额购买，在顾客购买了一定金额的商品后，商场给予顾客一定金额的购物券，如某商场买 100 送 80 现金券的活动等就属于此类促销方式。依据《企业会计准则——基本准则》规定的谨慎性信息质量要求，企业对交易或者事项进行会计确认、计量和报告时应当保持应有的谨慎，不应高估资产或者收益、低估负债或者费用。所以商场在联营过程中依据或有事项的核算原则直接将销货时派发的购物券确认为"销售费用"，同时，贷记"预计负债"账户。当客户使用购物券时借记"预计负债"账户，贷记"主营业务收入"、"应交税费——应交增值税（销项税额）"等账户，同时结转商品销售成本，若客户逾期弃用购物券，就将"销售费用"与"预计负债"对冲。

【例 5-7】 新纪元商场为庆祝"五一国际劳动节"和"五四青年节"，于 2010 年 5 月 1 日—5 月 4 日进行大型促销活动。活动期间，凡是李宁专柜商品购物满 100 元即送 60 元本专柜购物券，购物券在 5 月 4 日前使用有效，逾期作废。5 月 1—4 日，李宁专柜销售商品 46 800 元，实现现金收入 35 100 元，购物券收入 11 700 元。经计算，应授予客户的购物券为 24 000 元，客户实际购物券为 11 700 元。

1. 直接收取现金的部分，应作会计分录如下：

借：库存现金　　46 800
　　贷：主营业务收入　　40 000
　　　　应交税费——应交增值税（销项税额）　　6 800

2. 计算应授予客户购物券时应作如下会计分录：

借：销售费用　　　　　　　　　　　　　　　　　　24 000

　　贷：预计负债　　　　　　　　　　　　　　　　　　24 000

3. 客户使用购物券时应作会计分录如下：

借：预计负债　　　　　　　　　　　　　　　　　　11 700

　　贷：主营业务收入　　　　　　　　　　　　　　　　10 000

　　　　应交税费——应交增值税（销项税额）　　　　　　1 700

4. 促销期满，对客户未使用作废的购物券应作冲销分录如下：

借：预计负债　　　　　　　　　　　　　　　　　　12 300

　　贷：销售费用　　　　　　　　　　　　　　　　　　12 300

5.3.3 买即赠物促销

买即赠物促销往往表现为客户购买商品的同时赠送某种实物商品作为礼物，例如化妆品专柜促销常见的买大赠小。由于税法规定，将自产委托加工或购买的货物无偿赠送他人视同销售货物行为，征收增值税，销项税额应按照计税价格（正常价格）计算。

【例5-8】 新纪元商场为庆祝“五一国际劳动节”和“五四青年节”，于2010年5月1日—5月4日进行大型促销活动。活动期间，凡是在旁氏专柜购买“岁月奇迹”系列眼部护理精华一件即送同样包装一小瓶同种产品，赠品为厂家提供，不计库存，随商品同出同进，2010年5月2日，共销售20件“岁月奇迹”系列眼部护理精华，每件117元。商场应作会计分录如下：

借：库存现金　　　　　　　　　　　　　　　　　　2 340

　　贷：主营业务收入　　　　　　　　　　　　　　　　2 000

　　　　应交税费——应交增值税（销项税额）　　　　　　340

由于相关赠品为厂家提供不计库存，随商品同出同进，可以不进行会计处理，由于赠品为厂家提供，促销期满商家将赠品按一般商品出售，此时应按出售价格登记“主营业务收入”以及“应交税费——应交增值税（销项税额）”，但是该收入不用结转成本，因为当初没有结转库存，如果赠品是商场购入的商品，假设每件赠品的进价成本为8元，零售价为11.7元，则对于赠品的会计处理如下：

1. 确认收入

借：销售费用　　　　　　　　　　　　　　　　　　234

　　贷：主营业务收入　　　　　　　　　　　　　　　　200

　　　　应交税费——应交增值税（销项税额）　　　　　　34

2. 结转成本

借：主营业务成本　　　　　　　　　　　　　　　　160

　　贷：库存商品　　　　　　　　　　　　　　　　　　160

此外，商场的促销活动多种多样，例如会员奖励积分、“满即减”、“满即赠”等多不胜举，但归根到底都属于商场的一种让利行为，一种给予顾客的折扣，均可以比照上述原则和税法规定进行会计和税务处理。

5.4 联营商品流通业务核算实训

5.4.1 实训目的

练习联合经营商品流通业务的核算。

5.4.2 实训资料

倩而梅服饰有限责任公司自2009年12月入驻华北商场以来销售业务一直保持良好的增长势头。2010年5月31日—2010年6月8日期间华北商场中的倩而梅专柜商品经营过程中华北商场（一般纳税人）财会部门取得下列原始凭证。

(1)

商品销售日报表

填制单位：倩而梅专柜　　2010年5月31日　　金额单位：元

商品编号	商品品名规格	数量	单价	金额	备注
3520101	倩而梅女短裙	2	210.00	420.00	
3520106	倩而梅女连衣裙	3	390.00	1 170.00	
3520110	倩而梅女上衣	2	260.00	520.00	
3520116	倩而梅女七分裤	4	198.00	792.00	
3520128	倩而梅女衬衣	1	518.00	518.00	
	合计	12		3 420.00	

主营业务收入现金缴款单

营业专柜：倩而梅专柜　　2010年5月31日

货款种类	张数	金额
现金		2 950.00
其中：票面100元	20	2 000.00
票面50元	12	600.00
票面20元	15	300.00
票面10元	2	20.00
票面　5元	4	20.00
票面　1元	10	10.00
缴款金额人民币（大写）贰仟玖佰伍拾元整		

收款人：周杰　　缴款人：王天平

银联签购单

商户存根

特约商户名称：华北商场有限公司

POS 号：000236

终端机号：20479518

特约商户编号：125478935800475

卡号：5601 8721 4277 1125

交易类型：消费

有效期：07/12

时间：10/05/31

序号：15489

授权号：487561

金额：￥210.00

（同意支付上述款项）

（持卡人签字）

林硕平

银联签购单

商户存根

特约商户名称：华北商场有限公司

POS 号：000236

终端机号：20479518

特约商户编号：125478935800475

卡号：9556 8721 4277 1125

交易类型：消费

有效期：07/12

时间：10/05/31

序号：15439

授权号：487561

金额：￥260.00

（同意支付上述款项）

（持卡人签字）

李伟亮

（2）

商品销售月报表

填制单位：倩而梅专柜　　　　　2010年5月　　　　　金额单位：元

商品编号	商品品名规格	数量	单价	金额	备注
3520101	倩而梅女短裙	24	210.00	5 040.00	
3520106	倩而梅女连衣裙	20	390.00	7 800.00	
3520110	倩而梅女上衣	32	260.00	8 320.00	
3520116	倩而梅女七分裤	25	198.00	4 950.00	
3520128	倩而梅女衬衣	6	518.00	3 108.00	
	合计	107		29 218.00	

（3）

联营商品返款明细表

2010年5月31日

编号	厂家	本月销售额	保底销售额	扣点率（%）	超额销售	扣点率（%）	留利	应返款	备注
352010	倩而梅	29 218.00	20 000.00	25	9 218.00	20	6 843.60	22 374.40	

财会部门复核：沈红星　　　　　厂家复核：陆叶萍　　　　　制单：鲁晓蝶

（4）

江苏省增值税专用发票

No. 07466541

开票日期：2010 年 6 月 3 日

购货单位	纳税人名称：华北商场 纳税人识别号：031102175670836 地址、电话：河东区中山东路 1 号 0311－85166889 开户行及账号：工行河东支行中山东路分理处　9558822357665588	密码区	0496568＊＋20－＜21－03/33 加密版本 0134573/ 0710＞＞5＜192868360002214007＊＊/＋77＞3－/73 ＋319152240300151/75＜2＋/49925840＞＞＜＜

货物或应税劳务名称	规格型号	单位	数量	单价	金额	税率	税额
倩而梅女装		件	107	178.72	19 123.42	17%	3 250.98
合　计					19 123.42		3 250.98
价税合计（大写）	贰万贰仟叁佰柒拾肆元肆角零分				（小写）22 374.40		

销货单位	纳税人名称：倩而梅服饰有限公司 纳税人识别号：057237174564729 地址、电话：杭州市和平西路 16 号 0572－87412588 开户行及账号：工行杭州分行和平西路分理处　9558801093442255	备注	倩而梅服饰有限公司 发票专用章 税号：057237174564729

第二联　发票联　购货方记账凭证

收款人：　　复核：于小青　　开票人：赵兰兰　　销货单位：（章）

（5）

中国工商银行转账通知单（回 单）　①

2010 年 6 月 5 日

收款单位	全称	倩而梅服饰有限公司			款项用途	联营返款									
	账号	0106544175	开户银行	中国工商银行	交款单位	华北商场									
人民币（大写）贰万贰仟叁佰柒拾肆元叁角贰分						千	百	十	万	千	百	十	元	角	分
								¥	2	2	3	7	4	3	2

实训要求：根据给出的原始凭证编制记账凭证，审核后登记相关总账和明细账。

本章小结

- 商品流通业务核算——联合经营
  - 联营商品流通业务概述
    - 联营商品流通业务处理的流程
    - 联营商品流通业务的特点
    - 联营商品流通业务的商流、物流、资金流的分离整合
  - 联营商品流通业务的核算
    - 联营商品日常销售业务核算
    - 月末计提税费和补作商品购进业务核算
    - 月初办理结算和补记税费业务核算
    - 联合经营零售商其他业务的核算
  - 联营商品促销活动的核算
    - 直接打折促销
    - 购物券促销
    - 买即赠物促销

第6章 连锁经营商品流通业务核算

学习目标

知识目标

了解连锁经营商品流通企业的形式；

知悉连锁经营零售企业的发展趋势；

掌握连锁经营商品流通企业的会计核算方法；

掌握连锁经营商品流通企业的涉税业务处理方法。

技能目标

能判断连锁经营商品流通企业的形式；

能正确选择连锁企业适合的会计核算方法；

能用统一核算法对连锁经营商品流通业务进行账务处理；

能用独立核算法对连锁经营商品流通业务进行账务处理；

能对连锁经营企业的涉税业务进行账务处理。

案例导入

沃尔玛公司是国际著名的大型连锁零售企业。2010年7月8日，《财富》英文网发布了2010年《财富》世界500强企业最新排名。沃尔玛重夺全球第一的宝座，营业收入达到4 082.14亿美元。

沃尔玛在20世纪50年代以杂货店起家。主要经营花边、帽子、裁剪纸样等乡下杂货店的传统商品。山姆扩大了店面，并开始采用自助式服务的经营方式。1952年10月，第二家“沃顿5分～1角商店”开业。到1960年，他已有15家商店分布在本顿威尔周围地区，年营业总额达到140万美元。40年代后半期和整个50年代，杂货业在美国，特别是农村小镇上仍是一种兴旺发达的零售形式。

沃尔玛在20世纪60年代转入折扣百货业。60年代初，折扣商店在美国开始进入迅速发展的成长期，并已对小镇的传统杂货店形成了可怕的威胁。这是一种低价大量进货，便宜卖出，以经营宽系列综合商品为特点的零售经营形式。1960—1962年间，山姆考察了当时美国主要的几个折扣商店连锁集团，下决心从杂货业转入折扣百货业。1962年7月，第一家沃尔玛折扣百货店开业，店名为“Wal-Mart”。在80年代末，沃尔玛已有1 400多家分店，分布在美国29个州，年销售收入达200多亿美元，净收入10亿美元，总营业面积近1 000万平方米，成为全美最大的折扣百货连锁公司。

沃尔玛在20世纪80年代发展山姆仓储俱乐部。典型的仓储俱乐部营业面积在1万平方米以上，商品组合从食品到一般商品，可以说几乎无所不包，一应俱全，可最大程度地满足消费者一次购齐的需要。从1990年起，山姆俱乐部就占据了美国仓储俱乐部业态销售收入第一的位置。

沃尔玛在20世纪90年代发展购物广场。在80年代发展单店面积达2万平方米的特级市场失败后，山姆总结了顾客的意见及经营中的问题，又开始试验比特级市场面积小一些的购物广场。1992年沃尔玛购物广场共开业10家，1994年72家，到1996年增至239家。

经过几十余年的发展，沃尔玛百货有限公司已经成为美国最大的私人雇主和世界上最大的连锁零售商。目前沃尔玛在全球十几个国家开设了超过5 000家商场，员工总数160多万人，分布在美国、墨西哥、波多黎各、加拿大、阿根廷、巴西、中国、韩国、德国和英国10个国家。每周光临沃尔玛的顾客近140 000 000人次。

沃尔玛在1996年进入中国，在深圳开设第一家沃尔玛购物广场和山姆会员商店以来，经过十多年的发展，目前已经在包括深圳、昆明、福州、大连、厦门、汕头、东莞、哈尔滨、长春、沈阳、长沙、北京、南昌、济南、青岛、天津、南京、南宁、武汉、贵阳、太原和重庆等城市开设了沃尔玛购物广场、山姆会员店、沃尔玛社区店三种业态的数十家商场。截至2009年，沃尔玛旗下在美国已拥有连锁店约3 500家，在其他国家约1 100家，全球雇员1 200多万。

案例简析：

沃尔玛的历史并不悠久，仅仅几十年，便从美国阿肯色州一个小镇上的杂货店跃居全球500强的首位。这与其不断的业态创新、准确的市场定位、先进的配送管理、强大的技术支持、“天天平价”的营销策略以及完善的财务核算管理系统等几个因素密不可分。其中财务核算管理系统的发展与完善逐步成为连锁经营零售业发展的极为重要的促进要素。

6.1　连锁经营概述

连锁经营作为一种创新的经营模式和管理制度，已渗入我国的各行各业，连锁企业已经成为许多企业未来发展的方向。商品流通行业的连锁经营是一种世界性的潮流，是流通产业发展到一定历史阶段的客观产物。连锁店的产生和发展被人们称为零售商业的第二次革命，已成为世界上发达国家商业的一种主要形式，具有划时代的意义。在将近一个半世纪里，连锁经营方式以其规模经营、扩大流通、方便消费等诸多优势获得了迅速发展。连锁经营方式已经蔓延到我国，促进了我国经济的迅速发展。本章将从商品流通企业的角度重点介绍连锁经营商品流通业务的核算与管理。

6.1.1　连锁经营的概念及特点

所谓连锁经营是指经营同类商品、使用统一服务标志的若干门店，在同一总部的管理下，采取统一采购、统一配送、统一服务标准、统一形象、统一运营系统等方式从事经营，实现规模效益的商业组织形式。例如在日本，连锁经营集团和整个连锁业的销售额占到整个零售业销售额的 40%。连锁经营具有以下发展趋势：

1. 行业范围不断扩大并相互渗透

目前的连锁企业经营范围早已不仅仅局限于商品零售业和餐饮业，几乎所有行业都可以采用连锁经营的方式经营，各行业之间相互渗透的趋势也在不断加强。

2. 国际化趋势日益加强

自 20 世纪六七十年代起，许多实力较强的连锁企业纷纷开拓国外市场，实行集团化管理。经过几十年的努力，现已形成了一些世界性的大型跨国连锁经营集团。连锁超市的国际化发展更加明显。例如，目前已进入我国零售业的国际性集团组织——沃尔玛、家乐福、麦德龙等。

3. 主导地位日趋明显

在经济发展过程中，连锁企业逐渐演变成为一个独立的主导性产业。一些连锁的商业组织，特别是一些大型跨国连锁商业组织，它们能够在短时间内准确掌握消费者的消费动向，能够迅速获得大量的市场信息，能够为生产企业提供产品需求的多方面信息并能帮助企业进行产品设计、调整产品结构等多重主导功能，从而在很大程度上主导着市场。

6.1.2　连锁经营（Chain－store Operation）的形式

2002 年《国务院办公厅转发国务院体改办　国家经贸委关于促进连锁经营发展若干

意见的通知》中指出，连锁经营是通过对若干零售企业实行集中采购、分散销售、规范化经营，从而实现规模经济效益的一种现代流通方式，主要包括直营连锁、特许连锁、自由连锁等类型。

1. 直营连锁

直营连锁（Regular Chain）是指各连锁店同属一个投资主体，由总部直接投资、服从总部绝对控制的分店、分公司、区域总部等构成的经营体系；在直营连锁体系中，总部对各门店的人、财、物及商流、物流、信息流等方面实施统一管理。这种连锁形态是由总部统一管理，直接领导支配所有的零售分店，零售分店也必须完全接受总部的规划。总部对分店拥有全部的所有权和经营权，统一核算，统负盈亏。

2. 特许连锁

特许连锁（Franchise Chain，FC）是以商业特许经营方式组建的连锁经营体系，它是指由拥有技术和管理经验的总部，指导传授连锁店各项经营的技术经验，并收取一定比例的权利金及指导费，此种契约关系即为特许连锁。特许连锁总部必须拥有一套完整有效的运作技术优势，从而转移指导，让连锁店能很快地运作，同时从中获取利益，连锁网络才能日益壮大。因此，经营技术如何传承是特许经营的关键所在。一般情况下，加盟店具备法人资格，实行独立核算。

3. 自愿连锁

自愿连锁（Voluntary Chain）是指在某一龙头企业的统率下，一些中小零售企业通过自愿加盟的方式组成的经营联合体，这一组织可以在商品采购、信息资源共享、自有品牌商品开发等方面使所有参加企业获得最佳的盈利。自愿连锁无论从名称上还是从形式上都有别于特许加盟店。自愿加盟体系中，商品所有权属于自愿连锁的店主所有，而系统运作技术及商店品牌的专有信息则归总部持有。因此，自愿连锁的商店可以保持自主性的运作。各分店独立核算，自负盈亏，人事自主，并且有很大的经营自主权。

以上三种连锁经营的形式各具特点，直营连锁主要是由企业直接投资建立直营店而形成的连锁经营体系，总店具有绝对的控制权；特许连锁是通过采取特许经营方式授权加盟商开办、经营加盟店而建立的连锁经营体系，总店只是收取特许经营费用，无控制权；自愿连锁组织方式很多，主要是由中小零售店铺自发联合所组成的相互合作的利益共同体，或者是由批发企业出面，将一批中小零售企业组织在一起的经营联合体，很大程度上又具备各自的独立性。

各种连锁方式都有各自的优点，但是同时也具有一定的局限性。直营连锁有着控制性强、系统稳定、规范化、商品价格统一等优点，其不利因素在于前期投入资金庞大，总部必须对直营店承担连带法律责任。特许连锁一方面有着投资组合灵活、投资人乐于采用、投资人自主经营并独立承担法律责任等优点，另一方面又存在明显的不足之处：一是要通过品牌知名度、系统盈利性、配货依赖性、组织控制严密性等来强化特许连锁系统的稳定性；二是只能采取指导价格，而不能强制性地实行商品统一市场价格，否则将违反反垄断法的规定；三是加盟者拥有的自主经营权被滥用，往往会导致过多的不规范的经营行为。虽然，加盟者是独立的经营主体，自主承担法律责任，但是，个别加盟者的不当行为往往会给整个特许经营体系的品牌、信誉带来不利影响，从而影响整个市场。自愿连锁体系的运作维系在各个连锁店对“命运共同体”认同所产生的团结力量上，兼顾“生命共同体”的合作发展，同时自愿连锁商店也保持自主性的运作。因此，自愿连锁既具有连锁的规模优势，又能保持独立小商店的某些经营特色，对于一些中小零售企业来说比较适合自愿连锁。自愿连锁具有良好的灵活性、转换性和发展能力。缺点是同一性较差，决策迟缓，组织不稳定，受地域限制较大。

6.1.3 连锁经营零售业的发展趋势

我国连锁经营开始于 20 世纪 80 年代末期，连锁零售业是连锁商品流通业的主要形式。虽然，连锁零售业在我国只有短短近 30 年的时间，但发展迅猛。连锁经营改变了中国零售业的面貌，提升了消费者的生活品质。近 30 年来，连锁经营的发展与社会经济环境的变化息息相关，从卖方市场到买方市场，从引进外资试点到零售全面开放，从扩大出口创汇到刺激国内需求，每一次变革都给连锁零售业带来了新的机遇和挑战。当前，国家经济持续快速稳定增长，居民支出意愿和能力不断提高，良好的市场环境使连锁零售业进入了黄金发展期。连锁经营零售业的发展趋势如下：

1. 连锁经营业态形式和行业领域“多极化”

近几年来各种连锁专卖店、专营店发展步伐逐步扩大。这类企业以品牌或专业特色为优势，主要集中在大中城市，形成全国性的经营网络，尤其是药品、鞋类、服装、家电、电子电信产品的销售将会以这种方式赢得新的发展。今后几年，在我国连锁经营发展中，便利店、大型综合超市将成为发展迅速的连锁经营业态，市场潜力巨大。

2. 连锁经营类型“融合化”

在零售业态竞争发展中，以经营鲜活商品、食品等为主的中型超级市场、便利店，进一步与大型综合超市和部分餐饮业形成竞争态势。另外，各种商品的大型专业店将呈现更大的发展，并与百货店形成既竞争又介入的关系。另外，近几年来外资连锁零售业发展迅速，而且在我国市场中占有相当的份额。

3. 连锁经营“电子化”

近几十年来，计算机技术和通信技术的应用大大提升了连锁经营的发展速度。具体来说，条形码的开发、应用和销售时点系统、电子转账作业系统、电子订货系统、物流配送系统等的发展使庞大的连锁店网络得以高效运作。连锁企业在总部（本部）与各连锁分店、物流配送中心之间都实现了计算机网络化，从而达到了更便捷、更高效的运作模式等，可以断言，随着科学技术的进步，连锁经营手段将更趋现代化和电子化。

6.2 连锁经营商品流通业务的核算

由于连锁经营企业的经营方式不同，其会计核算的方法也不相同。目前，依照连锁经营商业企业经营规模和经营范围的大小，连锁经营商业企业的会计核算可以分为统一核算和独立核算两种方法。

6.2.1 统一核算法

统一核算法是指总部实行独立的、统一的会计核算，分店不单独进行会计核算，经营中发生的各项经营费用，要采取向总部报账核销的方式。这种方法主要适用于直营连锁经营的企业。具体有两种模式：同一地区或城市的连锁企业业务核算，实行“总部—分店”管理模式；跨地区的连锁店则可在非总部所在地区或城市设置地区总部，实行“总部—地区总部—分店”的管理模式。

统一核算法要求总部必须独立设置会计机构，对各分店的整个经营过程实行内部会计核算，以考核其经营成果，掌握各分店具体的经营情况，并根据经营实际情况为各分店建立定额备用金；总部对分店实行集中的统一采购、统一配送管理，并对企业的各项经济资源拥有控制权。分店无须设置会计机构，但要设核算员负责向总店报账；分店取得的销售收入，应当全部上缴总部，月末由总部统一结转商品销售成本，并统一计算缴纳各项流转税、企业所得税等，计提留存收益，拥有未分配利润，并编制会计报表。

1. 总店向分店拨付资金的核算

由于总部对分店实行的是统一管理、统一配送的管理模式，因此在会计核算上总部必须实行统一管理、统一核算的管理系统。即各分店经营所需资金由总部统一调配，分店存入银行的款项，要及时通过银行结算划转到总部或地区总部指定账户。

总部和地区总部对分店可建立备用金制度，分店不得坐支销货款。

当总部或地区总部向各门店划拨资金作为备用金时，总部应借记“备用金”账户，贷记“银行存款”账户。

【例6-1】 沃尔玛总店于2010年1月6日向怀柔区分店划拨150 000元作为分店的经营费用。编制会计分录如下：

借：备用金——怀柔区分店　　150 000

　　贷：银行存款　　150 000

2. 商品采购与调拨业务核算

商品的采购对于连锁企业来说是至关重要的。业务采购部门负责收集供货商的信息，对供货商提供的商品质量和价格进行比较，并选定多家供应商来供应货物。由于连锁店实行的是统一管理、统一配送的管理模式，因此，商品的周转速度非常快，采购的流程一般包括：订货、验货入库、销售、连锁分店之间的商品调拨。

对于连锁店的大宗货物一般由总部的业务采购部门实行统一进货、统一配送，但一些零碎的货物是可以由连锁店自己选择决定供应商的，但必须是总部业务采购部门选定范围内的供应商，然后通过配送中心来进行协调配送。

在连锁企业实行统一核算的方式下，总店对经营所需商品实行集中统一采购。采购时，借记“商品采购”、“应交税费——应交增值税（进项税额）”账户，贷记“银行存款”、“应付账款”等账户。

验收时，由验收人员根据订单进行验货，验收人员包括商检人员和各个柜组的组长，验货后填制验收入库单，并由商检人员和组长签字。验收入库单（商品入库单）一般一式三份，验收员一份，留作备查；供应商一份，凭此对账、结账；财会部门一份，用作记账和编制日报表的依据。总部财会部门根据收到的入库单借记“库存商品”账户，贷记“商品采购”等账户，如采用售价金额核算，还需要贷记“商品进销差价”账户。

某连锁店如果暂时缺货，可从其他连锁店调拨商品。连锁店间的商品调拨，应该填制商品调拨单，通过库存商品明细账核算。

总部按需要为下属分店经营所需商品实行统一配送，库存商品的实物转移时，只对转移的库存商品实物数量进行记录，不需要对转移的库存商品价值进行核算。

【例 6-2】 沃尔玛总店于 2010 年 5 月 1 日向北京肉食品公司购进各种肉类一批，货款共计 117 000 元，增值税额 19 890 元，当即签发转账支票付讫。

借：商品采购——北京肉食品公司	117 000	
应交税费——应交增值税（进项税额）	19 890	
贷：银行存款		136 890

3. 成本费用的核算

成本费用的核算是由总部统一进行的，经营中发生的各项费用要向总部报账，并且各分店的费用项目范围和开支标准由总部规定，不能随意超支，分店不单独进行会计核算。

分店对于发生的有关费用，应持有关单据向总部报销以补充备用金。在报销时，要根据用途借记“管理费用”、“销售费用”等账户，贷记“银行存款”账户。

【例 6-3】 2010 年 3 月 10 日，沃尔玛怀柔区分店，持有关单据向总店报销购买办公用品 2 000 元，支付 2 月份管理人员工资 150 000 元、销售人员工资 400 000 元。根据以上资料，编制会计分录如下：

（1）报销办公费：

借：管理费用——怀柔区分店（办公费）	2 000	
贷：银行存款		2 000

(2) 报销支付有关人员工资：

借：管理费用——怀柔区分店（工资薪酬）　　150 000

　　销售费用——怀柔区分店（工资薪酬）　　400 000

　　贷：银行存款　　550 000

4. 财务成果的核算

在连锁店计算机核算系统中，为了防止不入账销售，按规定只有入库的商品才可以销售。各家连锁分店的相同商品的售价统一，但有时可以根据各家连锁分店竞争情况的差异，允许个别商品价格有变动，但必须经过总部的同意。各家连锁分店每天应向总部的财务部门报送销售日报表和进销存表。分店在经营活动中所取得的销售收入，应当全部上缴总部。总部财会部门根据连锁分店报来的销售日报表和进销存月报表确认商品销售收入和结转商品销售成本。总部收到销售日报表和银行票据等时，应借记"银行存款"、"应收账款"等账户，贷记"主营业务收入"、"应交税费——应交增值税（销项税额）"等账户；月末根据进销存月报表结转本月商品销售成本，借记"主营业务成本"账户，贷记"库存商品"账户。总部期末要统一计算并缴纳各项流转税和企业所得税，计提各项留存收益，全部享有企业的未分配利润。

【例 6-4】 2010 年 4 月 10 日，沃尔玛怀柔区分店销售商品取得收入 50 万元（含增值税），4 月 15 日该分店将销售日报表、销售进销存表等单据报送总部。总部收到银行票据后作如下会计分录：

借：银行存款　　500 000

　　贷：主营业务收入——怀柔区分店　　427 350.43

　　　　应交税费——应交增值税（销项税额）　　72 649.57

另外，总部或地区总部应及时编制财务报告，实行"总部—地区总部"管理模式的，连锁企业总部于年度终了后还应根据地区总部上报的财务报表编报合并会计报表。除此之外，实行"总部—分店"管理模式与实行"总部—地区总部—分店"的管理模式，其会计核算基本相同，只是在核算层次上有所不同，两者的不同点如表 6-1 所示。

表 6-1　不同管理模式下统一核算的区别

不同点	"总部—分店"管理模式	"总部—地区总部—分店"的管理模式
会计核算主体	总部统一核算	地区总部统一核算其所属分店
商品配送	总部对分店的商品配送，作为内部移库处理，统一核算、统一申报缴纳增值税	总部对地区总部的商品配送，作为销售处理，由总部统一核算、统一向总部所在地主管税务机关申报、缴纳增值税
财务报表的编制	总部统一编制财务报表	地区总部统一编制财务报表并上报总部，总部汇总合并所有地区总部的财务报表

6.2.2 独立核算法

独立核算法是指总部和分店都是独立核算的会计主体，独立设置会计机构并分别进行核算，独立编制会计报表的核算方法。

1. 直营连锁方式下的独立核算法

在直营连锁方式下的独立核算法是指总部实行独立的、部分统一的会计核算，分店实行相对独立的会计核算。在这种会计核算方式下，总部和分店都应当独立设置会计机构。

总部对直营连锁方式下采用独立核算法的连锁经营企业的各项经济资源拥有控制权，因此，总部为其分店划拨商品时要按内部商品价格进行结算，当总部收到各分店上报的财务会计报表和上缴的利润后，应当编制合并会计报表，并计算确认当期总部实现的利润总额，计算缴纳所得税；要按规定提取各项留存收益。分店实现商品销售收入、发生各项经营费用、计算缴纳各种流转税金时，要按独立企业之间的业务来进行核算；月末，计算并结转当期的经营成果，编制财务会计报表，并将当期实现的利润总额上缴总部。

【例 6-5】 沃尔玛总部于 2010 年 1 月 10 日向怀柔区分店划拨 200 000 元作为分店的经营费用。

总店账务处理如下：

借：长期股权投资——怀柔区分店　　200 000

　　贷：银行存款　　200 000

怀柔区分店账务处理：

借：银行存款　　200 000

　　贷：实收资本——总店划拨　　200 000

【例 6-6】 2010 年 1 月 15 日，沃尔玛怀柔区分店向总部上缴 2009 年取得的利润 800 000万元。总部取得银行票据和有关原始凭证，编制会计分录如下：

借：银行存款　　8 000 000 000

　　贷：投资收益　　8 000 000 000

分店上缴上年利润时，会计分录如下：

借：利润分配——上缴利润　　8 000 000 000

　　贷：银行存款　　8 000 000 000

2. 特许连锁和自愿连锁方式下的独立核算法

特许连锁和自愿连锁方式下采用独立核算法的各分店，由于总部并不需要给分店投资，所以不需要向总部上缴利润，只需要向总部支付一定的特许权使用费或加盟费（以下统一称特许权使用费）；并且，总部也不需要编制合并会计报表。分店在向总部支付特许权使用费时，借记“管理费用——特许权使用费”账户，贷记“银行存款”账户。如支付的特许权使用费金额较大，可以在年初支付时借记“无形资产”账户，年内进行特许权使用费摊销时再贷记“管理费用”账户。

【例 6-7】 2010 年 5 月 1 日，苏宁电器销售有限公司分店向总部支付本年度特许权使用费 30 000 元。会计分录如下：

借：管理费用——特许权使用费　　30 000

　贷：银行存款　　30 000

6.3 连锁经营商品流通涉税业务处理

由于连锁经营方式的不同，连锁企业纳税方式也存在差异。连锁经营门店地域分布广泛，且各地方税率和税收政策的不同使得连锁企业纳税方式非常复杂。鉴于此，国务院财政部、国家税务总局出台了一系列规定，以规范连锁企业的纳税方式。

6.3.1 连锁经营企业增值税业务的会计与税务处理

对于连锁经营企业增值税的缴纳，近几年尤其是 2008 年 11 月 10 日颁布《中华人民共和国增值税暂行条例》（中华人民共和国财政部、国家税务总局令第 538 号）之后，国家有关部门还未出台相关明确规定，但是在财政部、国家税务总局《关于连锁经营企业有关税收问题的通知》（财税〔2003〕1 号）第一条规定，在省、自治区、直辖市、计划单列市内跨区域经营的统一核算的连锁企业，需要实行由总机构向其所在地主管税务机关统一申报缴纳增值税的，按照财政部、国家税务总局《关于连锁经营企业增值税纳税地点问题的通知》（财税字〔1997〕97 号）的有关规定办理。财政部、国家税务总局（财税字〔1997〕97 号）《关于连锁企业增值税纳税地点问题的通知》规定，对直营连锁企业经税务机关会同财政部门审批同意，即可由总店向其所在地主管税务机关统一申报缴纳增值税。同一地区和城市的直营连锁企业，实行“总部—分店”管理模式，总部对分店的商品配送，作为内部移库处理，统一核算，统一申报缴纳增值税。跨地区经营的直营连锁企业，可在非总部所在地区或城市设置地区总部，实行“总部—地区总部—分店”的管理模式。总部对地区总部的商品配送，作为销售处理，由总部统一核算，统一向总部所在地主管税务机关申报、缴纳增值税。对自愿连锁和特许连锁的企业，各门店独立核算分别向所在地主管税务机关申报缴纳增值税。

【例 6-8】 美滋滋食品连锁总店在同城有 3 家直营连锁分店，都属于小规模纳税人。2010 年 1 月，3 家分店销售情况为：甲店实现销售收入 218 000 元（含税）；乙店实现销售收入 200 000 元（含税）；丙店实现销售收入 200 000 元（含税），由总店计算、申报、缴纳增值税。

销售额＝（含税销售额）÷（1＋征收率）＝（218 000＋200 000＋200 000）÷（1＋

3%)＝600 000（元）。

根据计算结果，作会计分录如下：

借：银行存款 618 000

贷：主营业务收入 600 000

应交税费——应交增值税（销项税额） 18 000

借：应交税费——应交增值税（销项税额） 18 000

贷：银行存款 18 000

【例 6-9】 艳色多服装连锁总店，属于增值税一般纳税人，有跨地区连锁店 2 个。2010 年 1 月，总店购进 50 万元的服装，进项税额 8.5 万元，取得专用发票，贷款已付。由总店对跨地区连锁店配送商品，开具专用发票。其中：甲店 30 万元，销项税金 5.1 万元；乙店 40 万元，销项税额 6.8 万元。总店统一计算、申报、缴纳增值税。

总店购进家电会计分录：

借：商品采购 500 000

应交税费——应交增值税（进项税额） 85 000

贷：银行存款 585 000

总店对跨地区连锁店配送商品会计分录：

借：应收账款——甲店 351 000

——乙店 468 000

贷：主营业务收入 700 000

应交税费——应交增值税（销项税额） 119 000

总店缴纳增值税会计分录：

借：应交税费——应交增值税（销项税额） 34 000

贷：银行存款 34 000

6.3.2 连锁经营企业所得税的缴纳

连锁经营的税款缴纳首先需要区分连锁形式，对采取内资连锁经营形式的，跨区域直营连锁由总部汇总纳税，自愿连锁和特许连锁由门店各自纳税。根据《跨地区经营汇总纳税企业所得税征收管理暂行办法》(国税发〔2008〕28 号)、《跨省市总分机构企业所得税分配及预算管理暂行办法》(财预〔2008〕10 号)、《关于跨地区经营汇总纳税企业所得税征收管理若干问题的通知》(国税函〔2009〕221 号）和国家税务总局《关于跨地区经营汇总纳税企业所得税征收管理有关问题的通知》（国税函〔2008〕747 号）的有关规定，企业所得税实行“统一计算，分级管理，就地预缴，汇总清算，财政调库”的办法。统一计算，是指企业总机构统一计算包括企业所属各个不具有法人资格的营业机构、场所在内的全部应纳税所得额、应纳税额。分级管理，是指总机构、分支机构所在地的主管税务机关都有对当地机构进行企业所得税管理的责任，总机构和分支机构应分别接受机构所在地主管税务机关的管理。就地预缴，是指总机构、分支机构应根据当期实际利润额和规定的预缴分摊方法计算总机构和分支机构的企业所得税预缴额，分月或分季分别向所在地主管税务机关申报预缴企业所得税。汇总清算，是指在年度终了后，总机构负责根据提供各门店已预缴税款的证明、分支机构纳税分配表以及总分支机构各自财务会计资料进行企业所得税的年度汇算清缴，统一计算企业的年度应纳所得税额，抵减总机构、分支机构当年已就地分期预缴的企业所得税款后，多退少补。财政调库，是指财政部定期将缴入中央国库的跨地区总分机构企业所得税待分配收入，按照核定的系数调整至地方金库。

可见，连锁经营企业即使是由总机构负责统一纳税的企业，总机构和分支机构都要分别接受机构所在地税务机构的管理，总机构、分支机构应分月或分季分别向所在地税务机关申报预缴企业所得税，年度终了后，再由总机构统一计算企业年度应纳所得税额，抵减总机构、分支机构已就地分期预缴的税款后，多退少补。但对外资企业跨区域连锁经营的，则不区分连锁形式，统一实行由总机构向其所在地税务机关统一缴纳企业所得税的方式。

直营连锁和其他连锁形式在纳税方式上截然不同，这与连锁方式造成的管理方式上的差异有很大关系。直营连锁采取由总部统一纳税主要是因为门店由总部统一经营、联网销售、统一采购配送、统一核算并且不设银行结算账户、不编制财务报表和账簿，这样门店实质上只是总店经营管理上的分支机构，并且一般不具有法人主体资格，其在财务上也直接受总部支配，不单独核算，而且汇总纳税使得各门店的亏损可互相弥补，尤其在缴纳企业所得税时有利于企业汇总计算扣除标准，减轻了企业整体税负。而自愿连锁和特许连锁则不然，由于这两种连锁形式总店对门店的控制有限，门店在财务上相对独立，总店并不参与门店的经营，不承担门店的亏损责任，只按合同收取加盟费或特许权使用费并给予技术支持，因此，采取由门店单独缴纳所得税的方式。

6.4 连锁经营商品流通业务核算实训

6.4.1 实训目的

练习连锁经营商品流通业务的核算。

6.4.2 实训资料

1. 基本概况：石人连锁店由总店、配送中心和下属石东、石南、石西、石北 4 个分店组成，主要经营粮油食品。石人连锁总店对分店拥有全部的所有权和经营权，统一核算，统负盈亏。石人连锁总店与其 4 个分店同属于石家庄市区。石人连锁店采取的是直营连锁形式，由总店统一核算：总店对配送中心实行“数量进价金额核算”，对各分店实行“售价金额核算”。

各分店商品统一售价价目表如表 6-2 所示。

表 6-2　商品统一售价价目表

品名	规格	单位	统一零售价
金鱼调和油	2 千克	桶	50.00
鲁花花生油	2 千克	桶	90.00
藁城挂面	50 千克	箱	100.00
红花挂面	40 千克	箱	80.00
绿万家香米	10 千克	袋	20.00
绿叶香米	20 千克	袋	30.00

2. 石人连锁总店与分店在经营过程中取得下列原始凭证。

(1) 石人连锁总店于 2010 年 1 月 5 日向石东、石南、石西、石北 4 个分店各划拨 100 000元作为分店的经营备用金。

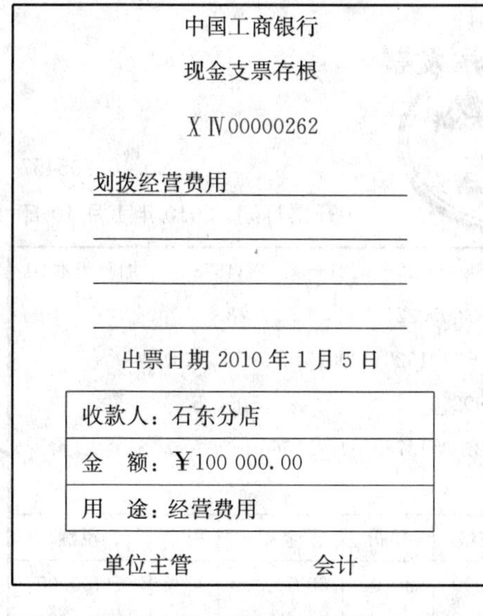
中国工商银行

现金支票存根

X Ⅳ00000262

划拨经营费用

出票日期 2010 年 1 月 5 日

收款人：石东分店
金　额：¥100 000.00
用　途：经营费用

单位主管　　会计

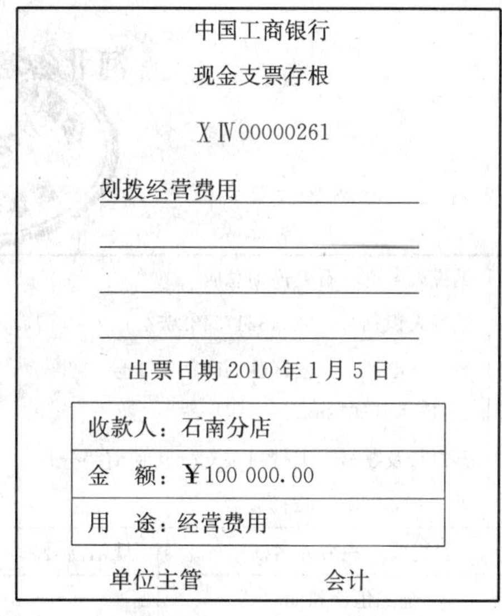
中国工商银行

现金支票存根

X Ⅳ00000261

划拨经营费用

出票日期 2010 年 1 月 5 日

收款人：石南分店
金　额：¥100 000.00
用　途：经营费用

单位主管　　会计

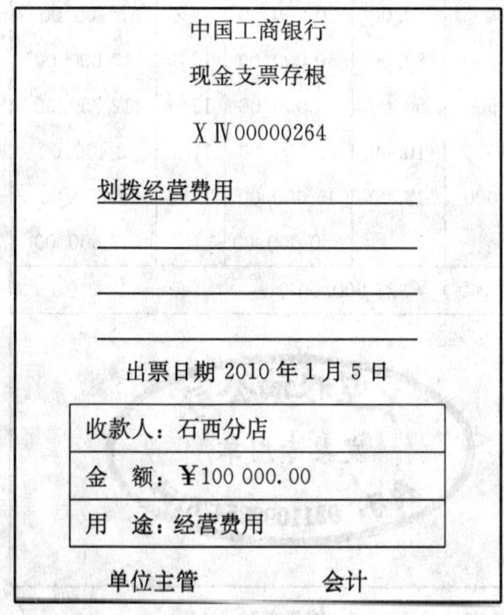
中国工商银行

现金支票存根

X Ⅳ00000264

划拨经营费用

出票日期 2010 年 1 月 5 日

收款人：石西分店
金　额：¥100 000.00
用　途：经营费用

单位主管　　会计

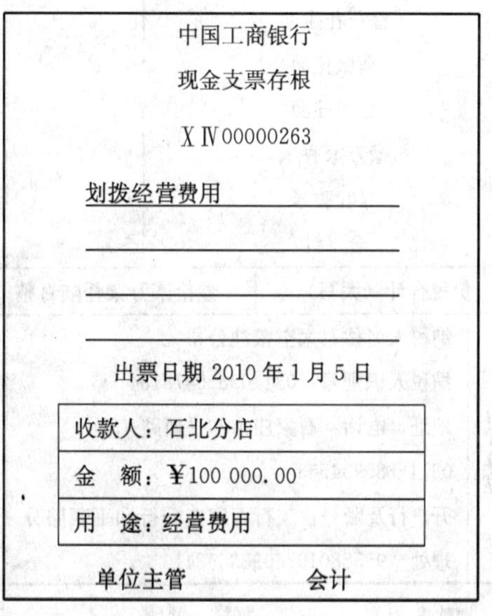
中国工商银行

现金支票存根

X Ⅳ00000263

划拨经营费用

出票日期 2010 年 1 月 5 日

收款人：石北分店
金　额：¥100 000.00
用　途：经营费用

单位主管　　会计

（2）

石人连锁总店进货汇总表

2010 年 1 月 10 日

品名	规格	单位	数量	进价单价（不含税）（元）	进价金额（元）
金鱼调和油	2 千克	桶	1 000	30.00	30 000.00
鲁花花生油	2 千克	桶	500	60.00	30 000.00
藁城挂面	50 千克	箱	1 000	80.00	80 000.00
红花挂面	40 千克	箱	1 500	50.00	75 000.00
绿万家香米	10 千克	袋	2 000	10.00	20 000.00
绿叶香米	20 千克	袋	3 000	15.00	45 000.00

河北省增值税专用发票

No. 03205457

开票日期：2010 年 1 月 10 日

购货单位	纳税人名称：石人连锁总店 纳税人识别号：085432175432654 地址、电话：河东区胜利南路 174 号 0311－85156736 开户行及账号：工行河东支行胜利南路分理处 9558822658421357894	密码区	0496568＊＋20－<21－03/3334573>< 加密版本 01 192868360002214007＊/＋77>3 －/73＋319152240300151/75< 2＋/49925840>><<02015505005 415278>>157825847786666＋9＋

货物或应税劳务名称	规格型号	单位	数量	单价	金额	税率	税额
金龙鱼调和油		桶	1 000	30.00	30 000.00	17%	5 100.00
鲁花花生油		桶	500	60.00	30 000.00	17%	5 100.00
藁城挂面		箱	1 000	80.00	80 000.00	17%	13 600.00
红花挂面		箱	1 500	50.00	75 000.00	17%	12 750.00
绿万家香米		袋	2 000	10.00	20 000.00	17%	3 400.00
绿叶香米		袋	3 000	15.00	45 000.00	17%	7 650.00
合　计					280 000.00		47 600.00
价税合计（大写）	叁拾贰万柒仟陆百整			（小写）￥327 600.00			

销货单位	纳税人名称：太空粮油公司 纳税人识别号：031109825478154 地址、电话：石家庄市和平西路 43 号 0311－85934563 开户行及账号：工行石家庄分行和平西路分理处 9558801076093355841	备注	太空粮油公司 发票专用章 税号：031109825478154

收款人：　　复核：刘丽　　开票人：毛建伟　　销货单位：（章）

第二联 发票联 购货方记账凭证

中国工商银行

转账支票存根

XⅣ00000265

附加信息

支付购货款

出票日期　2010　年　1 月 10 日

收款人：太空粮油公司
金　额：¥327 600.00
用　途：支付货款

单位主管　　　　会计

收　货　单

收货单位：石人连锁总店　　　　2010 年　1 月 10 日　　　　供应单位：太空粮油公司

品名	计量单位	数量		实际成本				
		应入	实入	买价		运杂费	其他	合计
				单价	金额			
金龙鱼调和油	桶	1 000	1 000	30.00	30 000.00			30 000.00
鲁花花生油	桶	500	500	60.00	30 000.00			30 000.00
藁城挂面	箱	1 000	1 000	80.00	80 000.00			80 000.00
红花挂面	箱	1 500	1 500	50.00	75 000.00			75 000.00
绿万家香米	袋	2 000	2 000	10.00	20 000.00			20 000.00
绿叶香米	袋	30 000	30 000	15.00	45 000.00			45 000.00

收料人：王成　　　　　　　　　　　　　　　　经手人：李楠

（3）

石人连锁店送货单

送货单位：石东分店　　　　2010 年 1 月 15 日

商品名称	单位	送货数量	进价		售价		进销差价
			单价	金额	单价	金额	
金龙鱼调和油	桶	100	30.00	3 000.00	50.00	5 000.00	2 000.00
鲁花花生油	桶	100	60.00	6 000.00	90.00	9 000.00	3 000.00
藁城挂面	箱	150	80.00	12 000.00	100.00	15 000.00	3 000.00
红花挂面	箱	300	50.00	15 000.00	80.00	24 000.00	9 000.00
绿万家香米	袋	400	10.00	4 000.00	20.00	8 000.00	4 000.00
绿叶香米	袋	600	15.00	9 000.00	30.00	18 000.00	9 000.00
合计				49 000.00		79 000.00	30 000.00

（4）

主营业务收入现金缴款单

缴款部门：石东分店　　　　　　　2010 年 1 月 31 日

货款种类	张数	金额
现金		79 000.00
其中：票面 100 元	700	70 000.00
票面 50 元	60	3 000.00
票面 20 元	200	4 000.00
票面 10 元	200	2 000.00
缴款金额人民币（大写）柒万玖仟元整		

收款人：周小燕　　　　　　　　　　　　　　　　　　　　缴款人：刘东平

商品销售日报表

分店：石东分店　　　　　　　　2010 年 1 月 31 日

品名规格	计量单位	数量	单位售价	金额
金龙鱼调和油	桶	100	50.00	5 000.00
鲁花花生油	桶	100	90.00	9 000.00
藁城挂面	箱	150	100.00	15 000.00
红花挂面	箱	300	80.00	24 000.00
绿万家香米	袋	400	20.00	8 000.00
绿叶香米	袋	600	30.00	18 000.00
合计				79 000.00

（5）

石人连锁店送货单

送货单位：石南分店　　　　　　2010 年　1　月　18　日

商品名称	单位	送货数量	进价		售价		进销差价
			单价	金额	单价	金额	
金龙鱼调和油	桶	150	30.00	4 500.00	50.00	7 500.00	3 000.00
鲁花花生油	桶	50	60.00	3 000.00	90.00	4 500.00	1 500.00
藁城挂面	箱	200	80.00	16 000.00	100.00	20 000.00	4 000.00
红花挂面	箱	350	50.00	17 500.00	80.00	28 000.00	10 500.00
绿万家香米	袋	250	10.00	2 500.00	20.00	5 000.00	2 500.00
绿叶香米	袋	450	15.00	6 750.00	30.00	13 500.00	6 750.00
合计				50 250.00		78 500.00	28 250.00

（6）

主营业务收入现金缴款单

缴款部门：石南分店　　　　　　2010 年 1 月 31 日

货款种类	张数	金额
现金		78 500.00
其中：票面 100 元	700	70 000.00
票面 50 元	80	4 000.00
票面 20 元	200	4 000.00
票面 10 元	20	200.00
票面　5 元	40	200.00
票面　2 元	25	50.00
票面　1 元	50	50.00
缴款金额人民币（大写）柒万捌仟伍佰元整		

收款人：王林　　　　　　缴款人：周小平

商品销售日报表

分店：石南分店　　　　　　2010 年 1 月 31 日

品名规格	计量单位	数量	单位售价	金额
金龙鱼调和油	桶	150	50.00	7 500.00
鲁花花生油	桶	50	90.00	4 500.00
藁城挂面	箱	200	100.00	20 000.00
红花挂面	箱	350	80.00	28 000.00
绿万家香米	袋	250	20.00	5 000.00
绿叶香米	袋	450	30.00	13 500.00
合计				78 500.00

（7）

石人连锁店送货单

送货单位：石西分店　　　　　　2010 年　1 月 20 日

商品名称	单位	送货数量	进价		售价		进销差价
			单价	金额	单价	金额	
金龙鱼调和油	桶	300	30.00	9 000.00	50.00	15 000.00	6 000.00
鲁花花生油	桶	100	60.00	6 000.00	90.00	9 000.00	3 000.00
藁城挂面	箱	350	80.00	28 000.00	100.00	35 000.00	7 000.00
红花挂面	箱	450	50.00	22 500.00	80.00	36 000.00	13 500.00
绿万家香米	袋	600	10.00	6 000.00	20.00	12 000.00	6 000.00
绿叶香米	袋	500	15.00	7 500.00	30.00	15 000.00	7 500.00
合计				79 000.00		122 000.00	43 000.00

（8）

主营业务收入现金缴款单

缴款部门：石西分店　　　　2010 年 1 月 31 日

货款种类	张数	金额
现金		122 000.00
其中：票面 100 元	1 000	100 000.00
票面 50 元	400	20 000.00
票面 20 元	100	2 000.00
缴款金额人民币（大写）拾贰万贰仟元整		

收款人：刘烨　　　　缴款人：黄淼

商品销售日报表

分店：石西分店　　　　2010 年 1 月 31 日

品名规格	计量单位	数量	单位售价	金额
金龙鱼调和油	桶	300	50.00	15 000.00
鲁花花生油	桶	100	90.00	9 000.00
藁城挂面	箱	350	100.00	35 000.00
红花挂面	箱	450	80.00	36 000.00
绿万家香米	袋	600	20.00	12 000.00
绿叶香米	袋	500	30.00	15 000.00
合计				122 000.00

（9）

石人连锁店送货单

送货单位：石北分店　　　　2010 年 1 月 22 日

商品名称	单位	送货数量	进价		售价		进销差价
			单价	金额	单价	金额	
金龙鱼调和油	桶	300	30.00	9 000.00	50.00	15 000.00	6 000.00
鲁花花生油	桶	200	60.00	12 000.00	90.00	18 000.00	6 000.00
藁城挂面	箱	250	80.00	20 000.00	100.00	25 000.00	5 000.00
红花挂面	箱	150	50.00	7 500.00	80.00	12 000.00	4 500.00
绿万家香米	袋	500	10.00	5 000.00	20.00	10 000.00	5 000.00
绿叶香米	袋	900	15.00	13 500.00	30.00	27 000.00	13 500.00
合计				67 000.00		107 000.00	40 000.00

（10）

主营业务收入现金缴款单

缴款部门：石北分店　　　　2010 年 1 月 31 日

货款种类	张数	金额
现金		107 000.00
其中：票面 100 元	1 000	100 000.00
票面 50 元	60	3 000.00
票面 20 元	200	4 000.00
缴款金额人民币（大写）拾万零柒仟元整		

收款人：王阳　　　　缴款人：莱孟

商品销售日报表

分店：石北分店　　　　2010 年 1 月 31 日

品名规格	计量单位	数量	单位售价	金额
金鱼调和油	桶	300	50.00	15 000.00
鲁花花生油	桶	200	90.00	18 000.00
藁城挂面	箱	250	100.00	25 000.00
红花挂面	箱	150	80.00	12 000.00
绿万家香米	袋	500	20.00	10 000.00
绿叶香米	袋	900	30.00	27 000.00
合计				107 000.00

（11）

含税价价税分离计算表

连锁分店	含税销售收入 ①	增值税税率（%） ②	不含税销售收入 ③=①÷（①+②）	应交增值税税额 =③×17%
石东分店	79 000	17	67 521.37	11 478.63
石南分店	78 500	17	67 094.02	11 405.98
石西分店	122 000	17	104 273.50	17 726.50
石北分店	107 000	17	91 452.99	15 547.01
合计				56 158.12

6.4.3　实训要求

根据给出的原始凭证编制记账凭证，审核后登记相关总账和明细账。

本章小结

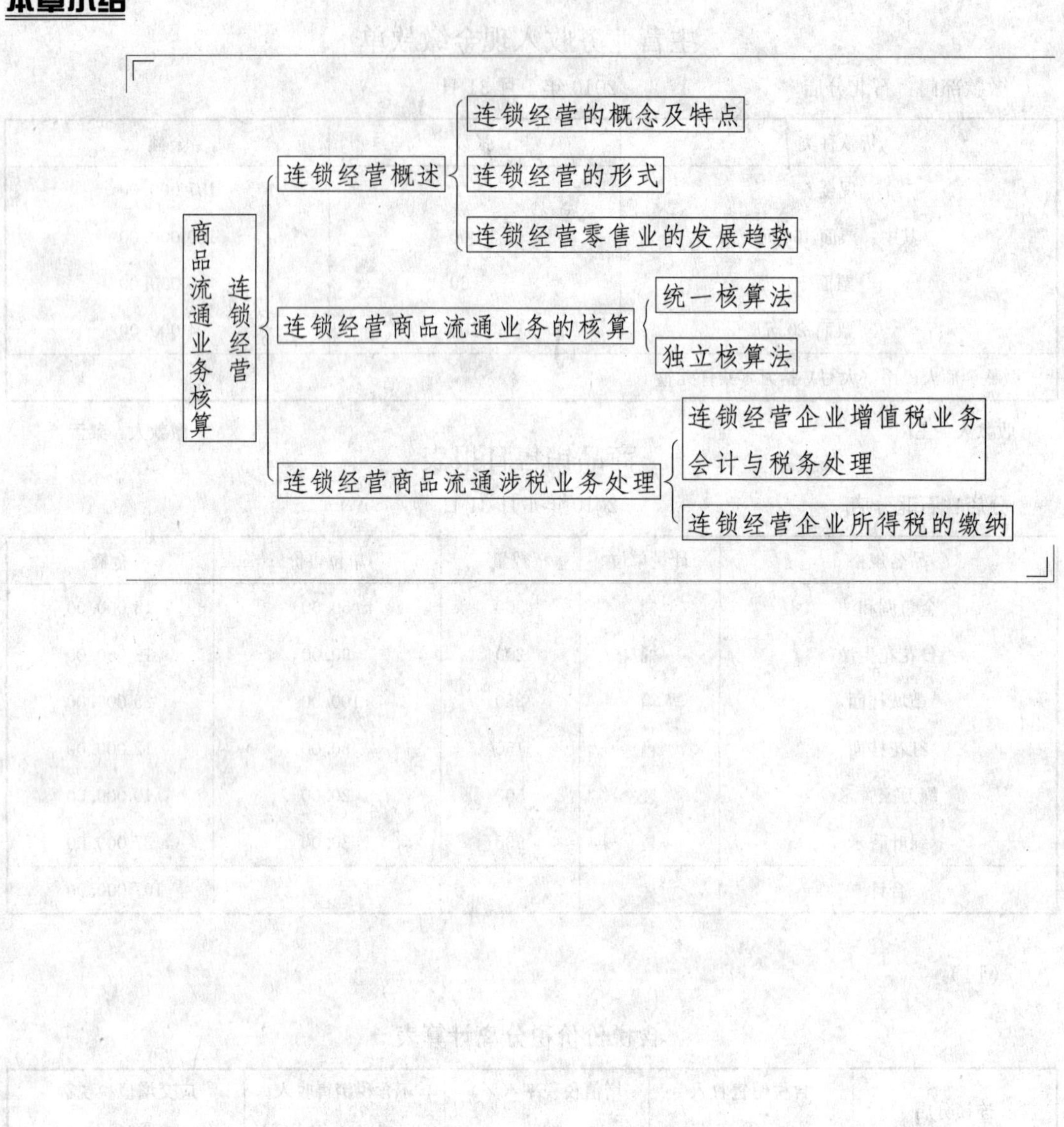

商品流通业务核算
连锁经营
连锁经营概述
连锁经营的概念及特点
连锁经营的形式
连锁经营零售业的发展趋势
连锁经营商品流通业务的核算
统一核算法
独立核算法
连锁经营商品流通涉税业务处理
连锁经营企业增值税业务会计与税务处理
连锁经营企业所得税的缴纳

第7章 网络经营商品流通业务核算

学习目标

知识目标

熟悉网络经营商品流通业务的操作流程；

掌握网络经营商品流通业务的核算特点。

技能目标

能灵活处理网络经营商品流通业务的电子原始凭证；

能正确核算网络经营商品流通的相关费用；

能对网络经营商品流通业务进行账务处理。

案例导入

一位网民在某著名网站的二手交易BBS上看到一部自己喜欢的摄像机，经过讨价还价后成交，下线后按指定账号给广西的卖方汇去相当数额的款项，最终汇款石沉大海，根本不见快递送摄像机过来。

案例简析：

由于对网上付款的安全性存有很大隐患，所以建议消费者在网上购物的付款方式上最好选择货到付款。货到付款是网上购物最安全的选择之一，银行直接汇款是最不安全的选择。邮局汇款目前在全国大部分中小城市都已开通，除了西藏、新疆几个交通不便的县之外其他县邮局都已开通此项业务，也是较安全的选择。此外，最好利用网上银行选择支付宝、财富宝等第三方支付企业做支付中介，待确定收货后再由支付宝、财富宝等第三方支付企业支付给卖方。

顺便指出，网上识破骗子的方法其实很简单，例如看其是否提供公司联系电话，而且必须是固定电话；看其是否注明公司办公地址，如有，不妨与该公司的人交涉一下，表示自己距离该地址很近，可直接到公司付款，看其如何反应；看其是否支持邮局汇款业务，如不支持，还是谨慎为妙。

7.1 网络经营商品流通业务概述

据第三方调研机构艾瑞咨询监测研究数据显示，2009 年中国网络购物（Shopping Online）交易规模（实物类商品为主）达 2 630 亿元，较 2008 年增长 105.2%。其中，仅淘宝网的交易规模就达 2 083 亿元，连续 5 年实现 100%以上的增长。进入 2010 年以来，网络购物市场发展更为迅速，艾瑞咨询最新市场数据显示，2010 年第一季度中国网络购物市场交易规模突破千亿元，达到 1 026.9 亿元，同比增长 119.4%。最具典型的是国美网上商城在原有的依托门店配送人员实现的货到付款模式上，又与企业快钱等第三方支付企业合作建立了网上支付体系，形成多样的支付形式，为消费者提供了安全、高效的网上购物通道。国际金融危机袭来，各行各业或多或少都受到一定影响，但网络销售却一路高歌。快速增长的网络消费市场成为零售业中无法忽视的一部分。2009 年 5 月 11 日，北京市商务委发布《关于促进网上零售业发展的意见》，鼓励百货店、超市、批发市场等商业企业建立网上商城，在实体店经营的基础上，增加经营品种，并提倡建立虚拟特色商业街。由此可见，网上购物已成为一大流行趋势。

以淘宝商城为例，网上经营商品流通业务流程如下：①购销双方通过浏览图片文字和网上沟通达成初步购销协议；②购买方确认购买信息（所购商品及数量并填写相关收货信息）并付款到支付宝（如购买方拍下商品后需修改价格的需要联系销货方修改后付款）；③销货方发货，物流公司送货上门，购买方签收并在网上确认收货；④支付宝付款到卖家；⑤双方互相评价信用。此例对买方而言是属于先付款后发货，对于卖方而言是先发货后收款，买卖双方以支付宝作为资金支付交易平台安全而又有效。

以当当网图书商城为例，说明网上经营商品流通业务流程如下：①购买方通过浏览图片文字选择所购商品及数量并填写相关收货信息，订单生成，经审核后生效；②销售方发货；③物流公司送货上门并收款；④购买方网上确认收货。此例是典型的网上货到付款商品流通业务。

很多有特色的网上商城经营商品流通业务具体流程不胜枚举。随着我国网上商城的快速、大规模发展和电子支付手段的升级，网上经营商品流通业务的形式将层出不穷。但网上商城的发展因素仍取决于物流配送、结算手段及品牌。最大的优势在于低成本投入，高速便捷的沟通方式。相对于传统经营方式的商品流通业务而言，网上经营商品流通业务具有很多显著的特点。

7.1.1 网络经营商品流通业务原始凭证（Original Document）的特点

在传统的会计信息系统中，原始凭证主要表现为在经济业务活动过程中产生的纸介质原始单据，经过经办人员签字盖章后作为正式原始会计凭证进入会计信息系统。网上商城经营过程中会出现大量的电子原始凭证。例如电子订单、电子配送物流单据、电子确认收货单、电子货币收付款凭证等。

电子原始凭证本质上跟传统的纸质原始凭证都是在社会经济活动中为证明经济业务发生及其相关责任人承担责任而直接形成和使用的，是具有规范形式和法定效用的信息记录。但由于载体不同，与纸质原始凭证相比，电子原始凭证具有以下特点。

1. 无形性

电子原始凭证实质上是计算机存储介质中的一组电子信息，是无形物。电子原始凭证的生成、阅读和保存必须借助一定的计算机设备和存储器才能完成，电子原始凭证的传输通过网络通信设备以信息流形式完成。

2. 内容与载体相分离性

电子原始凭证的存放载体不是固定不变的。它可以存放在磁介质的磁盘上、光介质的光盘上、电子介质的电子硬盘上，还可以通过网络在不同计算机之间传递，在不同介质载体之间相互复制，而信息内容不会发生任何变化。

3. 不安全性

传统的纸质原始凭证一旦形成，其形态和内容一般不再发生变化。除非遭受不可抗拒的灾害事故，在会计档案保管期限内其有形物质及其内容的稳定性是有保障的。电子原始凭证及其载体除在遭受不可抗拒的灾害事故时易损坏外，几乎还时刻面临着计算机硬件设备故障、通信线路故障、误操作故障以及黑客攻击、计算机病毒感染等方面的威胁。同时，传统的纸质原始凭证一旦生成，具有不可改动性。若有改动，也容易留下痕迹，会计法规对部分允许修改的会计资料，严格规定了修改的方法和要求。如采用画线更正法，并留下修改者的签字和盖章等。而电子原始凭证是以磁介质或光介质作为信息载体的，对其进行增加、删除、修改时不可能在磁介质或光介质上留下痕迹。所以电子原始凭证具有极大的不安全性。

7.1.2 网上商城的物流配送——商品交接方式的特点

在第 2 章已述及，商品流通企业在商品购销业务活动中涉及多种商品的交接方式，一般有送货制、提货制、发货制三种。送货制和提货制主要适用于同城商品流通，而发货制主要适用于异地商品流通。

网络商品购销的交接方式一般来说主要使用发货制，即物流配送的任务交由快递公司完成。值得一提的是网上同城商品购销的三种商品交接方式都可能采用，而在实体商业经营过程中同城商品购销的交接方式很少采用发货制。

7.1.3 网络经营商品流通业务结算方式（Settlement Means）的特点

实体的商品流通企业在商品购销过程中涉及多种款项结算方式，每种结算方式都具有不同的操作要求、操作特点和会计核算特点。根据中国人民银行颁发的《支付结算办法》的规定，商品流通企业购销商品时办理结算业务的银行结算方式主要有：支票、汇兑、银行汇票、银行本票、信用卡、信用证、委托收款、托收承付、商业汇票等。

网上商城的结算方式相对于实体的商品流通企业有其特殊之处。具体来说，网上商城的结算方式主要有以下几类。一是汇兑转账，一般通过银行（含网上银行）转账和邮局汇款，这种先交钱后发货的方式，适用于大型的知名网上购物中心型的商业企业（如麦考林）。二是通过信用卡授权结算，这种结算方式下购货方提供信用卡卡号和证件号，销货方凭此向发卡银行取得购货方授权的发卡银行承诺付款后发货，并凭发货凭证从银行划转货款。这种方式也适用于大型的知名网上购物中心型的商业企业（如麦考林）。三是货到付款方式，有送货员上门收取货款。目前，当当网的图书销售很多都是采用此种结算方式。四是通过网上第三方支付企业的交易平台结算，目前比较具有代表性的是支付宝、财富宝、企业快钱等第三方支付企业。购货方将款项通过网上银行等方式支付到在第三方支付企业设立的账号上，销货方据此发货，购货方收到货并确认后，第三方支付企业才将款项划给销货方。五是电子货币支付，电子货币的形式主要有：银行卡、电子支票、电子现金、电子钱包等。电子支付的特点是与传统的结算方式相比较而言的，电子支付的主要特点是：电子支付采用先进的技术，通过数字流转来完成信息传输的，它的工作环境是基于一个开放的系统平台之中，使用的是最先进的通信手段。因此，电子支付具有方便、快捷、高效、经济的优势。

7.1.4 网络经营商品流通业务成本构成（Cost Structure）的特点

作为基于网络环境而进行的商品购销活动，网上商城由于改变了传统的交易方式，它引发了企业成本构成的一系列深刻的变化。网上商城一方面更便捷、更价廉地提高了效率；另一方面也付出了相应的商务运营成本和技术成本。所以网上商城运营过程的各个环节，与传统实体商业的成本构成有所不同。

网上商城本着实现“更快捷、更方便、更价廉”的目标，相对来说节省很多的成本费用，但也出现许多新的费用要素。但总的来说，节省的成本费用之和要远远大于新增的费用之和。

网上商城相对于实体商业节省的成本费用突出地表现在：营业店面的租金费用，装修维护费用等；导购（销售）人员、收银人员、安保人员、管理人员和清洁人员的职工薪酬；摆放陈列和整理商品的货架、叉车等使用费；供顾客免费停车、寄存等相关服务的成本等。以上这些成本费用要素在网上商城的成本构成中会大幅度降低，有些甚至会降至零成本。

网上商城与传统企业相比，也出现了许多新增的费用要素：①电子信息资源购置费用，包括数据库租用费、互联网、万维网等入网费等；②设备购置费用，包括建立网上商城所需购买的硬件设备（计算机及配件、信息交换机、存储设备等）的费用和为使设备运转而支付的联机费等；③软件开发人员的脑力劳动和硬件维护人员的维修的劳务报酬等；④固定资产维修、折旧费及低值易耗品摊销费（网上商城的固定资产基本上都是高科技设备，其维修率较其他固定资产高，维修费用也大，又因其设备产品更新换代快，因此其摊销年限比其他固定资产短）；⑤办公费、邮电或快递费、运输费（物流配送费）等杂费；⑥信息资源遭病毒侵害的损失性费用等；⑦信息传递费；⑧网上商城的数据保藏保管费；⑨网络广告费；⑩网上结算手续费等。

7.2　网络经营商品流通业务的核算特点

我国网上商城的快速、大规模发展在带来无限商机的同时，其全新的商业理念和运作方式又对传统的会计核算提出了严峻的挑战。在遵循会计准则的前提下，网上商城的会计核算特点如下：

7.2.1　电子原始凭证的会计处理

电子原始凭证的无形性、内容与载体相分离性和不安全性等特点决定了对电子原始凭证的处理和加工相对于纸质原始凭证的处理和加工具有很大差异。

实际工作中，常见的做法是会计人员将收到的电子原始凭证打印下来，再像处理纸质原始凭证那样签字、盖章、保存，编制记账凭证，最后录入会计信息系统。但是，电子商务的发展促进了电子数据的广泛使用，大量产生的电子原始凭证，依然沿用上述做法显然是缺乏效率的。因此，面对大量的网上交易产生的外来的电子原始凭证与网上传输的自制的电子原始凭证，需要重组会计业务流程，重新设计系统。从收到电子原始凭证到电子原始凭证变成会计信息进入会计信息系统，要经过“审核—编制分录—录入”的过程。具体的业务流程是：①企业会计部门的会计信息系统通过内部网络从其他部门或通过外部网络从其他企业获得电子商务产生的各种标准化的且经过有关机构认证的电子单证等电子原始凭证；②企业会计人员对这些电子原始凭证进行审核，经过审核的电子原始凭证，由会计信息系统自动接收电子原始凭证中的内容，借助凭证上的标准化信息生成标准化的电子原始凭证库；③在这个标准化电子原始凭证库的基础上，会计信息系统自动按工作的需要适时生成各种电子记账凭证、电子账簿、各种报表及其相关分析；④会计信息系统将一个会计期间的电子原始凭证归档，形成可供查询的凭证资料库。

7.2.2 成本费用的会计核算

与传统企业相比，网上商城在成本构成上出现上述许多新的费用要素，如表 7-1 所示，可以在实际发生时计入相对应的资产或成本费用账户。

表 7-1 网上商城新增的费用要素的会计核算一览表

应计入的账户	新增的费用要素
财务费用	网上结算手续费
销售费用	网络广告费、信息传递费、运输费（物流配送费）
管理费用	办公费、邮电或快递费、低值易耗品摊销费、硬件维护人员的维修劳务报酬、网上商城的数据保藏保管费
固定资产或累计折旧	高科技电子设备购置费用、高科技电子设备折旧费
长期待摊费用	电子信息资源购置费用
营业外支出	信息资源遭病毒侵害的损失性费用
无形资产（研究与开发支出）	软件开发人员的脑力劳动报酬

此外，国家工商行政管理总局令第 49 号《网络商品交易及有关服务行为管理暂行办法》已经中华人民共和国国家工商行政管理总局局务会审议通过，自 2010 年 7 月 1 日起施行。其中规定通过网络从事商品交易及有关服务行为的自然人，应当向提供网络交易平台服务的经营者提出申请，提交其姓名和地址等真实身份信息。具备登记注册条件的，依法办理工商登记注册。实名登记注册之后，网上商城（店）紧接着就会像实体商城（店）一样进行税务登记、缴纳营业税。长此以往，网络经营成本也会增加。

7.2.3 结算方式的会计核算

实体的商品流通企业在商品购销过程中涉及多种款项结算方式，每种结算方式都具有不同的操作要求、操作特点和会计核算特点。其中，支票、汇兑、托收承付的银行结算方式在进行账务处理时应直接通过“银行存款”科目核算，银行汇票、银行本票、信用卡、信用证的银行结算方式在进行账务处理时应通过“其他货币资金”科目核算，委托收款、商业汇票则应通过“应付（收）账款”、“应付（收）票据”等往来结算科目核算。而网上商城商品流通业务的结算方式从实质上讲是传统结算方式的创新，会计核算与传统结算方式的区别不大，主要通过“银行存款”和“其他货币资金”核算。以电子现金为例，可以在资产负债表上“其他货币资金”科目下设立一个二级明细科目“电子现金”，同时在涉及债权债务项目科目如“预收账款”、“应付账款”等设立一个明细科目“电子现金”。这样，电子现金和库存现金相互转化时商品流通企业所作的分录同信用卡的处理相类似。即当电子现金不足时，借记“其他货币资金——电子现金”，贷记“库存现金”或者“银行存款”；当电子现金过多，而库存现金不足时，可把电子现金转化为库存现金，借记“库存现金”或者“银行存款”，贷记“其他货币资金——电子现金”。

本章小结

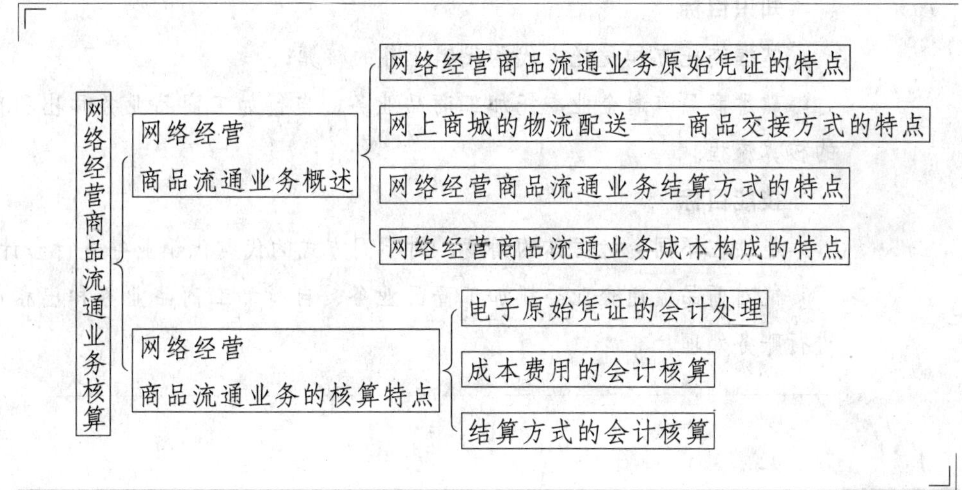

第8章 其他经营商品流通业务核算

学习目标

知识目标

掌握委托方和受托方代购代销业务的核算；

熟悉商品流通企业委托加工商品业务、自行加工商品业务和出租商品业务的核算流程。

技能目标

能站在不同会计主体的角度，对不同方式的代购代销业务进行会计处理；

能对商品流通企业委托加工商品业务、自行加工商品业务和出租商品业务进行账务处理。

案例导入

星辰设备生产公司（一般纳税人）欲在滨海市开拓市场，销售其生产的大型成套生产设备。在该市委托天星机电设备经销店（商业小规模纳税人，适用税率为3%）代销其产品。而该滨海市新华公司意欲购买一套该成套设备，于是天星机电设备经销店以星辰设备生产公司在该市代理人的身份达成交易，并与星辰设备生产公司签订委托代销协议。假设星辰设备生产公司一套大型设备售价为1 000万元，增值税为170万元，销售成本为800万元。天星机电设备经销店作为产品代理，可以按照不含税售价的5%获取手续费（不考虑其他的税费等）。

这是一则典型的收取手续费方式的委托代销案例，可以计算出该项销售各方应缴的流转税以及所得税额（假设不考虑增值税进项税额）。

星辰设备生产公司：

应缴增值税＝1 000×17%＝170（万元）。

应缴城市维护建设税以及教育费附加＝170×（7%＋3%）＝17（万元）。

应缴所得税额＝（1 000－800－17－1 000×5%）×25%＝33.25（万元）。

合计应缴纳税费＝170＋17＋33.25＝220.25（万元）。

天星机电设备经销店：

收取手续费方式代销不需要缴纳增值税。

应缴营业税＝1 000×5%×5%＝2.5（万元）。

应缴城市维护建设税及教育费附加＝2.5×（7%＋3%）＝0.25（万元）。

应缴所得税额＝（1 000×5%－2.5－0.25）×25%＝11.81（万元）。

合计应缴纳税费＝2.5＋0.25＋11.81＝14.56（万元）。

综上合计该销售方式下各方所缴的税款，星辰设备生产公司合计 220.25 万元，天星机电设备经销店合计 14.56 万元，双方总计为 234.81 万元。

换一种思路，将该项交易变形为代购模式。假定天星机电设备经销店获知新华公司的需求信息后，协议与新华公司采取代购模式进行交易，并签订代购协议书。则此时，设备购买款分为两部分：一部分作为天星机电设备经销店的代购手续费，金额为 50 万元，星辰设备生产公司的货款为 1 120 万元（1 170－50）。若其他条件不变，同样可以计算出流转过程中各方应缴的流转税以及所得税额。

星辰设备生产公司：

应缴增值税＝1 120/（1＋17%）×17%＝162.74（万元）。

应缴城市维护建设税以及教育费附加＝162.74×（7%＋3%）＝16.27（万元）。

应缴所得税额＝[1 120/（1＋17%）－800－16.27]×25%＝35.25（万元）。

合计应缴纳税费＝162.74＋16.27＋35.25＝214.26（万元）。

天星机电设备经销店：

应缴营业税＝50×5%＝2.5（万元）。

应缴城市维护建设税及教育费附加＝2.5×（7%＋3%）＝0.25（万元）。

应缴所得税额＝（50－2.5－0.25）×25%＝11.81（万元）。

合计应缴纳税费：2.5＋0.25＋11.81＝14.56（万元）。

综上合计该销售方式下各方所缴的税款，星辰设备生产公司合计 214.26 万元，天星机电设备经销店合计 14.56 万元，总计为 228.82 万元。

案例简析：

通过以上计算可知，由于将收取手续费方式的委托代销模式转变为收取手续费方式的委托代购模式进行设备产品的销售，星辰设备生产公司总共可以少缴税款 5.99 万元（220.25－214.26），天星机电设备经销店税赋不变。

同样是取得手续费收入，选择代销业务或者代购业务可能导致企业交纳的税款有很大的差异。不同的选择对企业所获得的收益大小以及应交税额的多少都会产生一定的影响。

8.1 代购代销商品流通业务的核算

代购代销商品是销售商品的一种方式，涉及委托方和受托方两个方面，处在委托方立场上的商品称为委托代购代销商品，处在受托方立场上的商品称为受托代购代销商品。代购代销商品销售后有两种不同的处理方法。一种是受托方和委托方分别作商品购销处理；另一种是受托方根据代购代销金额向委托方结算代购代销手续费，委托方作商品购销处理。

8.1.1 委托代购商品的核算

委托代购（Eastbay）商品是商品流通企业委托其他单位代购商品。目前商品流通企业的委托代购商品业务，主要是委托收购当地农副产品。农副产品收购企业为了方便农民交售，除了自营收购以外，在一些未设收购机构的地区，可以委托当地商品流通企业或其他企业代购。委托代购时，双方应签订代购合同，规定代购农副产品的品种、规格、费用负担、手续费标准、交接货方式以及结算办法等。

1. 结算代购手续费方式的核算

（1）代购费用实报实销的核算。代购费用实报实销是指委托收购农副产品的收购费用（包括运杂费、保管费、包装费等），先由受托单位代垫，再向委托单位按实报销，并另行收取代购手续费的处理办法。委托单位对这部分代购费用可以不计入商品进价，在“销售费用”账户列支。

【例 8-1】 腾达商贸有限公司委托 A 单位代购核桃 1 000 千克，收购价每千克 5 元，增值税扣除率 13%，受托方代垫包装费 200 元。代购手续费按收购金额 3%计算。商品验收入库，价款及费用以银行存款支付。该公司采用数量进价金额核算法。

根据有关凭证，委托方腾达商贸有限公司作会计分录如下：

借：库存商品——核桃　　4 350

　　应交税费——应交增值税（进项税额）　　650

　　销售费用——包装费　　200

　　　　　　——手续费　　150

　　贷：银行存款　　5 350

（2）代购费用定额包干。代购费用定额包干是指委托代购农副产品的代购费用按代购金额核定一个比例，由委托代销单位包干，另加手续费，委托单位将这部分包干费用计入商品进价的处理办法。

【例 8-2】 若设例 8-1 中的代购费用定额为 5%，委托方作会计分录如下：

借：库存商品——核桃　　4 567.5

应交税费——应交增值税（进项税额） 682.5

销售费用——手续费 150

贷：银行存款 5 400

第一种处理方法和第二种处理方法都属于结算代购手续费方式，区别在于第一种处理方法下所有发生的费用全部由委托方承担，另外委托方按收购金额的一定比例计算代购手续费支付给受托方；第二种处理方法下委托方承担的费用除了收购价、按收购金额的一定比例计算的代购手续费以外，还要按收购金额的定额比例作为包干费用。所以例 8-2 中委托方不再负担收购的农产品的包装费，而由受托方包干。

2. 视同买断方式的核算

视同买断方式的代购业务是指代购双方按代购合同商定的“交接价”办理结算手续的处理办法。受托方按农副产品收购价购进，并负担其收购费用等，按“交接价”销售给委托方。委托方按“交接价”作为商品进价。如果受托方是增值税一般纳税人，则需要另向委托方开具增值税专用发票，税法规定纳税人即委托方应按增值税专用发票上记载的增值税金额作为进项税额；如果受托方是增值税小规模纳税人，税法规定纳税人即委托方向小规模纳税人购买的农产品的进项税额，按买价和规定的扣除率计算。

【例 8-3】 设例 8-2 中双方议定代购核桃的交接价为每千克 5.50 元，共计 5 500 元，增值税扣除率 13%，以银行存款支付，委托方可以根据收到的普通发票上记载的买价计算应抵扣的进项税额后作会计分录如下：

借：库存商品——核桃 4 785

应交税费——应交增值税（进项税额） 715

贷：银行存款 5 500

此外，若该公司采用售价金额法核算，则上述会计分录中的库存商品按含税售价入账，含税售价与不含税进价之间的差额计入商品进销差价。

8.1.2 受托代购商品的核算

受托代购商品是指企业代其他单位收购商品。受托代购商品的核算分为结算代购手续费方式和视同买断方式两种核算方法

1. 结算代购手续费方式的核算

【例 8-4】 腾达商贸有限公司接受甲单位委托代购钢材 1 000 吨，收购价每吨 5 000 元，增值税税率为 17%，受托方代垫包装费 2 000 元，代购手续费按收购金额 3%计算。商品验收入库，价款及费用以银行存款支付。该公司采用数量进价金额核算法。

根据有关凭证，受托方腾达商贸有限公司作会计分录如下：

(1) 支付代购商品货款和包装费 5 852 000 元。

借：应付账款——甲单位 5 852 000

贷：银行存款　　　　5 852 000

(2) 收取手续费 150 000 元 (5 000 000×3%)。

借：应付账款——甲单位　　　　150 000

贷：其他业务收入　　　　1 50 000

(3) 计算应交营业税 (按收入的 5%计算) (150 000×5%)。

借：其他业务成本　　　　7 500

贷：应交税费——应交营业税　　　　7 500

(4) 收到代垫款项和手续费。

借：银行存款　　　　6 002 000

贷：应付账款——甲单位　　　　6 002 000

顺便指出，如果受托方不垫付资金。收到委托方拨付的代购资金 6 000 000 元，受托方收到预付款时作会计分录如下：

借：银行存款　　　　6 000 000

贷：应付账款——甲单位　　　　6 000 000

收到补付的代垫款项和手续费，受托方作会计分录如下：

借：银行存款　　　　2 000

贷：应付账款——甲单位　　　　2 000

如果预付款多余，受托方退回多余款则作相反分录。

2. 视同买断方式的核算

视同买断方式的代购业务是指代购双方按代购合同商定的"交接价"办理结算手续的处理办法。受托方按实际收购价购进，并负担其收购过程中的相关费用等，按"交接价"销售给委托方。委托方按"交接价"作为商品进价。

【例 8-5】 设例 8-4 中双方议定代购钢材的交接价为每吨 5 300 元，增值税率 17%，以银行存款支付，受托方实际购进价为每吨 5 000 元，支付包装费 2 000 元，则作会计分录如下：

借：库存商品——钢材　　　　5 002 000

应交税费——应交增值税 (进项税额)　　　　850 000

贷：银行存款　　　　5 852 000

借：银行存款　　　　6 201 000

贷：主营业务收入　　　　5 300 000

应交税费——应交增值税 (销项税额)　　　　901 000

借：主营业务成本　　　　5 002 000

贷：库存商品——钢材　　　　5 002 000

同理，若该公司采用售价金额法核算，则上述会计分录中的库存商品按含税售价入账，含税售价与不含税进价之间的差额计入商品进销差价。

8.1.3　委托代销商品的核算

商品流通企业除自行销售商品外，还可委托其他单位代为销售。采取委托代销（Consignment）方式销售商品，一般先由业务部门确定委托代销商品的品种、规格、数量和金额，经领导批准后，由业务部门与受托单位订立"商品委托代销合同"。合同上注明结算方式、货款清偿时间、商品保管的要求及双方承担的责任等。企业发出代销商品，只是商品存放地点的转移，不转移商品所有权，不作销售处理，设"委托代销商品"明细账户进行核算。

委托代销商品的业务程序一般是：由业务部门根据"商品委托代销合同"，填制"委托代销商品发货单"；然后由储运部门将商品发运给受托单位，不转移商品所有权，根据合同规定，定期进行结算；到结算届期时，由受托单位将已售代销商品的清单交付委托方，委托方据以填制增值税专用发票，向受托单位收取货款；委托单位收到代销商品的清单时，确认商品销售收入。

委托代销商品的商品销售收入的确认要以受托单位的代销清单为依据，其销货款的结算和手续费的支付，有以下两种处理方法。

1. 视同买断方式的核算

受托单位将接收的代销商品作为购进处理，将按代销协议价计算的货款与委托单位进行结算。同时，委托单位则以受托单位交来的货款作为主营业务收入。委托方为了加速商品流转、推销新产品和呆滞积压商品，合理地使用仓位和节约仓储费用，可以将商品先发往购货单位，委托其代销，等商品销售后再定期结算货款。

【例 8-6】　新世纪商贸公司委托甲单位代销 MP3 音乐播放器 100 台，每台进价 200 元，代销不含税协议价 250 元，甲单位实际销售价自行确定，增值税税率为 17%。该公司采用数量进价金额核算法。

（1）发出代销商品时，根据有关凭证，作会计分录如下：

借：委托代销商品　　20 000

　　贷：库存商品——MP3　　20 000

（2）收到甲单位送来的代销商品清单，并开出增值税专用发票，作会计分录如下：

借：应收账款　　29 250

　　贷：主营业务收入　　25 000

　　　　应交税费——应交增值税（销项税额）　　4 250

同时结转主营业务成本。

借：主营业务成本　　20 000

　　贷：委托代销商品　　20 000

此外，若新世纪商贸公司采用售价金额法核算，则发出代销商品和结转主营业务成本的会计分录中的库存商品按原账面含税售价 260 元转出，委托代销商品则按含税售价 292.5 元（250＋250×17％）入账，库存商品原账面含税售价与新的含税协议价之间的差额计入商品进销差价。发出代销商品和结转主营业务成本的会计分录应分别为：

借：委托代销商品　　29 250
　　贷：库存商品——MP3　　26 000
　　　　商品进销差价——MP3　　3 250

借：主营业务成本　　29 250
　　贷：委托代销商品　　29 250

2. 结算代销手续费方式的核算

受托单位售出代销商品后，将全部销货款送交委托单位，收到委托单位的手续费后以“代销收入”处理。委托单位收到受托单位开来的代销商品清单时，以全部货款作为主营业务收入的入账金额。委托方在核算委托其他企业代销商品时，采取支付代销手续费方式，其业务程序与代销商品销售受托方作商品购销业务处理的方式基本相同。所不同的是由于受托方是商品购销双方的中介人，委托方要根据合同的规定，按销售额的一定比例，支付受托方代销手续费，届时借记“销售费用”科目。

【例 8-7】 仍以例 8-6 资料为例，受托单位不作自购自销处理。

(1) 发出代销商品时，根据有关凭证，作会计分录如下：

借：委托代销商品　　20 000
　　贷：库存商品——MP3　　20 000

(2) 根据收到甲单位送来的代销商品清单，以及按照扣除手续费前的货款开出增值税专用发票，作会计分录如下：

借：应收账款　　29 250
　　贷：主营业务收入　　25 000
　　　　应交税费——应交增值税（销项税额）　　4 250

同时结转主营业务成本。

借：主营业务成本　　20 000
　　贷：委托代销商品　　20 000

(3) 收到受托方甲单位支付的扣除代销手续费（按收入的 5％收取）后的余款。

借：银行存款　　28 000
　　销售费用——代销手续费　　1 250
　　贷：应收账款　　29 250

若新世纪商贸公司采用售价金额法核算，则发出代销商品和结转主营业务成本的会计分录中的库存商品按原账面含税售价 260 元转出，委托代销商品则按含税售价 292.2 元（250＋250×17％）入账，库存商品原账面含税售价与新的含税协议价之间的差额计入商品进销差价。发出代销商品和结转主营业务成本的会计分录应分别为：

借：委托代销商品　　29 250
　　贷：库存商品——MP3　　26 000
　　　　商品进销差价——MP3　　3 250

借：主营业务成本　　29 250
　　贷：委托代销商品　　29 250

8.1.4　受托代销商品的核算

商品流通企业为了扩大经营，可以接受其他单位委托代销商品，受托时，双方应签订合同，明确有关代销事项。受托代销商品的核算是通过“受托代销商品”和“受托代销商品款”两个账户进行核算的。

“受托代销商品”账户属于资产类账户，用来核算企业接受其他单位委托代销或寄销的商品。企业收到代销或寄销商品时，记入该账户借方；接受的代销商品销售后，结转其销售成本时，记入该账户贷方。余额在借方表示企业尚未销售的代销商品数额。该账户应按委托单位进行明细分类核算。

“受托代销商品款”账户属于负债类账户，用来核算企业接受代销、寄销商品的价款。企业在收到代销、寄销的商品时，记入该账户贷方；在销售代销、寄售商品时，记入该账户借方。余额在贷方，表示尚未销售的代销、寄销商品的货款。该账户应按委托单位进行明细分类核算。

受托代销商品的核算也有两种方法。

1. 视同买断方式的核算

这种方式下，接收代销商品的商品流通企业在收到代销商品并已验收入库时，虽然企业尚未取得商品的所有权，但是企业对代销商品有支配权，可以开展商品销售业务，以有效地利用供货单位的资金开展经营业务。受托单位为了加强对代销商品的管理和核算，在收到商品时，应借记“受托代销商品”账户，贷记“受托代销商品款”账户。代销商品在销售后，应填制专用发票，据以借记“银行存款”或“应收账款”账户，贷记“主营业务收入”账户和“应交税费”账户。并按进价货款借记“主营业务成本”账户，贷记“受托代销商品”账户。同时借记“受托代销商品款”账户，贷记“应付账款”账户。结算届期时，将代销商品清单交付委托方，当收到其开来的专用发票时，据以支付货款和增值税额。届时，借记“应付账款”账户和“应交税费”账户，贷记“银行存款”账户。

【例 8-8】　新世纪商贸公司接受乙单位委托代销电子康复仪 200 只，每只接收价为

100 元，销售价为 120 元，增值税税率为 17%。该公司采用数量进价金额核算法。

（1）收到代销商品，财会部门根据盖有“受托代销商品”戳记的“收货单”，作会计分录如下：

借：受托代销商品——电子康复仪　　20 000

　　贷：受托代销商品款——乙单位　　20 000

（2）接收的代销商品售出，财会部门根据有关代销商品销售凭证及银行进账单向委托单位开出代销清单，作会计分录如下：

借：银行存款　　28 080

　　贷：主营业务收入　　24 000

　　　　应交税费——应交增值税（销项税额）　　4 080

同时，按接收价结转主营业务成本，及核实应付给委托单位的货款，作会计分录如下：

借：主营业务成本　　20 000

　　贷：受托代销商品——电子康复仪　　20 000

借：受托代销商品款——乙单位　　20 000

　　贷：应付账款——乙单位　　20 000

（3）收到委托单位开具的增值税专用发票，作会计分录如下：

借：应交税费——应交增值税（进项税额）　　3 400

　　贷：应付账款　　3 400

（4）按接收价偿付委托单位货款。

借：应付账款——乙单位　　23 400

　　贷：银行存款　　23 400

若新世纪商贸公司采用售价金额法核算，则收到代销商品和结转主营业务成本的会计分录中的受托代销商品按含税售价 140.4 元（120＋120×17%）入账，含税售价与接收价（视同购进价）之间的差额计入商品进销差价。

收到代销商品的会计分录应为：

借：受托代销商品——电子康复仪　　28 080

　　贷：受托代销商品款——乙单位　　20 000

　　　　商品进销差价——MP3　　8 080

按含税售价结转主营业务成本的会计分录应为：

借：主营业务成本　　28 080

　　贷：受托代销商品——电子康复仪　　28 080

其余会计分录同数量进价金额核算法。

2. 采用收取手续费方式接受代销商品

接受代销商品的企业，采用收取代销手续费方式，在收到代销商品时的核算方法与视同买断方式下代销业务处理的方法完全相同，在此不再重述。代销商品在销售后，应根据规定向购货方填制专用发票，按价税合计收取的款项借记“银行存款”账户；按实现的销售收入，贷记“应付账款”账户；按收取的增值税税额，贷记“应交税费”账户。同时注销代销商品，借记“受托代销商品款”账户，贷记“受托代销商品”账户。受托企业根据合同规定在向委托方结算代销手续费时，作为其他业务收入处理。

【例 8-9】　承例 8-8，不含税售价为每台 120 元。新世纪商贸公司采用收取手续费方式接受代销商品，设手续费率为 5%。

(1) 收到代销商品时，作会计分录如下：

借：受托代销商品——电子康复仪　　20 000

　　贷：受托代销商品款——乙单位　　20 000

(2) 代销商品售出后，开出代销商品清单，作会计分录如下：

借：银行存款　　28 080

　　贷：应付账款　　24 000

　　　　应交税费——应交增值税（销项税额）　　4 080

同时冲减“受托代销商品款”与“受托代销商品”账户。

借：受托代销商品款——乙单位　　20 000

　　贷：受托代销商品——电子康复仪　　20 000

(3) 收到委托单位开出的增值税专用发票，作会计分录如下：

借：应交税费——应交增值税（进项税额）　　4 080

　　贷：应付账款——乙单位　　4 080

(4) 计算代销手续费时，作会计分录如下：

借：应付账款——乙单位　　1 200

　　贷：其他业务收入　　1 200

(5) 受托单位付还扣除手续费后的代销商品款，作会计分录如下：

借：应付账款——乙单位　　26 880

　　贷：银行存款　　26 880

(6) 按代销收入 5%计算应交营业税作会计分录如下：

借：其他业务成本　　60

　　贷：应交税费——应交营业税　　60

【例 8-10】　若新世纪商贸公司采用售价金额法核算，其余条件同例 8-9。

(1) 收到代销商品时，作会计分录如下：

借：受托代销商品——电子康复仪　　24 000

　　贷：受托代销商品款——乙单位　　24 000

(2) 代销商品售出后，开出代销商品清单，作会计分录如下：

借：银行存款　　28 080

贷：应付账款　　　　　　　　　　　　　　　　　　　　　　24 000

　　应交税费——应交增值税（销项税额）　　　　　　　　　4 080

同时冲减“受托代销商品款”与“受托代销商品”账户。

借：受托代销商品款——乙单位　　　　　　　　　　　　24 000

　　贷：受托代销商品——电子康复仪　　　　　　　　　　　24 000

其余会计分录同例 8-9。

顺便指出，在代购业务中，如果受托方在代购货物后按原价与委托方结算，受托方要按购进额收取一定的手续费，同时要满足原票转交，即将销货方开具给委托方的增值税专用发票原票转交给委托方，收取的手续费另开发票。这种情况就是受托方为委托方提供劳务而取得的报酬，也就是营业税规定的征税范围。由此可见，代购货物行为，凡同时具备以下条件的，均应征收营业税：一是受托方不垫付资金；二是销货方将增值税专用发票开具给委托方，并由受托方将该项发票转交给委托方；三是受托方按代购实际发生的销售额和增值税税额与委托方结算货款，并另收取手续费。否则，应征收增值税。

在代销业务中，如果受托方按照委托方的要求或协议销售货物，并收取一定的手续费。但当受托方销售货物时，以自己的名义对外销售并承担相应的责任，这种情况属于增值税征税范围，须缴纳增值税，提供劳务收取的手续费属价外费用，也一并征收增值税，如视同买断货物销售。如果受托方不是以自己的名义对外销售，而是以委托方的名义对外销售时，这种情况属于营业税的征税范围，须缴纳营业税，即就提供劳务收取的营业额，计算营业税，如代销手续费。

8.2　加工商品流通业务的核算

商品流通企业为了适应商品市场变化，更好地满足市场需求，除积极开展商品购销业务外，还可以根据经营需要，将初级库存商品自行或委托其他单位进行加工，或者将不适销的库存商品，自行或委托其他企业进行加工改制。商品流通企业通过商品加工业务不仅可以增加商品的花色品种，提高销售能力，以增强企业参与市场竞争的能力，提高经济效益，还有利于处理滞销残次商品，挖掘物资潜力，提高经济效益。加工商品分为委托加工和自行加工两种。

委托加工是指企业与外单位双方签订委托加工合同，由外单位代为加工，支付加工费用的一种加工方式；自行加工是指企业将原材料或待加工商品交由本企业生产加工部门进行加工改制的一种方式。

8.2.1　委托加工业务的核算

委托加工（Consigned Processing）业务的核算是通过“加工商品”账户进行的，并按加工商品的品名、规格设置明细分类账或备查簿，该账户属于资产类，用以核算企业自行加工或委托其他单位加工的各种商品实际成本，包括发出商品的进货原价、加工费用、加工税金及附加等。借方登记发出商品的实际成本、加工费用和应交纳的税金及附加的发生额；贷方登记加工商品收回额，其借方余额表示未完工的加工商品的实际成本。

借　　　　　　　　　　　加工商品	贷
发出商品的实际成本，加工费用和应交纳的税金及附加	完成或收回加工商品的金额
余额：未完工的加工商品的实际成本	

商品流通企业可以根据经营需要，将初级库存商品或者不适销的库存商品委托给其他单位进行加工改制。当加工成品收回后，按照规定的加工计费标准支付加工费用和增值税额等。商品委托加工的业务程序一般有签订委托加工商品合同、发出库存商品、支付加工费用和增值税额及加工成品收回验收入库等环节。

商品流通企业在委托加工前，应先与受托加工单位签订委托加工商品合同，合同应列明加工商品的品种、规格、数量、质量要求、交货期限、耗用定额、加工计费标准等，作为双方行为的法律依据。

企业业务部门在按“委托加工商品合同”发出库存商品给加工单位前，应填制“发出商品委托加工单”一式数联。“发出商品委托加工单”经收发双方签章后，各自留下一联，加工单位作为收到商品的凭证，发货部门作为发出商品的依据；一联送交财会部门，财会部门复核无误后，据以借记“加工商品”账户，贷记“库存商品”账户。

商品流通企业一般在收回加工成品时，按“委托加工商品合同”的规定，支付加工企业加工费用，并交纳增值税额，届时借记“委托加工物资”账户和“应交税费”账户，贷记“银行存款”账户。

在收回加工成品时，由业务部门填制“委托加工商品收回单”一式数联。商品由有关部门负责验收，验收完毕后，由交接双方分别在“委托加工商品收回单”上签章，接受加工企业留下一联，作为交货凭证；收货部门自留一联，作为收货凭证；另一联送交财会部门，复校无误后，据以入账。届时，应根据委托加工商品的实际成本，借记“库存商品”账户，贷记“委托加工物资”账户。

【例 8-11】　新飞商贸公司将库存毛呢布料 600 米委托其他单位加工女装 300 件。库存毛呢布料每米进价 20 元。该公司采用数量进价金额法核算。

1. 发出毛呢布料 600 米，财会部门根据加工商品发料单转账，作会计分录如下：

借：委托加工物资——女装　　　　　　　　　　12 000

　　贷：库存商品——毛呢布料　　　　　　　　　　　12 000

2. 以银行存款支付加工费用，按每件 20 元计算，共计 6 000 元，增值税税率为 17%，按专用发票作会计分录如下：

借：委托加工物资——女装　　6 000
　　应交税费——应交增值税（进项税额）　　1 020
　　贷：银行存款　　7 020

3. 财会部门根据“委托加工商品收回单”计算委托加工物资的总成本及单位成本，作会计分录如下：

女装总成本＝12 000＋6 000＝18 000（元）。

女装单位成本＝18 000/300＝60（元）。

借：库存商品——女装　　18 000
　　贷：委托加工物资——女装　　18 000

此外，若该公司采用售价金额法核算，则第一笔和第四笔会计分录中的库存商品按含税售价入账，含税售价与不含税进价之间的差额计入商品进销差价。假设毛呢布料的售价为每米30元，女装的售价为每件100元，则第一笔和第四笔会计分录应分别为：

借：委托加工物资——女装　　12 000
　　商品进销差价——毛呢布料　　6 000
　　贷：库存商品——毛呢布料　　18 000

借：库存商品——女装　　30 000
　　贷：委托加工物资——女装　　18 000
　　　　商品进销差价——女装　　12 000

8.2.2 自行加工业务的核算

自行加工（Own Processing）企业业务部门发出库存商品给加工部门前，应填制“自行加工商品发料单”一式数联。加工完成时，应填制“自行加工商品收货单”一式数联。“自行加工商品发料单”和“自行加工商品收货单”经收发双方签章后，各自留下一联，作为收到商品或发出商品的依据；一联送交财会部门，财会部门复核无误后，据以入账。

【例8-12】 新潮流商场将库存毛呢布料600米发给自己的加工部门加工女装300件。库存毛呢布料每米进价20元。

1. 发出毛呢布料600米，财会部门根据“自行加工商品发料单”，作会计分录如下：

借：加工商品——女装　　12 000
　　贷：库存商品——毛呢布料　　12 000

2. 商品加工过程中所发生的加工费支出，如应支付给加工工人的工资5 500元，实际支付水电费500元。其会计分录如下：

借：加工商品——女装　　6 000
　　贷：应付职工薪酬　　5 500
　　　　银行存款　　500

3. 下脚料处理，企业自行加工，对一部分多余的下脚材料，可变价出售，其会计分录如下：

借：库存现金（或银行存款）　　　　×××

　　贷：其他业务收入　　　　×××

　　　　应交税费——应交增值税（销项税额）　　　　×××

4. 加工商品完成时，应由业务部门填制“自行加工商品收货单”一式数联，交有关部门。收货部门凭以验收入库，财会部门据以计算加工商品的总成本及单位成本转账，作会计分录如下：

女装总成本＝12 000＋6 000＝18 000（元）。

女装单位成本＝18000/300＝60（元）。

借：库存商品——女装　　　　18 000

　　贷：加工商品——女装　　　　18 000

同理，若该公司采用售价金额法核算，则第一笔和第四笔会计分录中的库存商品按含税售价入账，含税售价与不含税进价之间的差额计入商品进销差价。假设毛呢布料的售价为每米 30 元，女装的售价为每件 100 元，则第一笔和第四笔会计分录应分别为：

借：加工商品——女装　　　　12 000

　　商品进销差价——毛呢布料　　　　6 000

　　贷：库存商品——毛呢布料　　　　18 000

借：库存商品——女装　　　　30 000

　　贷：加工商品——女装　　　　18 000

　　　　商品进销差价——女装　　　　12 000

8.3　出租商品流通业务的核算

商业流通企业为了方便群众，开展商品出租业务，如出租照相机、录像机、电脑、自行车、雨具等。出租商品（Merchandise Held for Rental）要与销售商品分别核算，专设“出租商品”账户进行核算，并按出租商品的品名、规格设置明细分类账或备查簿，以反映出租及收回情况。出租商品应按进价入账。

借　　　　出租商品	贷
出租商品的进价成本	报废的出租商品的进价成本
余额：期末出租商品的进价成本	

为加强出租商品的管理，商品出租时，应向租户收取押金，商品收回时退还押金。押金的收取或退还，通过“其他应付款”账户进行处理。所收取的租金在“其他业务收入”

账户核算，所发生的出租商品的摊销、修理、废弃等业务在“其他业务成本”账户核算。

【例 8-13】 利民商店从库存商品中拨出电脑 100 台用于出租，该电脑每台进价 2 400 元，售价 3 000 元，该商店采用售价金额法核算。

1. 根据内部商品调拨单，作会计分录如下：

借：出租商品——电脑　　240 000
　　商品进销差价　　60 000
　　贷：库存商品——电脑　　300 000

2. 月内收到出租商品租金 80 000 元，作会计分录如下：

借：库存现金（或银行存款）　　80 000
　　贷：其他业务收入　　80 000

3. 月末进行摊销（设在 1 年内摊销，每月摊销 20 000 元），并计算营业税（税率 5%），作会计分录如下：

(1) 借：其他业务成本　　20 000
　　　贷：出租商品——出租商品摊销　　20 000

(2) 应交营业税＝80 000×5%＝4 000（元）。

根据计算结果，作会计分录如下：

借：其他业务成本　　4 000
　　贷：应交税费——应交营业税　　4 000

4. 有 5 台电脑已不复使用，报废处理。假设该批报废的电脑已摊销 10 000 元，作会计分录如下：

借：出租商品——出租商品摊销　　10 000
　　其他业务成本　　2 000
　　贷：出租商品——电脑　　12 000

5. 出租时收取押金，作会计分录如下：

借：库存现金或银行存款　　×××
　　贷：其他应付款　　×××

6. 收回出租商品退还押金，作会计分录如下：

借：其他应付款　　×××
　　贷：库存现金或银行存款　　×××

此外，若利民商店采用数量进价金额法核算出租商品业务时，将库存商品转作出租商品时，根据内部商品调拨单，作会计分录如下：

借：出租商品——电脑　　240 000
　　贷：库存商品——电脑　　240 000

除了上述业务外，出租商品的其他有关业务与上述售价金额核算法下的会计分录一致。

本章小结

- 其他经营商品流通业务核算
  - 代购代销商品流通业务的核算
    - 委托代购商品的核算
    - 受托代购商品的核算
    - 委托代销商品的核算
    - 受托代销商品的核算
  - 加工商品流通业务的核算
    - 委托加工业务的核算
    - 自行加工业务的核算
  - 出租商品流通业务的核算

附录

记账凭证

年 月 日　　　　字 号

摘要	总账科目	明细科目	记账	借方金额									记账	贷方金额								
				千	百	十	万	百	十	元	角	分		千	百	十	万	百	十	元	角	分

附件　　张

会计主管　　记账　　出纳　　审核　　制单

记账凭证

年 月 日　　　　字 号

摘要	总账科目	明细科目	记账	借方金额									记账	贷方金额								
				千	百	十	万	百	十	元	角	分		千	百	十	万	百	十	元	角	分

附件　　张

会计主管　　记账　　出纳　　审核　　制单

明细账

年		凭证		摘　要	借　方									贷　方									借或贷	余　额								
月	日	种类	号数		百	十	万	千	百	十	元	角	分	百	十	万	千	百	十	元	角	分		百	十	万	千	百	十	元	角	分

明细账

编号　　　　　　　　　　规格

年		凭证		摘要	对方科目	借方												贷方												借或贷	结存											
月	日	种类	号数			数量	单价	千	百	十	万	千	百	十	元	角	分	数量	单价	千	百	十	万	千	百	十	元	角	分		数量	单价	千	百	十	万	千	百	十	元	角	分

明细账

<table>
<tr><td colspan="2">年</td><td colspan="2">凭证</td><td rowspan="3">摘要</td><td colspan="37">借方</td><td colspan="10" rowspan="2">贷方</td><td rowspan="3">借或贷</td><td colspan="10" rowspan="2">余额</td></tr>
<tr><td rowspan="2">月</td><td rowspan="2">日</td><td rowspan="2">种类</td><td rowspan="2">号数</td><td colspan="10">买价</td><td colspan="9">运杂费</td><td colspan="9">其他</td><td colspan="9">合计</td></tr>
<tr><td>千</td><td>百</td><td>十</td><td>万</td><td>千</td><td>百</td><td>十</td><td>元</td><td>角</td><td>分</td><td>百</td><td>十</td><td>万</td><td>千</td><td>百</td><td>十</td><td>元</td><td>角</td><td>分</td><td>百</td><td>十</td><td>万</td><td>千</td><td>百</td><td>十</td><td>元</td><td>角</td><td>分</td><td>百</td><td>十</td><td>万</td><td>千</td><td>百</td><td>十</td><td>元</td><td>角</td><td>分</td><td>千</td><td>百</td><td>十</td><td>万</td><td>千</td><td>百</td><td>十</td><td>元</td><td>角</td><td>分</td><td>千</td><td>百</td><td>十</td><td>万</td><td>千</td><td>百</td><td>十</td><td>元</td><td>角</td><td>分</td></tr>
</table>

参 考 文 献

[1] 财政部会计司编写组. 企业会计准则讲解 2008 [M]. 北京：人民出版社，2008.
[2] 财政部 . 企业会计准则——应用指南 [M] . 北京：中国财政经济出版社，2006.
[3] 代义国 . 小商业会计实战步步通 [M] . 广州：广东经济出版社，2009.
[4] 丁元霖 . 商品流通业会计 [M] . 上海：上海财经大学出版社，2007.
[5] 丁元霖 . 商品流通企业会计模拟实习 [M] . 上海：立信会计出版社，2007.
[6] 胡志明，余浩 . 行业特殊业务会计教程 [M] . 武汉：武汉大学出版社，2008.
[7] 李海波，蒋瑛 . 新编商业会计 [M] . 上海：立信会计出版社，2005.
[8] 王树 . 新编轻松做商业会计一本通 [M] . 北京：中国纺织出版社，2007.
[9] 王秀霞 . 在商店当会计 [M] . 保定：河北大学出版社，2009.
[10] 徐文锋，徐源 . 商品流通业会计实务 [M] . 广州：广东经济出版社，2009.
[11] 郑宝凤 . 商品流转实训 [M] . 北京：中国物资出版社，2007.
[12] 周涛 . 商品流通企业会计 [M] . 北京：中国人民大学出版社，2007.